국어
1등급은
이렇게 공부한다

국어 없이
좋은 대학 없다

국어

1등급은

이렇게 공부한다

강혜진 지음

메이트북스

메이트북스

우리는 책이 독자를 위한 것임을 잊지 않는다.
우리는 독자의 꿈을 사랑하고,
그 꿈이 실현될 수 있는 도구를 세상에 내놓는다.

국어 1등급은 이렇게 공부한다

초판 1쇄 발행 2019년 3월 1일 **|** **초판 3쇄 발행** 2022년 3월 4일 **|** **지은이** 강혜진
펴낸곳 ㈜원앤원콘텐츠그룹 **|** **펴낸이** 강현규 · 정영훈
책임편집 안정연 **|** **편집** 오희라 **|** **디자인** 최정아
마케팅 김형진 · 서정윤 · 차승환 **|** **경영지원** 최향숙 **|** **홍보** 이선미 · 정채훈
등록번호 제301-2006-001호 **|** **등록일자** 2013년 5월 24일
주소 04607 서울시 중구 다산로 139 랜더스빌딩 5층 **|** **전화** (02)2234-7117
팩스 (02)2234-1086 **|** **홈페이지** matebooks.co.kr **|** **이메일** khg0109@hanmail.net
값 15,000원 **|** ISBN 979-11-6002-212-4 43710

이 도서의 국립중앙도서관 출판시도서목록(CIP)은 e-CIP홈페이지(http://www.nl.go.kr/ecip)에서
이용하실 수 있습니다.(CIP제어번호 : CIP2019003638)

배움은 우연히 얻어지는 것이 아니라
열성을 다해 갈구하고 부지런히 집중해야 얻을 수 있는 것이다.

· 애비게일 애덤스(여성 운동가) ·

아주 작은 차이가
큰 변화를 만들어낸다

국어 학습법에 대한 책을 쓰기로 하고 먼저 대형 서점으로 가보았다. 생각했던 것보다 다양한 학습법의 책들이 한쪽 코너를 빈틈없이 차지하고 있는 것과 학부모들이 관심 있게 책을 보고 있는 모습을 보고 놀랐다.

몇 년 전만 해도 무조건 읽고, 문제 풀고, 암기하는 것이 최고의 공부라고 생각을 해 모든 학생들이 똑같은 방법으로 공부를 했었다.

그러나 지금은 그렇지 않다. 대학을 가기 위해 전략이 필요한 시대다. 입시뿐만 아니라 내신을 대비하기 위해서도 효과적인 시간 활용, 자신에게 맞는 학습법, 과목에 따른 효율적인 학습법 등이 필요한 시대다. 그리고 단지 성적이 좋은 것보다 공부를 잘할 줄 아는 것이 중요한 시대가 되었다.

학생들을 오랫동안 가르치면서 교과서 내용이 달라질 때마다 이번에는 어떤 작품과 어떤 내용들이 교과서에 실리게 될지 긴장을 하곤 했다. 그리고 교과서 속에 담긴 지식들을 최대한 많이 전달하기 위해 노력했다. 그런데 어느 순간, 학생들을 가르치기 위해 끊임없이 교재 연구를 하는 나만 똑똑해지고 학생들은 제자리에 머물러 있다는 생각을 하게 되었다. 저마다의 개성과 흥미와 능력을 가지고 있는 학생들에게 획일적인 방법으로 가르치며 똑같이 좋은 성적이 나오기를 바라서는 안 된다는 생각을 했다.

시험 기간 몇 주 반짝하는 공부로 성적은 좋을 수 있지만 홀로 남겨두면 무엇부터 공부해야 할지 모르는 학생들, 그래서 학원에 계속 의존할 수밖에 없는 학생들이 눈에 보이기 시작했다. 그래서 어떻게 하면 혼자서도 공부를 할 줄 아는 학생들로 만들 수 있을지를 고민하게 되었고, 자연스럽게 학습법에 관심을 갖게 되었다. 지금도 나는 교과서에 어떤 내용이 실렸으며, 어떤 국어 지식을 학생들에게 전달해야 하는가보다 이 내용을 어떻게 하면 지루하지 않게 잘 전달할 수 있을지를 더 고민하며 여러 가지 방법으로 학생들을 지도하고 있다.

이 책에는 그동안의 나의 여러 가지 시도에 대한 결과물이 아닌 나의 관심과 고민들이 담겨있다. 이 책에는 학부모와 학생들이 깜짝 놀랄 만한, 어디서도 들어보지도 못한 그런 비법은 없다. 이미 다 알고 있거나 한 번쯤은 시도해보았던 방법들이 있을 수도 있다. 그런데 20여 년간 학생들을 지도하면서 돌아보니 학습법은 거창하다고 좋은 것이 아니라 작은 것이라도 내가 지속적으로 실천할 수 있느냐가 중요하다는 것이다.

'나비 효과'라는 것을 알고 있을 것이다. '나비의 작은 날갯짓이 날씨 변화를 일으키듯, 미세한 변화나 작은 사건이 추후 예상하지 못한 엄청난 결과로 이어진다'는 의미이다. 내가 이 책에 적은 국어 학습법이 그러하다. 이미 알고 있는, 어쩌면 사소해보이는 공부 습관 같은 것이지만 본인에게 맞는 작은 학습법 하나를 발견해 실천해나간다면, 하루 30분의 복습이 날갯짓이 되어 큰 변화를 이끌어낼 수 있도록 하자는 것이 이 책을 쓴 나의 취지다.

이 책을 써나가는 동안 내가 지도했던 학생들의 모습을 떠올리며 이상하게도 국어 성적이 좋았던 학생들보다 나를 통해 국어를 좋아하게 되었다고 말해주던 학생들의 모습이 더 많이 떠올랐다. 내용이 떠오르지 않아 막막할 때면 그 학생들은 무엇 때문에 국어를 좋아하게 되었는지, 무엇 때문에 국어를 힘들어 하지 않았는지를 생각하며 이 책을 써내려갔다.

해야 할 것은 많지만 무엇부터 어떻게 해야 할지를 몰라 고민하고 초조해하는 학생들에게 항상 곁에 두면서 부담스럽지 않은 국어 공부의 작은 길잡이가 되길 바란다.

예년에 비해 아주 무덥던 더위가 조금 물러나고 아침 저녁으로 시원한 바람이 불기 시작할 무렵, 국어 학습법에 대한 책을 기획하고 있는데 저자로 참여해주실 수 있느냐는 전혀 예상치 못한 연락을 출판사로부터 받게 되었다. 두렵지만 기뻤다.

항상 마음속으로 책을 써보고 싶다는 생각을 가지고 있었는데 그런 나의 마음을 누군가 읽고 기회를 던져준 것 같다는 생각이 들었다. 많이 부족함에도 나를 선택해 주시고 책이 나오기까지 나의 부족함을 채워준 메이트북스 관계자 여러분께 감사드리고, 무심한 척하면서도 항상 원고 진행 상태를 체크하며 좋은 글을 쓸 수 있다고 응원해준 가족들에게 감사의 인사를 전하고 싶다.

마지막으로 작게는 한 달, 때론 몇 년씩 부족한 가르침에도 믿고 따라와주던 나의 모든 학생들에게 "이 책은 너희들로 인해 만들 수 있었다"고 깊은 감사의 마음을 전하고 싶다.

강혜진

국어 공부 시작 전에 이것만은 알아두자

 국어 1등급 받는 학생들의 공통점 13가지

학생들이 가장 궁금해하는 국어 학습법 20문 20답

갈래에 따른 최강의 국어 학습법

『국어 1등급은 이렇게 공부한다』
저자 심층 인터뷰

'저자 심층 인터뷰'는 이 책의 주제와 내용에 대한 심층적 이해를 돕기 위해
편집자가 질문하고 저자가 답하는 형식으로 구성한 것입니다.

Q. 『국어 1등급은 이렇게 공부한다』를 소개해주시고, 이 책을 통해 독자들에게 전하고 싶은 메시지가 무엇인지 말씀해주세요

A. 국어 학습법을 소개하는 책으로서 '어떻게 하면 국어 공부를 효과적으로 잘할 수 있을까?'를 궁금해하는 학생들을 위한 책입니다. 국어 공부를 제대로 하기 위해 필요한 힘과 기본 요소, 국어 성적이 좋았던 학생들의 특징들, 국어 공부를 잘할 수 있는 방법들, 국어 공부와 관련된 궁금증들과 그에 대한 답변, 각 갈래의 특성에 맞는 효율적인 국어 공부법, 학년별과 기간별로 공부하는 내용들, 각 시기에 맞는 시간 활용법 등을 소개했습니다.

제가 이 책을 쓴 기간은 몇 개월이지만, 이 책에 담긴 내용들은 20여 년간의 강사 생활을 통해 얻은 경험과 생각과 고민들입니다. 지금도 국어 공부를 잘하고 싶어 하는 학생들의 모습을 보면서 지식을 얼마나 많이 알고 있느냐가 중요한 것이 아니라 시간과 전략을 어떻게 계획하고 활용하느냐가 중요한 시대가 되었다는 것, 국어도 체계적인 학습이 필요한 과목이라는 점을 이 책을 통해 말하고 싶었습니다.

Q. 국어 선생님으로 학생들을 가르치시면서 국어 공부에 대한 학생들의 고민을 많이 들으셨을 겁니다. 요즘 학생들의 국어 고민은 무엇인가요?

A. 예전이나 지금이나 모든 학생들의 고민은 국어 공부를 잘해서 좋은 국어 성적을 만드는 것입니다. 여전히 과정보다는 결과를 중요시하는 교육 환경 때문에 어떻게 해서라도 100점 또는 1등급을 받아야 한다는 학생들의 목표에는 변화가 없는 것이지요. 다른 점이 있다면 예전에는 정말 교과서 중심의 공부만으로도 어느 정도 그 목표를 달성할 수 있었지만 요즘은 그러지 못하다는 것입니다. 작품의 수준이 높아지고, 교과서 외의 지문들의 출제되고, 새로운 문제 유형이 나오면서 교과서 중심의 공부만으로는 한계가 있습니다. 그래서 학생들이 국어가 많이 어려워졌다고 이야기하며 국어 공부를 하기 힘들어하는 것입니다.

어휘력이 필요하다고 하면 어려운 한자성어들을 암기하고, 독해력이 필요하다고 하면 무조건 책을 읽습니다. 국어 공부를 잘하는 친구가 어떤 교재를 보고 있다고 하면 그 교재를 사서 무작정 풀어보기도 합니다. 그렇게 해도 쉽사리 국어 성적이 잘 오르지 않는 것이 요즘 학생들의 현실적인 고민이며, 어떻게 공부해야 낯선 지문과 새로운 유형의 문제들에 근본적으로 잘 대처할 수 있는지를 가장 궁금해합니다.

Q. 국어를 잘하기 위해서는 국어 실력이 좋아야 한다고 하셨습니다. 단순히 단기간에 성적을 내기만을 위한 공부가 아닌 국어 실력을 향상시키기 위한 공부 방법을 알려주세요.

A. 실력이 좋은 운동선수들은 운동 기술이 뛰어나기도 하지만 그 운동과 전혀 관련이 없을 것 같은 체력 훈련을 통해 기초 체력을 튼튼히 해두는 것을 흔히 볼 수 있습니다. 공부도 마찬가지입니다. 남들과 똑같이 공부를 하고도 유독 성적이 잘 나오는 학생들이 있습니다. 그러나 대부분의 학생들은 자신이 기울인 노력만큼의 성적을 받습니다. 그런데 그 노력이라는 것이 남들도 다 공부하는 시기에 반짝 공부하는 것입니다. 이런 식의 공부가 반복되면 국어 실력이 좋아질 수 없습니다. 운동선수들처럼 국어 공부도 꾸준한 기초 실력 관리가 필요합니다.

국어에서 가장 중요한 기초 실력은 각 갈래별 주요 특징들을 알아두는 것입니다. 중학교부터 고등학교까지 배우는 작품은 다르지만 갈래는 항상 같습니다. 시, 소설, 수필, 희곡, 시나리오, 설명문, 논설문 등 대표적인 갈래들의 기본적인 특성들은 변함이 없으며 항상 시험 문제로 출제되는 내용이기 때문에 꼭 알아두어야 합니다. 또한 무엇보다 중요한 것은 꾸준함입니다. 단기간에 어떤 결과를 만들어 내겠다는 욕심 때문에 교재와 학습 방법을 자주 바꾸는 것은 국어 실력을 향상시키는 데 도움이 되지 않습니다. 국어 공부에서 가장 바탕이 되는 기본 이론들을 많이 알아두고 꾸준히 공부하는 것이 국어 성적이 아닌 국어 실력을 향상시키기 위한 방법임을 명심해야 합니다.

Q. 고등학교에 진학한 후 국어 공부에 어려움을 느끼는 학생들이 부쩍 많아진다고 하셨습니다. 고등학교 국어에 어려움을 느끼지 않기 위해서 중학교 때 어떤 준비를 해야 하나요?

A. 고등학교 진학 후 국어 공부가 힘들다고 느끼는 것은 공부 내용이 어려워진다는 것입니다. 무엇보다 가장 중요한 이유는 국어라는 과목을 대하는 학생들의 인식의 차이에서 비롯됩니다. 중학교 시기에는 영어와 수학을 집중적으로 공부하다 보니 다른 과목들을 평소에 공부해둘 시간적 여유가 없습니다. 그래서 국어도 시험 기간에만 집중적으로 공부를 하게 되고, 그 내용도 시험 범위에 포함되는 내용들 위주의 공부가 되는 것이지요.

그러다 보니 시험 범위에 포함되지 않았던 부분들에 대한 지식은 부족해지고, 그나마 공부했던 내용들도 시험에 나올 만한 내용들 위주의 공부여서 깊이 있는 학습이 되지 않았던 것입니다. 그러다가 고등학교에 진학하면 국어가 영어나 수학 못지않게 중요해집니다. 그리고 성격이 다른 내신 시험과 모의고사를 함께 준비하면서 어려움이 발생하게 되는 것이지요.

고등학교 진학 후 국어 공부에 대한 어려움을 느끼지 않기 위해서는 중학교 때 국어도 중요한 과목이라는 인식을 갖추는 것이 필요합니다. 그리고 중학교 시기에 공부하는 내용들이 고등학교 국어의 기본이 된다는 생각을 가지고, 시험 범위에 해당하는 부분만 공부하는 좁은 공부법에서 벗어나는 것도 매우 중요합니다.

Q. 수능뿐만 아니라 내신 시험에서도 국어 교과서에 실려 있지 않은 글이 시험에 출제되는 경향이라고 하셨습니다. 이러한 내신 시험문제에 대비하기 위해서 어떤 준비를 해야 하나요?

A. 처음에는 수능 시험에서, 그다음에는 고등학교 내신 시험에서, 지금은 중학교 내신 시험에서도 종종 교과서 외 지문이나 선택지들이 출제되고 있습니다. 이제 국어 공부에 대한 이야기를 할 때 교과서 외 지문에 대한 내용은 빼놓을 수 없는 중요한 사항이 되었습니다. 학생들의 입장에서는 교과서에 실려 있는 글들을 공부하기에도 벅찬데 교과서 외 지문이 출제된다는 것은 엄청난 부담으로 다가올 것입니다. 몇 점 차이로 등급이 나뉘는 상황에서 교과서 외 지문 관련 문제를 포기한다는 것도 어려운 상황일 것입니다.

그런데 수능에 나오는 어려운 문제들을 중학생들이 풀어서 맞히기도 하고, 심지어 초등학교 6학년 학생이 맞히기도 합니다. 왜 그럴까요? 어느 정도 읽고 내용 파악이 가능하다면 낯선 지문이 출제된다 하더라도 약간의 독해 실력을 통해 누구나 충분히 풀 수 있기 때문입니다.

우선 무엇보다도 낯선 지문에 위축되지 말아야 합니다. 시험 상황에서 학생들은 극도의 긴장 상태에 있습니다. 그래서 알았던 내용도 생각이 나지 않고, 종종 자신도 이해할 수 없는 실수들을 하게 됩니다. 그만큼 심리 상태가 매우 중요하다는 것이지요. 처음 보는 글이지만 우리말로 되어 있으니 충분히 읽을 수 있고, 문제를 풀기 위해서가 아니라 누군가의 설명을 듣는다는 마음가짐으로 내용들을 집중해서 읽으면 됩니다.

이해가 안 된 부분은 당황하지 말고 다시 읽으면 됩니다. 그리고 평소 다양한 글들을 읽는 연습을 함께 병행한다면 더욱 도움이 되겠지요. 어려운 글이 아니더라도 자신이 충분히 읽을 수 있는 수준의 글들을 읽되, 처음부터 집중하며 읽는 연습을 하는 것이 좋습니다.

Q. 국어 공부에도 꼭 갖추어야 하는 기초 체력이 있다고 하셨습니다. 이 기초 체력에는 어떤 것들이 있고, 그 힘들이 국어 공부에 어떠한 영향을 미치는지 설명해주세요.

A. 앞에서도 말했듯이 모든 공부에는 기초 체력이라는 것이 필요합니다. 국어를 가르치는 사람으로서 안타까운 것이 있습니다. 영어나 수학은 학생들의 실력에 따라 교재들이 준비되어 있어서 기초가 부족한 학생들은 기본 교재를 선택해 필요한 기초 체력을 키울 수 있는데, 국어는 그러지 못하다는 것입니다. 국어를 어려워하는 학

생들도, 국어를 어려워하지 않는 학생들도 모두 같은 교재를 보고 공부해야 합니다. 그래서 무엇보다 학생들의 국어 학습 전략이 필요한 것입니다.

국어에서 필요로 하는 기초 체력에는 우선 국어 바탕 지식이 있습니다. 교재를 보면 단원과 관련해 알아두면 도움이 되는 여러 가지 이론들이 있습니다. '갈등의 종류, 글쓰기의 과정, 설명 방법, 고전소설의 특징' 등인데 학교 수업중에 배우지 않았거나 시험에 나오지 않는다고 해서 그냥 넘어가지 말고 읽고 정리해두면 그것이 곧 기초 체력이 되고 국어 실력이 되는 것입니다.

그다음으로 필요한 기초 체력은 어휘력과 독해력입니다. 이 2가지는 누구나 국어 공부에서 필요한 힘이라고 생각합니다. 모르는 단어나 용어는 그냥 넘어가지 말고 스스로 조사해서 그 의미를 알아두고, 자습서에 나와있는 설명에 의존하지 않으면서 내용을 파악하려는 연습을 해야 합니다. 이러한 기초 체력들이 갖추어지면 학생들이 두려워하는 낯선 지문이나 새로운 유형의 문제에 대처할 수 있는 힘이 길러지게 되고, 자신이 목표로 한 국어 성적도 얻을 수 있게 됩니다.

Q. 중학교 때의 국어 공부가 고등학교 내신과 수능 시험의 기초가 된다고 하셨습니다. 중학교 국어 공부의 목표와 전략에 대해 알려주시기 바랍니다.

A. 거의 모든 중학교 학생들의 국어 공부 목표는 국어 성적 100점입니다. 그나마 특목고를 목표로 하는 학생들이 국어를 조금이라도

잘 보기 위해 노력을 하는 편이고, 그 외 학생들은 이전 시험보다 성적이 오르는 것에 만족하는 정도입니다. 학습 전략이라는 것도 따로 있지 않고, 시험 기간에 교과서를 2~3회 정도 읽고 문제집을 풀어보는 정도가 가장 보편적인 학습 방법입니다. 그러다 보니 평소에는 학교 수업 외에 따로 시간을 내어 하는 국어 공부는 거의 없고, 독서를 통해 국어 공부를 대신하는 학생들이 일부 있을 뿐입니다.

이러한 중학생들의 국어 학습 패턴을 볼 때 제가 생각하는 중학교 시기의 국어 공부 목표는 '다양한 활동에 초점을 맞추는 것'입니다. 물론 국어 성적을 올리는 것은 기본적으로 중요한 목표입니다. 그 외 국어와 관련된 다양한 교내 활동에 참여하거나 다른 과목에서 특정 책을 읽고 주제에 대해 논술을 하는 수행평가에 적극적으로 참여하기, 한자 급수 시험, 한국어 능력 인증 시험 등에 응시하기 위해 준비를 하는 것도 어휘력이나 독해력을 기르는 데 도움이 됩니다.

그리고 이에 맞는 핵심 전략은 국어에 대한 흥미를 잃지 않도록 하는 데 있습니다. 어떤 과목이든 그 과목에 대한 흥미를 잃어버리면 오래도록 공부를 할 수 없습니다. 중학교 시기에는 성적에 대한 부담감이 고등학교에 비해 덜한 만큼 여러 가지 활동을 통해 국어 과목이 생각보다 유용하고 흥미로운 과목이라는 생각이 들 수 있도록 자신이 좋아하는 분야와 연결해 적절한 학습법을 찾는 것이 중요한 전략입니다.

A. 국어 공부에서 한자어를 많이 아는 것 자체가 목표가 될 필요는 없습니다. 국어에서 필요한 것은 한자어를 포함한 어휘력이기 때문입니다.

그런데 문제는 국어에서 다루는 용어나 문제에 등장하는 어휘들 중에 한자어가 많다는 것이지요. 그래서 뒤늦게 한자 공부를 해야 하는지 심각하게 고민하는 학생들도 있고, 아예 한자어를 포기하려는 학생들도 있습니다.

한자어를 포함한 어휘력은 단기간에 단순한 암기로 길러지는 능력은 아닙니다. 그렇다고 포기한다면 지문을 읽거나 문제를 풀 때 어려움이 발생할 수 있습니다. 그래서 아직 공부할 시간이 많은 중학생들은 지금부터 국어 교과서에 나오는 한자성어나 한자어 표현을 익혀두고, 국어 시간에 공부하는 어려운 용어들은 그 의미와 함께 정확하게 이해하도록 해야 합니다.

그리고 중학생들에 비해 상대적으로 공부할 시간이 많지 않은 고등학생들은 무엇보다 선택과 집중이 필요합니다. 즉 고등학생들이 꼭 알아두어야 하는 필수 한자성어나 한자어를 정리한 교재나 목록을 선택해 완벽하게 암기한다는 마음가짐으로 공부하는 것이 효과적인 방법입니다.

A. 국어 공부를 하면서 가장 위험한 생각은 내가 읽을 수 있으니 이 내용은 얼마든지 이해할 수 있다고 생각하는 것입니다. 실제로 학생들을 지도해보면 교과서를 한 번 눈으로 읽어보고는 다 읽었다고 말하거나 공부가 끝났다고 말하는 학생들이 많습니다. 문제를 풀 때도 정답을 눈으로만 확인하고 이해했다고 말하는 학생들도 많습니다. 그리고 성적이 잘 나오지 않으면 자신은 열심히 공부했는데 왜 성적이 잘 나오지 않는지 모르겠다고 이야기합니다.

글자를 읽는 것은 유치원생들도 할 수 있습니다. 글자만 읽는 유치원생과 달리 공부를 하기 위해 읽는 것은 단순히 글자를 읽어나가는 것이 중요한 것이 아니라 그 안에 담긴 의미를 이해하는 것까지 포함합니다. 그래서 제대로 된 국어 공부를 하기 위해서는 직접 읽고, 중요한 내용을 직접 써보고, 이 내용이 왜 중요한지를 스스로 생각하며 이해하는 것이 중요합니다.

또 한 가지 위험한 생각은 선생님의 자세한 설명을 들으면서 자신이 다 이해했다고 착각하는 것입니다. 수업을 하면 어쩔 수 없이 자세하게 설명을 하게 됩니다. 그럴 때마다 내가 학생들이 직접 생각하며 내용을 파악할 기회를 빼앗는 것은 아닌가 하는 생각도 듭니다.

실제로 학생들 대부분이 설명을 들을 때는 이해를 한 듯 보이지만 시간이 조금만 지나도 그 내용을 제대로 기억하지 못하는 경우가 많습니다. 내용을 이해할 때도, 문제를 풀 때도 내가 주체가 되어 직접 읽고 쓰고 생각하는 것이야말로 진정한 자기주도학습임을 기억해야 합니다.

Q. 국어 선생님으로서 국어 공부에 어려움을 느끼고 흥미를 갖지 못하는 학생들에게 조언 한 말씀 부탁드립니다.

A. 오랫동안 국어를 가르치면서 가장 보람된 순간은 제 수업을 통해 국어가 어렵지 않고 국어에 흥미를 갖게 되었다는 이야기를 들을 때입니다. '내가 어떻게 했기에 학생들이 국어를 어렵지 않다고 느끼게 되었을까?' 저도 처음 학생들을 가르칠 때는 되도록 많은 지식을 가르치려 하고, 되도록 많은 문제를 풀도록 하고, 시험에서는 무조건 성적을 올려야 한다는 강박관념 같은 것이 있었습니다. 그래서 국어를 배우는 학생들도, 가르치는 저도 함께 힘들고 어려웠습니다. 그때는 성적이 올랐다는 말이 최고의 보람이자 최고의 칭찬처럼 들렸습니다.

그러나 그런 공부는 쉽게 지치고 오래가지 못하며 결국 사교육에 계속 의존하게 만듭니다. 그래서 학생들이 학원의 도움을 오래 받지 않고도 얼마든지 스스로 국어 공부를 할 수 있도록 도와주는 것을 목표로 여러 가지 학습법을 시도하게 되었습니다.

그렇게 다양한 학습법을 통해 학생들이 자신에게 맞는 학습법을 찾을 수 있도록 기회를 마련해주었습니다. 수업시간에 학생들에게 설명하는 것을 조금 포기하고 학생들 스스로 공부하는 시간을 만들어주었습니다. 그렇게 국어를 어려워하지 않으며 공부에 자신감을 얻은 학생들이 점차 늘어나게 되었습니다.

우리의 생김새가 다르듯 우리가 가지고 있는 능력도 다릅니다. 우선 내가 잘하는 것과 못하는 것을 구분해 자신의 능력을 객관적으로 파악해야 합니다. 그다음 자신의 능력에 맞는 학습법을 선택해 꾸준히 공부해야 합니다. 국어를 잘하는 것보다 중요한 것은 조급해하지 않으며 오랫동안 꾸준히 국어를 공부하는 것입니다.

1. 네이버 검색창 옆의 카메라 모양 아이콘을 누르세요.
2. 스마트렌즈를 통해 이 QR코드를 스캔하시면 됩니다.
3. 팝업창을 누르시면 이 책의 소개 동영상이 나옵니다.

공부는 체계적인 학습 단계가 중요하다. 특히 본격적인 학습으로 들어가기 전에 공부하고자 하는 과목의 성격과 특징을 아는 것은 학습에 있어 동기 부여와 목표를 설정하는 데 매우 중요한 역할을 한다.

국어도 마찬가지다. 영어와 수학과는 다른 '국어'라는 과목만의 특징과 성격을 알아야 그에 맞는 학습법을 찾아 효율적인 공부를 할 수 있는 것이다. 국어가 어떤 과목인지, 국어를 제대로 공부하기 위해 어떤 요소들이 필요한지 먼저 파악하고 국어 공부에 필요한 힘을 기르도록 하자.

1장

국어 공부 시작 전에

이것만은 알아두자

국어는 생각보다
매우 중요한 과목이다

중학교 때 영어와 수학 중심의 학습이 이루어지면서 국어를 주요 과목이라고 생각하지 않는다. 그러나 고등학교에 가면 국어 성적이 잘 나오지 않고 쉽게 오르지도 않아 국어를 어려워하는 학생들이 많다. 중학교 때부터 국어를 주요 과목이라 생각해야 한다.

국, 영, 수, 과, 사!

내가 처음 학원 강사가 되었을 때만 해도 과목 이름을 부를 때의 순서는 '국, 영, 수, 사, 과'였다. 과목 이름을 부르는 순서대로 중요도가 있다는 것은 아니지만 적어도 국어가 영어나 수학만큼이나 중요한 과목이라는 상징성을 담고 있는 순서였다.

그런데 어느 순간부터 국어의 순서가 뒤로 밀리기 시작했다. '영, 수, 국, 과, 사'였던 것이 요즘은 '영, 수, 사, 과, 국'으로 불리기도 한다. 영어와 수학의 순서는 그다지 중요하지 않다. 국어의 순서가 이제 사회나 과학보다도 뒤쪽이라는 것이 중요하다. 이 순서에는 학생들이 과목에 대해 심리적으로 느끼는 부담감이 담겨 있다.

실제로 학생들이 시험 기간 동안 공부 계획을 짜는 것을 보면 영어나 수학은 시험 한 달 전부터 준비를 하고, 그 다음으로 암기할 것이 많은 사회나 과학을, 그리고 마지막으로 시험 보기 일주일 전쯤에 국어를 준비하는 경우가 많다. 다른 과목들이 워낙 어렵고 공부할 것이 많다 보니 상대적으로 국어는 뒤로 밀리게 되는 것이다.

특히 중학생들에게 국어의 중요성은 그리 크지 않다. 글을 읽고 쓰는 것 자체를 힘들어하는 학생들을 제외하고는, 국어는 주요 과목이 아니며 시험 기간에 집중적으로 공부하면 어느 정도 성적이 나오는 과목이라는 생각이 많다. 초등학교 시기에 국어를 어렵지 않게 공부했고, 예전에 비해 다양한 독서를 경험하고 중학교에 진학한 학생들이 많아서인 듯하다.

그러나 고등학교에 진학하게 되면 상황이 달라진다. '수·포·자', 즉 '수학을 포기한 자'라는 말은 이제 보통 명사가 되어버렸다. 그런데 요즘 '국·포·자'라는 말도 들려온다. '국어를 포기한 자'들이 생기기 시작한 것이다. 중학교에서 고등학교로 진학했을 뿐인데 갑자기 국어가 어려워지는 것이다.

그래서 고등학교에서는 아직도 '국, 영, 수'라는 순서가 자연스럽게 불리고 있는지도 모른다. 국어는 주요 과목이다. 우리말과 글을 배우는 과목이라는 이유뿐만 아니라 입시에서 당락을 좌우하는 과목이 되고 있기 때문이다.

영어와 수학을 잘하려면 국어를 잘해야 한다

요즘 모든 과목들이 어려워지고 있다. 특히 학생들이 예전부터 어려워하는 과목인 영어나 수학의 경우 문제 자체가 어려워지면서 문제의 의미를 제대로 파악하는 것부터 힘들어하는 학생들이 많다. 그리고 내신에서 서술형 문제가 등장하면서 문제를 읽고 답을 작성하는 것도 힘들어하는 학생들이 많다.

물론 많은 문제 풀이를 통해 이런 어려움들이 어느 정도 해소가 되겠지만 영어나 수학 과목 선생님이 학생들을 지도할 때 다양한 문제 풀이만큼 강조하는 것이 바로 국어 공부다. *엄밀히 말하면 국어 공부가 아닌 책 읽기를 강조하는 것이다.*

영어의 경우 국어와 마찬가지로 어휘력과 독해력이 절대적으로 필요한 과목이다. 하지만 학생들은 영어를 우리말로 해석해놓고도 표현이 어려워 다시 내용을 파악하는 데 어려움을 겪는다. 즉 근본적으로 어휘력이 부족하면 독해가 제대로 될 수 없고, 이런 힘들이 부족하면 다른 과목들의 내용을 파악하고 문제를 해결하는 데 어려움이 생긴다는 것이다.

계속해서 새로운 유형의 문제들이 등장하고 있으며, 영어나 국어는 지문의 길이가 길어지고 어려워지고 있다. 물론 국어를 잘한다고 해서 이러한 어려움들이 완전히 해결되는 것은 아니지만 국어 안에 포함된 책 읽기, 즉 '독서'와 우리가 국어를 공부하면서 자연스럽게 터득하게 되는 '어휘들'이 다른 과목에서는 얻을 수 없는 중요한 바탕 지식

이 되는 것이다.

예전 국어 교과서 단원 중에 '교과서 읽기'라는 단원이 있었다. 국어 교과서 안에 사회 교과서와 과학 교과서 일부가 실려 있는 단원이었다. 학생들은 이 단원을 재미있어하면서도 "왜 국어 교과서에 다른 과목 교과서가 실려 있느냐"는 질문을 많이 해왔다. 이 단원은 다른 과목 교과서를 제대로 읽는 방법을 알려주는 단원이었는데 단원명을 통해 내용을 예측하는 방법, 시각 자료를 파악하는 방법, 설명 방법을 통해 내용을 정확하게 파악하는 방법 등이 담겨 있었다. 지금은 그 단원이 없어졌으나 그 단원에서 다루어진 내용들은 지금도 다른 학습 목표로 국어 교과서 속에 그대로 존재한다.

이런 내용들이 국어가 다른 과목을 공부하는 데 필요한 과목이며, 주요한 과목이라는 또 다른 이유가 되는 것이다.

국어의 또 다른 이름!

국어를 가르치면서 독서나 논술 강의 제안을 많이 받았다. 그래서 내게 국어를 배우는 학생들을 대상으로 방학 시기에 독서·논술 특강, 자기소개서 쓰기 수업 등을 어설프게나마 진행해보기도 했다.

학부모들은 좋은 책을 추천해달라거나 논술, 자기소개서 등을 잘 쓰기 위해서 어떻게 하면 좋은지를 많이 물어본다. 그 이유는 내가 국어를 가르치고 있기 때문이다. 독서와 논술, 자기소개서 등이 다른 과목이 아닌 작품 읽기와 글쓰기를 배우는 국어와 밀접한 연관이 있다고 생각하기 때문이다.

틀린 생각은 아니다. 국어 교과서에 실려 있는 글과 작품들은 엄선된 글과 작품들이다. 좋은 글을 쓰기 위해서는 좋은 글을 많이 읽어야 한다. 그 조건에 해당하는 글과 작품들이 국어 교과서에 실려있다. 그래서 국어 교과서를 읽는 것만으로도 독서가 되고, 논술을 위한 좋은 글 읽기가 된다.

또한 국어 교과서에는 다양한 종류의 쓰기 활동 단원이 있고, 수업 중에 수행평가로 실제 쓰기 활동이 이루어진다. 전문적인 글쓰기는 아니지만 글쓰기의 기초적인 훈련은 이루어질 수 있는 것이다.

실제로 자신에게 글쓰기 실력이 있는 것을 모르다가 국어 선생님의 눈에 띄어 뒤늦게 글쓰기에 재능을 발휘하는 학생들을 많이 볼 수 있다. 수업 시간에 우연히 읽은 작품에 감동을 받아 또 다른 작품 읽기로 확대되어 책 읽는 취미를 갖게 된 학생들도 많다. 이것이 국어가 중요한 또 하나의 이유다.

국어는 단지 국어라는 교과목에 해당하는 지식만 배우는 것이 아니다. 국어라는 이름 안에 독서와 논술, 자기소개서 등 입시와 관련된 활동까지도 포함되어 폭넓게 배우는 과목을 의미한다.

국어에 대해 잘못 알고 있는
오해와 진실 5가지

국어는 어떤 과목일까? 단지 우리말과 글을 배우는 과목이라는 의미를 넘어 국어라는 과목이 어떤 과목이고 우리가 국어를 공부하는 데 있어 알아두어야 하는 과목의 속성은 무엇인지 파악한다면, 국어 공부를 좀더 효율적으로 할 수 있을 것이다.

국어는 문학과 문법이 전부다?

'국어는 문학과 문법이 전부다?' 아니다. 국어에는 5가지 영역이 있다.

예전에는 국어 교과서의 50% 정도가 문학과 문법 관련 단원이었다. 시험에서도 문학과 문법이 차지하는 비중이 커서 국어는 문학과 문법을 배우는 과목이라는 인식이 강했다. 하지만 요즘 국어는 '듣기·말하기, 읽기, 쓰기, 문학, 문법', 5개의 영역으로 나뉘어 각각의 성취기준에 맞춰 골고루 단원이 구성되어 있다.

물론 지필 평가에서는 여전히 문학과 문법의 비중이 크지만 다른 영역들은 다양한 수행평가를 통해서 평가되며 그 배점도 적지 않기 때문에 신경 써서 대비해야 한다. 각 영역별 핵심 개념을 통해 무엇을 배우게 되는지 구체적으로 확인해보자.

- 듣기·말하기: 듣기·말하기의 본질, 담화의 목적과 유형, 듣기·말하기의 참여자, 듣기·말하기의 방법, 듣기·말하기의 태도
- 읽기: 읽기의 본질, 글의 목적과 유형, 글과 매체, 읽기의 참여자, 읽기의 방법, 읽기의 태도
- 쓰기: 쓰기의 본질, 글의 목적과 유형, 글과 매체, 쓰기의 참여자, 쓰기의 방법, 쓰기의 태도
- 문법: 국어의 본질, 국어의 체계와 구조, 국어의 탐구와 활용, 국어에 대한 태도, 국어의 변화
- 문학: 문학의 본질, 문학의 갈래, 문학의 역사, 문학과 매체, 문학의 수용과 생산, 문학에 대한 태도

초등학교 국어는 이 중 다루어지지 않는 핵심 개념이 있지만 중학교 국어는 3년에 나누어 전 영역이 단원으로 구성되어 있다. 국어는 문학과 문법이 전부가 아님을, 5가지 영역으로 구성되어 있음을 다시 한 번 명심하자.

국어에는 정답이 있다?

'국어에는 정답이 있다?' 아니다. 국어에는 정답이 없다.

국어 문제는 보기 중에 정답을 찾는 것이 아니라 가장 알맞은 답, 가장 보편적인 답을 찾는 것들이 많다. 이런 현상은 국어 문제 중에 인물의 심리나 감정, 작품의 분위기 등 주관적인 해석이 가능한 문제들이 많기 때문이다.

수학처럼 계산에 실수가 없는 한 누구나 똑같은 정답이 나오는 것과는 달리, 국어는 자신의 주관에 따라 얼마든지 해석이 달라질 수 있다. 그래서 그 근거만 제시할 수 있다면 그런 주관적인 해석이 인정받을 수도 있는 과목이다.

그러다 보니 학생들 중에 수업 시간에 선생님이 설명해준 내용을 잊고 자신만의 해석에 빠져 자신의 생각이나 감정과 일치하는 답을 고르는 경우가 있다. 나중에 정답을 알아도 자신의 답도 근거가 있음을 설명하며 억울해하는 경우도 종종 있다.

그런데 대부분은 작품에 나타나지 않은, 즉 '그러할 것이다'라는 자신의 추측을 가지고 문제를 풀었기 때문에 정답으로 인정받지는 못한다. 예를 들어 시에는 이별의 슬픔을 주제로 하는 작품이 많다. 주로 떠나간 사람을 기다리며 그리워하는 화자가 등장한다. 이러한 경우 작품의 화자를 여성으로 보는 경우가 많은데, 요즘 학생들은 기다림이 꼭 여자만의 태도는 아니라는 점과 자신이라면 원망의 감정을 느낄 것 같다는 주관적인 판단으로 문제를 풀어 오답을 고르는 경우가 생

긴다. 국어 문제의 답, 특히 문학 관련 문제의 답은 나머지 보기들보다 가장 알맞은, 또는 보편적인 답을 골라야 하는 것이다.

국어는 무조건 많이 읽어야 한다?

'국어는 무조건 많이 읽어야 한다?' 아니다. 한 번을 읽더라도 제대로 읽어야 하며, 다양한 문제 풀이도 중요하다.

국어 공부의 가장 일반적인 학습법은 교과서 읽기다. 거의 모든 학생들은 국어 공부를 시작할 때 제일 먼저 국어 교과서를 펼친다. 그리고 무작정 읽어 내려간다. 다 읽은 뒤 글의 핵심 내용을 말해보라고 하면, 무슨 내용인지 모르겠다고 하며 글의 제목조차 기억하지 못한다.

읽기에는 '글자 읽기'와 '내용 읽기'가 있다. 교과서는 '내용 읽기'가 이루어져야 하는데 대부분의 학생들은 단순히 '글자 읽기'만을 하는 것이다. 즉 교과서의 내용이 무슨 내용인지, 무엇이 중심 내용인지, 제목은 무슨 의미를 갖는지 등에 대해 생각하지 않은 채 그저 눈으로 글자만을 따라 읽는 것이다.

이렇게 3번, 5번 혹은 그 이상 무작정 많이 읽는 것은 공부에 도움이 되지 않는다. 한 번을 읽더라도 제대로 내용을 파악하며 읽어야 하고, 읽은 뒤에는 핵심 내용을 정리하거나 문제 풀이를 통해 자신의 이해 정도를 파악하는 것이 좋다. 문제 풀이 자체를 두려워하거나 귀찮아서 교과서만 읽는 학생들이 있는데 우리가 머릿속으로 아는 것과 아는 것을 문제에 적용하는 것은 다른 영역이기 때문에 교과서를 어느 정도 읽은 뒤에는 적당한 문제 풀이도 함께 병행해야 한다는 것을 명심해야 한다.

국어는 100점 맞기 쉽다?

'국어는 100점 맞기 쉽다?' 아니다. 국어는 낯선 지문이나 실수가 많아서 100점 맞기가 어렵다. 학년이 올라갈수록 100점 맞기 어려운 과목이 국어라고 한다.

초등학교 때는 교과서를 한 번만 읽고 예상문제만 풀어도 100점을 맞을 수 있었다. 중학교에서는 실수로 한두 개 정도 더 틀리기도 한다. 하지만 고등학교에서는 풀지 못해 찍어야 하는 국어 문제가 나온다.

영어나 수학도 아닌 국어가 100점 맞기가 어려운 이유가 무엇일까? 당연히 시험 문제가 어려우면 100점을 맞을 수가 없다. 그러나 어렵지 않은 시험에서도 100점이 쉽사리 나오지 않는 경우가 많다. 심지어 시험공부를 열심히 했는데도 100점이 나오지 않았다고 속상해하는 학생들이 많다.

우선 국어 문제에서 가장 어려운 유형은 배우지 않은 작품이나 글이 나오는 것이다. 모의고사에는 거의 모든 글이 낯선 지문이다. 학생들은 모르는 것이 나오면 '모르는 것=어려운 것'이라는 공식을 가지고 있어서 문제를 풀 엄두조차 내지 못하다가 조금씩 낯선 지문에 적응해

가면서 이런 어려움을 해결해나간다. 그런데 계속해서 새로운 유형의 문제들이 나오고 지문 자체의 난이도가 높아지면서 '모르는 것=어려운 것'이라는 틀에서 벗어나지 못해 100점을 맞는 데 걸림돌이 되고 있다.

그 다음으로 잦은 실수다. 국어에서 가장 많이 나오는 문제 유형이 '가장 알맞은 것은?'과 '가장 알맞지 않은 것은?'이다. 대부분의 학생들이 이 2가지 문제를 혼동해 답을 잘못 선택한 경험이 있을 것이다.

이렇게 문제를 잘못 읽거나 지문에서 답을 찾지 못하는 것은 시험에 대한 압박과 긴장감 때문에 제대로 못 읽고 시간에 쫓겨 빠르게 풀려고 하기 때문이다. 보기를 읽어나가다가 자신이 아는 내용이 나오면 반가운 마음에 덥석 체크를 해버린다.

"실수도 실력"이라는 말이 있다. 실수가 자꾸 반복이 되면 오히려 시험 볼 때 실수를 하지 않기 위한 긴장감이 더 커지게 된다. 자신이 반복적으로 하는 실수가 있다면 그 원인을 찾아 빠른 시간 내에 고치도록 해보자.

국어는 교과서 위주로만 공부하면 된다?

'국어는 교과서 위주로만 공부하면 된다?' 아니다. 교과서 외 작품과 글을 많이 접해야 한다.

요즘은 수능뿐만 아니라 내신 시험에서도 국어 교과서에 없는 글이 시

험에 출제되는 경향이다. 교과서에도 본문이 아닌 활동 문제나 보충 심화 쪽에 다른 읽기 자료가 있는데, 수업 시간에 다루지 않아도 이런 읽기 자료가 시험에 출제되기도 한다. 그렇게 때문에 교과서 본문 위주의 학습은 요즘의 시험 경향에 맞지 않는 방법이다.

중학교 때부터 다양한 글 읽기를 통해 글을 읽어내는 힘을 길러야 한다. 예전에는 문학작품, 특히 소설 중심의 독서를 권장했지만 수능에서 비문학 관련 문제가 어려워지면서 여러 분야의 글을 읽어야 한다는 분위기가 형성되고 있다. 인문, 사회, 과학, 예술, 종교, 역사 등 우리가 사회나 과학 시간에 배우는 내용과 관련된 책이나 글을 읽은 것이 국어에도 도움이 되는 것이다.

자신이 관심이 있거나 잘 알고 있는 분야는 상관없지만 싫어하거나 관심이 없는 분야는 글을 읽는 것 자체가 매우 힘들 수밖에 없다. 그럴수록 오히려 자신 없는 분야의 글을 찾아 읽어서 배경지식도 기르고 내용을 파악하는 힘도 길러야 국어 실력 자체가 향상된다.

국어의 변화에
잘 대처하는 방법은 따로 있다

국어는 항상 같은 것만 배운다고 생각하기 쉽지만 국어도 학년별로 체계를 갖추고 구성되어 있으며, 문제 유형도 새로워지고 있다. 교과서 개정시마다 작품의 수준이 높아지고, 수능에 출제되는 지문도 점점 길어지고 어려워지고 있다. 이러한 변화에 잘 대처하자.

국어도 체계가 있다

국어를 가르치면서 가장 안타까운 것은 학생들이 국어를 가볍게 생각할 때다. 영어와 수학의 중요성이 커지면서 '국어는 내신 대비용 과목'이라는 생각을 많이 하고 있다. 평상시에는 학교 수업만 충실히 들으면 되고, 시험 기간에 2주 정도 집중해서 공부를 하면 어느 정도 성적이 나오는 과목이 국어라는 인식이 강하다.

그렇게 중학교 3년을 보낸 학생들이 고등학교에 진학하게 되면 고등학교 국어에 가장 많이 놀라게 된다. 그래도 요즘은 수능에서 국어가 어렵게 출제되면서 좀더 빨리 국어를 준비해야 한다는 생각에 무언가 준비하려고 한다. 하지만 학생들 입장에서 할 수 있는 것들이 제한적이다 보니 주로 독서를 하면서 고등학교 국어를 준비하는 경우가 대부분이다.

우리가 공부하고 있는 국어는 매우 체계적이다. 성취기준에 따라 초등학교 6년과 중학교 3년, 고등학교까지 영역별로 공부해야 할 내용들이 구성되어 있다. 그 중 중학교 3년 동안의 국어 공부는 우리가 흔히 이야기하는 국어와 관련된 중요한 개념과 이론들을 집중적으로 공부하는 시기다.

문학의 경우 중학교 1학년 때는 문학작품에 많이 쓰이는 표현법과 갈등 등 문학작품을 이해하는 데 필요한 기본적인 요소들을 공부하게 된다. 중학교 2학년이 되면 서술자와 화자의 관점이나 개성적인 발상과 표현 등 본격적으로 작품을 감상하는 데 필요한 요소들을 공부한다. 중학교 3학년 때는 근거와 차이에 따른 다양한 해석을 비교하며 작품을 감상하는 방법, 작품의 사회·문화적 배경을 바탕으로 작품을 이해하는 방법 등을 공부하게 된다.

이 시기에 배우게 되는 이러한 내용들은 단지 중학교에서 배우는 것으로 끝나는 것이 아니다. 즉 고등학교 내신 국어의 기본 바탕이 되고, 수능으로까지 연결되는 것이다.

고등학교에서 국어로 힘들어하는 학생들의 대부분은 이런 중학교 시기의 국어를 제대로 학습하지 않은 학생들이다. 고등학교에 진학해서 이런 기본적인 내용들까지 공부한다는 것은 무척 힘들고 시간도 충분치 않다.

수능이 가까워지면 주말이나 연휴를 이용해 '문법 반짝 특강'이 이루 어지는 경우가 있다. 특강의 내용들 중 대부분이 중학교 국어의 문법 내용이다.

매년 같은 시를 공부하고 같은 소설을 공부하는 것 같지만 그게 아니다. 내가 지금 공부하고 있는 국어의 내용이 전 학년에서 배운 어떤 내용을 좀더 심화한 것인지, 다음 학년에서 배우게 될 어떤 내용의 바탕이 되는지 등 이런 국어의 체계를 잘 생각하면서 공부해야 할 것이다.

교과서 작품의 수준이 높아진다

국어 교과서에는 다양한 작품과 다양한 글이 나온다. 가끔 학생들에게 "선생님은 가장 감명 깊게 읽은 책이 무엇이냐"는 질문을 받으면 나는 "국어 교과서"라고 대답한다. 실제로 국어 교과서가 출판사마다 다양해지면서 어쩔 수 없이 여러 종류의 국어 교과서를 읽게 되는데, 교과서마다 실려 있는 작품들이 달라서 읽는 재미가 있다. 간혹 예전 교과서에서는 볼 수 없는 새로운 작품들도 있고, 예전에 영화로 보았던 시나리오가 실려 있으면 영화에서 보았던 장면이 떠올라 학생들에게 그 장면을 설명해주기도 한다.

교과서가 여러 번 개정되었음에도 아직까지도 만나게 되는 작품들도 있다. 가장 많이 수업했던 작품으로는 시의 경우 '진달래 꽃' '엄마야 누나야' '가난한 사랑 노래' '봄은' 등이 있고, 소설에는 '소나기' '사랑손님과 어머니' '동백꽃' '운수 좋은 날' 등이 있다.

그런데 교과서가 개정될 때마다 작품에 약간씩의 변화가 있는데 아무래도 시대에 맞게 최근의 작품들을 수록하는 경향이 있는 듯하다. 출판사마다 학생들이 성취기준에 맞추어 학습하기에 적합한 작품들을 선정해 교과서에 수록한다. 하지만 여러 가지 기준에 맞는 작품을 선정하는 것이 쉽지는 않은 듯하다. 그러다 보니 이미 인정을 받은 작품들이 반복적으로 교과서에 실리게 되는데, 가장 눈에 띄는 변화는 중학교 국어 교과서에 고등학교 국어 교과서나 문학 교과서에 있던 작품들이 수록된다는 것이다.

가장 대표적인 것이 윤동주와 이육사의 작품이다. 지금도 수능을 준비하는 학생들에게 이 두 시인의 작품은 매우 중요한 작품들인데 '서시'와 '절정'이 실려 있는 중학교 국어 교과서가 있다. 소설도 마찬가지다. 하근찬의 '수난 이대'가 고등학교 1학년 국어 교과서에 실려 있었는데 지금은 중학교 1, 2학년 국어 교과서에서 만날 수 있다. 고등학교 국어나 문학 교과서에는 비교적 시대가 최근에 가까운 작품들이나 새롭게 중요성을 인정받는 작품들이 실리고 있는데 대표적으로는 시인 백석의 작품들이 있다.

이런 변화들을 생각하면서 자신이 공부하고 있는 국어 교과서 속 작품들이 매우 중요하고 가치 있는 작품들이라는 생각을 가지고 공부해야 하며, 시간이 된다면 다른 학교 교과서에는 어떤 작품들이 있는지 찾아 읽어보는 것도 매우 좋은 독서이자 국어 공부가 된다.

새로운 문제 유형에 대비하자

　　체계적인 단원의 구성, 높아진 수준의 작품 선정과 더불어 눈여겨
보아야 할 국어의 변화는 새로운 문제 유형이다. 실질적으로 학생들
이 가장 관심 있고 민감하게 반응하는 것이 시험 문제의 유형이다.

　　국어 시험 문제의 대부분은 지문을 바탕으로 출제된다. 그래서 학생
들은 지문을 읽고 어느 정도 내용을 이해하면 쉽게 문제를 풀 수 있
을 것이라고 생각한다. 그러한 생각 때문에 국어 공부에 소홀해지기
도 하고, 실수를 반복하기도 하는 것이다.

　　앞에서도 말한 바와 같이 국어는 단원을 통해 반드시 학습해야 할
중요한 개념들이 있다. 시점이 무엇인지 정확히 모르거나 관찰자 시
점과 주인공 시점의 서술 방식에 어떤 차이가 있는지를 제대로 이해
하지 못한 상태에서 문제를 푼다면 아무리 소설 지문을 읽어도 관련
된 문제를 풀 수 없게 된다. 그리고 선택지에서 자신이 알고 있는 단
어나 지문에 나오는 단어가 보이면 그것을 바로 답으로 골라서 틀리
게 되는 경우도 학생들이 자주 하는 실수다.

　　*시험이라는 긴장감과 시간 내에 문제를 풀어야 한다는 초조함이 더해
져 단어만 보고 답을 고르는 학생들은 선택지의 내용이 바르게 되어 있
는지 끝까지 확인하지 않는 경우가 많다.* 이런 기본적인 실수를 줄이는
것도 중요하고, 점점 어려워지는 문제 유형에도 대비할 필요가 있다.

　　요즘 대표적인 국어 문제 유형에는 이러한 것들이 있다.

- 서술형 문제: 글자 수를 제시하거나 문장의 형식을 조건으로 제시
- 선택지에 낯선 문학작품을 제시: 인물의 심리, 작품의 분위기, 표현법이 유사한 작품들을 제시
- 낯선 지문을 제시: 교과서 외 지문을 단독으로 제시
- 갈래 응용: 시를 소설로, 소설을 희곡으로 바꿨을 때의 변화 제시
- 실생활 문법: 교과서에 없는 실생활 예문을 제시
- 지문의 길이와 문제의 길이가 길어짐

이러한 시험에 대비하기 위해서는 수박 겉핥기 식의 공부로는 위태위태하다. 공부할 때부터 꼼꼼하게 읽고 생각하는 습관이 만들어져야 할 것이다.

수능 1등급을 받기 위한
국어 공부의 기본 3요소

국어 공부를 하기 위해 기본적으로 해야 할 것이 있다. 수업 듣기, 교과서 읽기, 문제 풀다. 이 중 어느 하나라도 제대로 하지 않고서 성적이 좋아지기를 기대하면 안 된다. 누구나 안다고 생각하지만 누구나 제대로 하고 있지 않은 국어 공부의 3요소다.

수업 듣기

우선 수업 듣기부터 살펴보자. 예전에는 사교육이 거의 없던 시절이라 절대적으로 학교 수업에 의존할 수밖에 없었다. 선생님이 설명하는 모든 내용을 빠짐없이 듣고 필기를 해야만 공부를 할 수 있었고, 시험을 대비할 수 있었다. 특히 공부를 열심히 하고자 하는 학생들은 선생님 수업 내용을 조금이라도 놓칠까봐 집중하고, 궁금한 것이 있으면 바로바로 선생님에게 질문해 수업 시간 내에 이해를 하고자 노력했다.

그러나 요즘은 학원이나 인터넷 강의, 과외, 학습지 등 다양한 방법으로 선행학습을 하면서 오히려 학교 수업에 대한 흥미를 잃고 제대로 듣지 않는 학생들도 있다. 서점에는 교과서 내용을 혼자서도 얼마든지 공부할 수 있도록 자세한 설명과 정리까지 잘 되어 있는 교재들이 수두룩해 언제든지 궁금한 내용을 해결할 수 있다. 이러다 보니 학생들에게 학교 수업은 절대적이지 않다.

그러나 국어 공부에 있어 학교 수업을 잘 듣는 것은 매우 중요하다. 국어는 학교에서 선생님이 수업하는 내용이 시험의 기준이 되기 때문이다.

국어는 글을 읽고 분석하는 활동을 하는 단원이 과목의 특성상 많은데 선생님이 수업 시간에 어떤 부분에 중점을 두었는지, 선생님이 어떻게 해석했는지가 공부의 방향을 잡고 시험 문제를 예상하는 데 매우 중요한 역할을 한다. 물론 학습 목표에 따라 수업의 핵심은 같을 수 있지만 학습 목표에 제시되어 있는 한두 가지 요소 외에 다른 요소들을 수업할 수도 있고, 교과서에 없는 예시나 다른 글을 수업하는 경우도 있다.

미리 예습을 해서 어느 정도 내용을 알고 있다면 자신이 예습한 내용이 맞는지 확인하거나, 궁금했던 내용을 선생님의 설명을 들으며 이해하겠다는 마음가짐으로 수업을 들어야 한다. 수업 듣기가 국어 공부의 첫 번째 요소임을 반드시 기억하자.

교과서 읽기

어떤 일을 하는 데 있어서 기본을 지킨다는 것은 중요한 일이다. 공사 현장에서는 안전 규칙을 지켜야 한다거나 요리를 할 때에는 조리 도구의 위생 상태를 점검해야 한다는 것이 기본이다. 그런데 이런 기본을 가볍게 생각하고 지키지 않았다가 큰 사고로 이어지는 경우를 종종 뉴스를 통해 접할 수 있다.

교과서를 읽는 것은 국어 공부의 기본이라는 것을 누구나 알고 있다. 그러나 이를 제대로 지키는 학생들은 많지 않다. 시험 기간 공부하는 모습을 보면 교과서를 아예 준비하지 않은 학생부터 교과서에 아무런 필기도 되어 있지 않은 학생, 교과서를 대충 한 번만 읽고 바로 문제 풀이를 하는 학생 등 국어의 기본이 제대로 지켜지지 않는 현장을 많이 보게 된다.

예전에는 국어 주관식 시험에 중요한 단어나 간단한 문장을 외워야 쓸 수 있는 문제가 출제되었다. 그러다 보니 시 같은 경우는 거의 외우고 시험을 봐야 했고, 고전 문학의 경우는 현대어 풀이와 고어(古語)의 변천 과정을 모두 외워야 했다. 그래서 교과서를 계속 읽을 수밖에 없었다. 아예 '교과서 10번 읽어오기' 이런 숙제가 있을 정도로 교과서를 읽는 것은 아주 중요한 공부 방법이었다.

그런데 요즘 학생들에게 이런 이야기를 하면 "국어를 왜 외워야 하느냐, 무엇 때문에 10번씩 읽어야 하느냐"고 오히려 반문한다. 교과서를 외우는 것도 좋은 방법은 아니지만 교과서를 너무 안 읽는 것도 좋은 방법은 아니다.

교과서를 제대로 읽지 않고 자습서나 문제집에 나와 있는 요약과 정리된 내용만 읽으려는 학생들이 있다. 이런 내용들은 교과서 본문과 똑같이 정리되어 있지 않거나 교과서 본문에 없는 다른 단어로 정리되어 있는 경우도 있다. 그래서 시험을 볼 때 교과서 본문과 똑같이 나와 있는 지문이 오히려 낯설게 느껴질 수도 있다.

익숙해질 때까지 읽어야 한다. 시험 지문에 교과서 본문의 어느 한 부분이 출제되더라도 이 부분이 글 전체 중 어느 부분에 해당하는지, 앞뒤에 어떤 내용들이 있었는지 기억이 날 정도로 읽어야 한다.

교과서 읽기는 국어 공부의 기본이다. 기본이 충실하지 않은 공부는 제대로 된 공부라고 할 수 없다.

문제 풀기

국어도 영어나 수학만큼이나 다양한 방법으로 문제를 풀어볼 수 있다. 서점에 가면 출판사에 따라 크게 3가지의 교재가 있다. 그것은 '자세한 설명 위주의 자습서, 문제 위주의 평가 문제집, 시험 대비 문제집'이다. 그래서 자신의 상황과 필요에 따라 교재를 선택해 문제를 풀어볼 수 있다.

학원이나 인터넷 강의에서는 선생님이 준비한 기출 문제와 예상 문제가 담긴 교재가 있어서 문제도 풀고, 선생님들의 확실한 설명도

들을 수 있다. 요즘은 학생들이 학습 사이트나 블로그에서 직접 문제를 다운받아 풀기도 한다. 수업을 잘 듣고 교과서를 잘 읽어도 자신이 얼마나 이해했는지 파악하는 데 문제 풀이만큼 좋은 방법은 없기 때문에 학생들 스스로가 알아서 자신에게 맞는 방법으로 문제 풀기를 하고 있다.

그런데 문제 푸는 것을 힘들어하는 학생들이 있다. 국어는 지문을 읽고 문제를 풀어야 하는데 이 과정 자체가 힘들고 귀찮아서 제대로 읽지 않고 문제를 풀거나 아예 자신이 알고 있는 내용을 바탕으로 그냥 문제만 푸는 학생들도 있다. 채점을 하면서 자신이 몇 점을 받았는지만 중요하고 무엇을 틀렸는지, 왜 틀렸는지에는 관심이 없는 학생들도 많다.

문제를 풀어봤다고 해서 공부가 끝난 것이 아니다. 자신이 풀어본 문제들을 이해하는 것이 문제 풀기 공부의 완성이다. 시험 전날까지 끊임없이 많은 문제를 풀어도 전에 틀렸던 문제를 반복적으로 틀린다면 자신이 아직 이해하지 못한 부분이 있음을 알아 틀린 문제들을 다시 한 번 풀면서 점검해봐야 하고, 문제에 딸린 지문을 교과서 본문을 읽는 마음으로 꼼꼼하게 읽도록 노력해야 한다. 그리고 여러 개의 교재보다 한 권의 교재를 끝까지 풀고 활용할 줄 아는 것이 더 좋은 방법임을 기억하자.

국어 공부에 필요한 힘 4가지:
어휘력, 독해력, 응용력, 지구력

국어를 공부하기 위해 꼭 갖추어야 하는 힘이 있다. 운동선수의 기초 체력과도 같은 이런 힘들이 뒷받침되어야 좋은 성적을 오래도록 유지할 수 있다. 당장은 어렵더라도 어떻게 하면 국어 공부에 필요한 힘들을 기를 수 있을 것인지를 고민해봐야 한다.

국어의 기초 체력

운동을 잘하기 위해서는 그 운동에서 필요로 하는 기술과 전략도 중요하지만 무엇보다 기초 체력이 뒷받침되어야 한다. 그래서 운동선수들은 경기가 없는 기간에도 기초 체력을 단련하기 위해 꾸준히 기본 체력 운동을 한다.

국어 공부에도 이런 기초 체력이 필요하다. 국어를 잘하기 위해 여러 가지 개념을 배우고, 시험에서 실수하지 않는 방법을 배우고, 성적을 올리기 위한 학습법을 아는 것도 중요하지만, 근본적인 체력이 뒷받

침되지 않으면 이러한 기술과 전략이 오래 가지 못하는 법이다.

한 번도 학원을 다녀본 적이 없는 학생들이 국어 성적을 올리기 위해 학원을 다니면 첫 시험에서는 대부분 성적이 오른다. 학원 수업을 통해 여러 가지 문제들을 풀어보고, 선생님의 설명을 통해 몰랐던 부분을 이해했기 때문이다.

이때 학생들이 가장 많이 하는 착각은 자신의 국어 실력이 늘어났다고 생각하는 것이다. 그동안 공부 방법을 몰라서 점수를 내지 못했던 부분들이 채워지면서 성적이 오른 것뿐인데 이것을 근본적인 국어 실력의 향상으로 착각해서는 안 된다. 오른 성적이 지속적으로 유지되면서 국어 공부에 대한 흥미가 생기고 자발적인 학습이 이루어지기 위해서 필요한 것이 바로 국어 기초 체력에 해당하는 힘이다.

어휘력과 독해력

'국어' 하면 무엇보다 기본적인 힘이 어휘력이다. 국어는 어휘와의 싸움이다.

국어 수업을 하다보면 단어의 뜻을 물어보는 학생들이 있다. 평소에는 관심이 없거나 몰라도 아는 척하거나, 귀찮아서 질문하지 않던 학생들이 시험이 가까워지면 불안한 마음에 조금만 모르는 단어가 나와도 질문을 하기 시작한다. 그러나 그때 당장의 문제를 해결하기 위한 질문이다 보니 시간이 지나면 거의 단어의 의미를 잊어버린다.

그리고 국어처럼 지문의 전체적인 흐름을 파악하는 것이 중요한 과목의 경우, 중간에 단어의 의미를 몰라서 질문을 하게 되면 내용 파악에 오히려 방해가 되는 경우도 있다.

어휘력이 강하면 어떤 점들이 좋을까? 누구나 알고 있듯이 어휘력이 뒷받침되어야 독해력이 향상된다. 그리고 고등학교에서 절대적으로 필요한 문학과 독서 지문을 풍부한 어휘력으로 구체적이고 빠르게 이해할 수 있다. 뿐만 아니라 표현력이 풍부해져서 수행평가로 말하기나 발표를 할 때 다양한 표현을 구사할 수 있다. 또한 문장력이 강화되어서 글을 쓸 때 정확하고 적절한 어휘를 사용해 자연스러운 문장을 표현해낼 수 있다. 요즘 대입이나 특목고 입시에서 자기소개서나 면접 등이 중요한데 어휘력이 튼튼하면 이러한 문제들까지 해결할 수 있다.

독해력은 어휘력과 함께 짝을 이루는 기초 체력이라고 할 수 있다. 독해력이란 글자를 읽는 능력과 글의 내용을 이해해서 자신의 것으로 만드는 능력, 이렇게 2가지로 나눌 수 있다.

대부분의 학생은 글자를 읽는 능력이 부족한 것이 아니라 글의 내용을 자신의 것으로 만드는 능력이 부족한 경우다. 이러한 학생들, 특히 독서가 절대적으로 부족한 학생들은 지문이 조금만 길어져도 읽는 것을 포기하거나 힘들어한다. 조금 전에 읽은 지문인데도 기억이 나질 않아서 문제를 풀며 다시 읽는다. 이러다 보니 시험 시간이 부족하다는 학생들도 있다.

어휘력을 바탕으로 내가 읽은 글의 내용의 정확한 의미를 이해하고 중심 내용을 파악하는 것이 국어에서 필요한 독해력이고, 이 독해력이 기본적으로 갖추어져 있어야 내신 시험과 수능 모두를 대비할 수 있다.

독서가 부족하고 한자에 대한 지식이 부족한 요즘의 학생들과는 반대로, 교과서에 실려 있는 글이나 시험에 출제되는 지문은 점점 어려워지고 있다. 이 차이를 좁히기 위해서라도 어휘력과 독해력을 기르기 위해 노력해야 한다.

응용력과 지구력

그 다음으로 국어의 기초 체력 중 하나는 응용력이다. 국어 성적이 항상 제자리걸음이거나 문제가 조금만 어려워져도 풀지 못하는 학생들을 보면 문제에 대한 응용력이 부족한 경우가 많다.

예전에는 학교의 기출문제가 절대적으로 중요한 자료였다. 해당 학교의 기출문제만 풀어도 어느 정도 문제 유형이 파악되기 때문이다. 그래서 시험 전날 마지막으로 기출문제를 풀어보는 것은 실력을 점검하기 위한 필수 코스였다. 그러나 요즘은 기출문제를 풀어보는 것이 다양한 문제 풀이의 하나일 뿐이다.

물론 기출문제를 통해 실전 감각을 키우거나 학교에서 무엇을 중요하게 평가하는지를 확인할 수 있다는 점에서 중요한 자료임에는 틀림없다. 하지만 학생들 스스로가 이와 비슷한 문제가 나올 것이라는 기대감은 예전에 비해 덜하다.

오히려 다양한 문제 풀이를 통해 문제에 대한 응용력을 키우는 것이 더 효과적인 공부법이 되었다. 응용력은 수학 같은 과목에서 필요한 힘이라고 흔히 생각한다. 공식을 이해하고 그 공식을 바탕으로 여러 가지 문제를 풀기 위해서는 응용력이 필요하기 때문이다. 그러나 요즘처럼 다양한 문제와 낯선 지문이 등장하는 국어에서도 응용력이 필요하다.

시험이 끝난 후 선생님이 중요하다고 했던 문제가 안 나왔다고 불만스럽게 이야기하는 학생들이 있다. 시험 문제를 보면 문제 유형이 좀 다르게 나왔을 뿐인데 학생들은 똑같이 나오지 않으면 다른 문제라고 생각하는 것 같았다. 수학처럼 내가 알고 있는 핵심을 공식처럼 활용할 줄 알면 비슷한 유형의 문제도 얼마든지 풀 수 있다. 이때 필요한 힘이 응용력이다.

모든 문제가 응용력이 필요한 고난도 문제는 아니다. 하지만 어려운 한두 문제에서 자꾸 틀리게 되면 국어 성적이 제자리걸음이 되고, 문제를 풀 때 자신감을 잃게 된다. 평소 자신이 좋아하는 유형의 문제만 풀지 말고, 다양한 문제나 새로운 유형의 문제들도 자주 풀어보며 문제에 대한 응용력을 키우는 것이 중요하다.

또한 국어를 공부하는 데 있어 필요한 기초 체력으로 지구력이 있다. 어휘력이나 독해력, 응용력은 학생들도 어느 정도 예상하거나 국어 공부에 필요한 힘이라고 알고 있을 것이다. 그러나 지구력은 왠지 국어라는 과목과 잘 연결되지 않는다.

국어 공부에 있어 '꾸준함'은 학습법의 핵심이다. 내가 이 책에서 많이 말하게 될 단어 중의 하나가 바로 '꾸준함'이다. 국어는 단시간에 성적이 오르고 실력이 향상되는 과목이 아니다. 평소에는 주로 영어, 수학 중심의 공부를 하다가 시험 기간에만 반짝 집중하는 공부로는 국어 성적이 쉽게 오르지 않는다. 특히 고등학생이 되어서 내신과 수능, 이 2가지를 모두 대비하기 위해서는 무엇보다 필요한 것이 꾸준함이고, 이 꾸준함의 원동력이 바로 지구력이다.

수능 1교시 국어 시간에는 80분간 45문항을 풀어야 한다. 고등학교 1학년 학생들은 처음에 80분이라는 시간 자체를 매우 힘들어한다. 게다가 집중력을 발휘해서 문제까지 풀어야 하다 보니 시간 내에 문제를 풀지 못하는 경우도 많다.

주어진 시간 동안 지문과 문제를 읽고 풀어내는 지구력, 중학교 3년과 고등학교 3년 동안 독서와 문제 풀이로 조금씩이라도 꾸준히 국어 공부를 하는 지구력, 이 2가지 지구력이 뒷받침되어야 국어 성적이 튼튼해질 수 있음을 명심하자.

국어 공부는
진정 마라톤과 비슷하다

국어 성적이 좋은 학생이 아니라 국어 실력이 좋은 학생이 되어야 한다. 국어 성적은 쉽게 올릴 수 있지만 국어 실력은 쉽게 향상시킬 수 없다. 국어의 실력자가 되기 위해서는 단기간의 스퍼트가 아닌 오랜 기간 동안 꾸준히 공부하는 자세가 필요하다.

국어 성적과 국어 실력의 차이를 알자

학원을 전혀 다녀본 적이 없는 학생이 학원에서 한 달 정도 국어 시험 대비 수업을 들으면 대부분 성적이 오른다. 드물기는 하지만 90점 이상의 높은 점수를 받기도 한다. 본인도 깜짝 놀라면서 자신의 놀라운 능력을 발견한 것처럼 기뻐한다. 그리고 다음 시험에 대한 기대감이 생겨 한동안 학원을 다니게 된다.

그러나 기대한 만큼 성적이 오르지 않는다. 전과 같이 선생님의 수업을 듣고 문제를 풀었는데 오히려 성적이 약간 떨어진다. 물론 예전에 비하면 나쁜 성적은 아니다. 그렇게 얼마간 학원을 다니다가 결국 학원을 그만둔다. 다시 혼자 공부하거나 다른 학원을 찾게 된다.

3년 동안 공부하면서 성적이 계속 오르는 학생들은 거의 없을 것이다. 성적에는 여러 가지 변수가 작용한다. 내가 자신 없는 영역이 시험 범위에 포함되었거나, 문제의 난이도가 높았거나, 여러 가지 이유로 시험 대비를 열심히 하지 않았거나 등 이런 여러 가지 이유로 성적이 잘 나오지 않을 수 있다.

반대로 성적이 꾸준히 잘 나오는 학생들도 있다. 물론 우리가 흔히 말하는 공부 잘하는 학생들이다. 국어뿐만 아니라 모든 과목을 잘 하는 학생들은 시험 범위나 문제 난이도와 상관없이 항상 열심히 시험 대비를 해서 성적이 잘 나온다.

한편 모든 과목에서 좋은 성적을 받는 학생들이 아닌 유독 국어에 강한 학생들이 있다. 100점은 아니지만 항상 90점 이상의 성적을 유지하는 학생들이다. 이 학생들은 국어 성적이 좋은 학생들이 아니라 국어 실력이 좋은 학생들이다. 평소에 꾸준히 책읽기를 한다거나 글쓰기를 좋아한다거나 국어 자체에 대한 흥미를 가지고 있는 학생들이다. 시험 기간에만 반짝 공부하는 것이 아니라 국어와 관련된 활동들을 평소에도 꾸준히 하는 학생들이다.

국어 성적이 반짝 올랐다고 해서 자신의 국어 실력이 좋아졌다고 착각해서는 안 된다. 중학교 때 국어 성적이 좋았던 학생들이 고등학교에 진학해서 모의고사를 보면 생각만큼 국어 성적이 나오지 않아 충격을 받는 모습을 많이 볼 수 있다.

그 이유는 국어 실력이 부족해 낯선 지문을 읽고 문제를 푸는 것이 어렵기 때문이다. 국어 성적과 국어 실력은 다른 것이고, 국어를 잘하기 위해서는 국어 성적이 아닌 국어 실력이 좋아야 한다.

국어 실력은 오랫동안 갈고 닦아야 한다

무술 영화를 보면 제자가 스승에게 무술을 전수받기 위해 오랫동안 허드렛일을 하면서 온갖 고생을 한 뒤 무술을 연마하고 고수가 되는 스토리가 대부분이다. 그 대상이 무엇이든 실력을 높인다는 것은 쉬운 일이 아니다. 국어 실력도 마찬가지다.

국어는 글을 읽고 문제를 해결해야 한다. *글을 읽기 위해서는 어휘력과 문장 독해력이 필요하며, 종합적인 사고력을 바탕으로 글의 핵심을 파악할 줄 알아야 한다.* 그리고 문제를 이해하고 답을 고르기 위한 사고력과 판단력이 필요하다. 이러한 능력을 갖추어야 국어 실력이 있다고 할 수 있는 것이다.

학원 혹은 인터넷 강의를 통해 내가 굳이 생각하고 판단하지 않아도 모든 내용을 알기 쉽게 설명해주고 정리해주는 강의 내용을 단순히 듣고 암기하는 것으로도 국어 성적은 얼마든지 올릴 수 있다. 하지만 국어 실력을 키우기는 쉽지 않다.

제자가 허드렛일부터 시작해 마침내 무술의 실력자가 되는 것처럼 힘들어도 스스로 모르는 어휘의 뜻을 찾아보고 문장을 분석하고 글의 뜻을 파악할 줄 아는 생각의 힘을 길러야 국어의 실력자가 될 수 있다. 생각의 힘은 하루아침에 길러지는 것이 아니기 때문에 국어는 오랜 시간 꾸준한 노력이 필요하다.

국어를 근본적으로 좋아하자

국어 실력을 키우기 위해 꾸준히 독서를 하고, 꾸준히 문제를 풀며, 시간을 쪼개 국어 공부를 하는 것이 쉬운 일이 아니다. 성적이 잘 나오다가 떨어지거나 계속 같은 성적이 나오면 포기하고 싶어질 때도 많다.

이러한 고비를 잘 넘기기 위해서 근본적으로 국어를 좋아해보면 어떨까 한다. 누군가를 좋아하면 그 사람에 대해 알고 싶어지는 것이 많아져서 누가 시키지 않아도 그 사람에 대한 모든 것을 조사하게 된다. 국어도 이와 마찬가지다.

수업을 하면서 가장 듣기 좋은 말은 "선생님, 시험에서 100점 받았어요"보다 "선생님, 국어가 재미있어졌어요"라는 말이다. 100점을 맞았다는 학생의 말도 기분이 좋지만 '다음 시험에서 또 어떻게 100점을 맞게 해야 하는가' 하는 부담이 밀려온다. 그러나 국어가 재미있어졌다고 말하는 학생은 다음 시험에 대한 부담도 없고, 걱정도 하지 않는다. 좀더 국어를 잘 할 수 있는 몇 가지 방법만 알려주면 그 학생은 오래도록 스스로 국어를 잘할 수 있기 때문이다.

실제로 국어 성적이 꾸준히 잘 나오는 학생들 중에는 국어를 좋아한다거나 책 읽기를 좋아한다고 말하는 학생들이 많다.

그런데 문제는 국어를 좋아하게 된다는 것이 쉬운 일은 아니라는 점이다. 국어 선생님에 대한 좋은 기억, 국어 영역 중에서 가장 자신 있는 영역에 대한 자신감, 국어 성적이 좋았을 때의 기쁨 등 국어를 좋아할 수 있는 계기를 만들어보자. 장거리 여행을 가장 빨리 가는 방법은 좋아하는 사람과 가는 것이라고 했다. 국어가 좋아지게 되면 국어를 잘하고 싶어지게 되고, 어떤 어려움과 고비가 있어도 덜 지루하고 덜 힘들 것이다.

국어 공부는 마라톤과 비슷하다.

국어 성적은 쉽게 올릴 수 있지만 국어 실력은 쉽게 향상시킬 수 없다.

오랜 시간 꾸준한 노력으로 국어 실력을 쌓아올리자.

똑같은 교재, 똑같은 선생님, 똑같은 수업! 공부의 환경이 같아도 학생들의 성적은 제각각이다. 성적이 낮은 학생들은 성적이 좋은 학생들을 보며 선천적으로 국어 실력을 가지고 태어난 것이라고 쉽게 생각해버린다. 그러나 가지고 있는 능력도 갈고 닦지 않으면 빛을 발할 수 없다.

국어 성적이 좋은 학생들은 성적이 좋을 수밖에 없는 선천적 능력이 아닌 그들만의 노력과 비법이 있다. 이미 알고 있는 방법이거나 아주 작은 차이 하나로 큰 성적의 차이를 만들어내는 또래 친구들의 노하우를 보며 내게 맞는 학습법을 찾아가는 것은 공부를 하고자 하는 학생들에게 매우 중요한 시간이 될 것이다.

2장

국어 1등급 받는

학생들의 공통점 13가지

공통점 1 ▶

학교 수업 시간에
선생님 농담까지 필기한다

학교 수업을 제대로 듣지 않고 공부를 한다는 것은 첫 단추를 잘못 채우는 것과 같다. 국어 수업을 듣는 것에서부터 국어 공부는 비로소 시작된다. 학교 수업 시간에 선생님의 농담과 작은 동작까지도 놓치지 말아야 한다.

학교 수업은 공부의 시작

학원에서 시험 기간 수업을 하다보면 분명 같은 학교를 다니고 같은 선생님으로부터 수업을 받았는데, 학교에서 배운 내용을 물어보면 서로 다른 내용을 이야기하거나 어떤 학생은 배웠는데 다른 학생은 배운 적이 없다고 이야기하는 경우가 있다.

교과서도 마찬가지다. 학교에서 수업한 내용을 확인하기 위해 교과서를 가져와보라고 하면, 어떤 학생의 교과서는 필기도 잘 되어 있고 학습활동의 답도 꼼꼼하게 적혀 있는데 어떤 학생은 교과서가 깨끗하다. 자신의 깨끗한 교과서를 보면서 "선생님께서 설명을 하지 않고 그냥 넘어가셨다"거나 "필기하라는 말씀이 없으셨다"고 변명 아닌 변명을 한다.

어째서 이런 현상이 일어나는 것일까? 학생들의 교과서나 배운 내용을 이야기하는 것을 보면 이 학생이 학교에서 어떤 모습으로 수업을 듣고 있는지 알 수 있다.

'이미 배운 내용이니까…' '늦게 잠들어서 피곤하니까…' '나중에 학원 선생님께 물어보면 되니까…' '나중에 친구들 교과서 빌려서 적으면 되니까…' '국어 수업이 재미가 없으니까…' '필기하라고 안 하셨으니까…' 이런 여러 가지 이유로 학교 수업을 소홀히 하는 학생들이 많다.

그러나 수업을 듣는 것으로부터 자신의 공부가 시작된다는 것을 명심해야 한다. 우리가 공부를 한다는 것은 결국 시험에서 좋은 성적을 받기 위해서인데, 시험이라는 평가의 절대적 기준이 되는 것이 바로 학교 수업이다.

수업에 집중이 힘들어도 필기는 포기하지 말자

국어 성적이 좋은 학생들을 보면 교과서에 필기가 잘 되어 있고, 학교에서 나누어준 여러 가지 보충 자료들도 잘 정리되어 있다. 심지어 선생님이 수업 시간에 내용에 대한 이해를 돕기 위해 언급한 이야기들까지도 잘 정리되어 있는 것을 볼 수 있다.

학생들 모두가 수업을 잘 듣고 싶어 하지만 때론 자신의 의지와 상관없이 여러 가지 이유로 수업에 집중하지 못할 때가 있다. 그러나 바로 이 시점에서 성적이 좋은 학생들과 성적이 낮은 학생들의 '작지만 큰 차이'가 나타난다.

성적이 좋은 학생들도 가끔 자신의 교과서를 가져와 수업 시간에 자신이 필기한 내용의 의미를 물어볼 때가 있다. "선생님께서 중요하다고 말씀하셨는데 무슨 내용인지 모르겠다"는 것이다. 그래서 "왜 모르느냐"고 물어보면, "그때 잠깐 졸았는데 필기는 해야 할 것 같아서 일단 적어두었다"고 하거나 "설명을 듣기는 했는데 잘 기억이 나지 않는다"고 한다.

국어는 학교 수업 내용이 절대적이다. 학원에서 아무리 잘 가르쳐줘도 학교에서 무얼 배웠는지, 어떻게 배웠는지가 국어 성적의 기준이 된다.

드문 경우이긴 하지만 학교에서 배운 내용과 학원에서 가르친 내용이 다를 때가 있다. 그럴 때면 학생들이 "공부를 어떻게 해야 하냐"고 내게 물어온다. 이런 경우 어느 내용이 옳고 그른지 따지는 것도 중요하지만 결국 학교에서 배운 내용대로 정리를 해주게 된다. 그런데 학교에서 무엇을 배웠는지 알지 못하면 이런 상황을 대비할 수가 없다.

혼자 공부하는 경우는 더욱더 학교 수업을 잘 들어야 한다. 아니, 단순히 듣기만 하는 것이 아니라 선생님이 졸지 말라고 들려주는 이야기,

선생님의 농담, 이해를 돕기 위해 칠판에 적어주는 교과서에 없는 예문들까지 무조건 필기해야 한다. 이해는 그 다음이다.

국어 수업을 내 것으로 만들기

국어는 수업을 듣고 그 내용을 내 것으로 만드는 것이 중요하다. 국어 수업을 내 것으로 만드는 몇 가지 방법을 소개한다.

우선 국어 수업을 집중해서 잘 들어야 한다. 국어는 과목의 특성상 본문에 나와 있는 내용에 담긴 의미를 아는 것이 중요하다. 특히 문학작품의 경우 시어의 의미, 소재의 의미, 주제, 작품의 배경 등이 교과서에 나와 있지 않아 선생님의 설명을 통해 보충하고 이해해야 한다. 문법도 교과서에는 기본적인 개념 설명만 나와 있는 것이 많다. 그래서 보충 자료를 나누어주는 경우가 많은데, 그 자료들을 잘 챙겨두는 것도 수업을 잘 듣는 방법 중의 하나다.

그 다음으로 선생님께서 불러준 내용은 무조건 필기를 해두어야 한다. 특히 선생님이 강조한 내용은 필기를 한 뒤 본인이 알아볼 수 있도록 중요표시를 해두면 시험 기간에 도움이 된다. 가급적이면 교과서에 해당하는 본문 옆에 필기하는 것이 나중에 공부할 때 편리하지만, 자신이 따로 공부하기 위해 만들어둔 노트가 있다면 본문 내용과 함께 정리해두는 것도 좋다. 수업시간에 학습 활동이나 보충 자료의 답을 알려주기도 하지만 각자 풀도록 하는 경우도 있다. 이런 경우에는 다

른 학생들과 답을 비교해보거나 선생님에게 답을 보여드리고 맞는지 확인해보는 것이 좋다.

주말을 이용해 그 주에 배운 내용들을 수업 상황과 함께 떠올리며 복습을 해야 한다. 혹시 필기를 해두었지만 내용이 무슨 의미인지 기억이 나지 않거나 이해가 안 된다면 바로 선생님에게 질문을 하고 정확한 의미를 확인해야 한다.

국어 수업을 내 것으로 만드는 법

1. 수업을 집중해서 잘 듣는다.
2. 집중이 안 되더라도 무조건 필기를 한다.
3. 필기는 교과서 해당 본문 옆에 해둔다.
4. 선생님이 강조한 내용은 중요 표시를 해둔다.
5. 빠른 시간 내에 복습을 하면서 배운 내용을 떠올려본다.
6. 이해가 되지 않는 내용을 표시해둔다.
7. 선생님에게 모르는 것을 질문한다.
8. 다시 한 번 복습하고 자신이 이해했는지 확인한다.

깡쌤의 한마디

내가 중학교 1학년 때 국어 선생님께서는 국어 시간에 모든 필기를 연필로 하라고 말씀하셨다. 굉장히 열정적이고 시원시원하게 설명을 하시던 선생님이셨는데, 그 이유를 여쭈어보니 "내가 아무리 잘 가르쳐도 가끔 잘못 가르칠 때도 있을 것이다. 그런데 볼펜으로 적어놓으면 지우고 다시 쓸 수 없으니 언제든 지우개로 깨끗하게 지우고 다시 쓸 수 있도록 연필로 필기를 해두어야 한다"라고 답하셨다. 그때는 다양한 색깔의 볼펜을 쓸 수 없어 불만이었는데 지금은 연필로 중요한 내용을 적는 것이 습관이 되었다.

수업 시간에 집중을 하고 필기를 한다는 것이 쉬운 일이 아님을 나도 안다. 내가 직접 겪어 봐서 아는 것이다. 그래서인지 나는 수업 시간이 되면 목소리가 커진다. 그러나 그 어떤 상황에서도 손에서 필기도구를 놓지 말라고 한다. 군인이 전쟁터에 나갈 때 총을 두고 가는 것과 같은 것이라며, 언제든 필기할 준비를 하라고 이야기하면서 말이다. 아무리 유명한 학원이나 과외, 인터넷 강의를 들어도 우리의 공부는 학교 수업으로부터 시작됨을 잊어서는 안 된다.

궁금한 내용은
꼭 찾아보고 질문한다

공부는 자기가 모르는 것을 채워가는 것이다. 모르는 것을 채우기 위해서는 좋은 선생님이나 좋은 책을 만나는 것도 중요하지만, 내가 아는 것과 모르는 것을 구분하고 모르는 것을 스스로 채우기 위해 노력하는 것이 무엇보다도 중요하다.

아는 것과 모르는 것

수업을 하다보면 학생들의 반응을 살피게 된다. 지금 내가 설명하는 내용을 학생들이 어느 정도 이해했는지 확인하기 위해서다. 학생들의 눈빛이나 얼굴 표정을 보면 알 수 있다. 정말 그럴까 싶겠지만 진짜로 그게 보인다.

예전에 나를 가르쳤던 선생님들이 "너희들 눈빛만 봐도 알 수 있다"고 했을 때는 거짓말이라고 생각했는데, 내가 막상 선생님이 되고 보니 그것이 거짓이 아님을 알게 되었다. 정말 한 눈에 다 보인다. 이해하고 있는지 아니면 아직 이해가 부족한지, 심지어 다른 생각하는 것까지 다 보인다. 열심히 설명을 하고 있는데 다른 생각을 하고 있거나 열심히 졸고 있는 학생들을 보면 화가 나기보다 안타까움이 느껴진다.

그래서 유독 이런 학생들에게 질문을 하게 된다. 물론 이런 학생들에게서 돌아오는 대답은 "잘 모르겠습니다"이다. *학생들은 모르는 것이 있어야 질문을 한다고 생각하는데 오히려 아는 것이 있어야 선생님에게 질문을 할 수 있는 것이다.* 즉 내가 지금 무엇을 배우고 있는지, 그 내용 중에 무엇을 알고 무엇을 모르고 있는지 알아야 질문을 할 수 있다는 것이다.

시험 기간에 문제를 나누어주고 모르는 것이 있으면 질문을 하라고 하면, 성적이 좋은 학생들과 성적이 좋지 않은 학생들 중 과연 어떤 학생이 질문을 더 많이 할까? 답은 예상대로 성적이 좋은 학생들이 질문을 더 많이 한다. 성적이 좋은 학생들은 문제를 풀면서 어렵거나 답이 이해가 안 되는 것부터 문제의 오류나 오타에 대한 질문까지 하는 경우도 있다.

그런데 성적이 좋지 않은 학생들은 오히려 질문을 하지 않는다. 문제에 오류가 있거나 오타가 있어서 문제가 이상하지 않느냐고 물어보면 아무런 이상이 없다고 말한다. 내가 아는 것과 모르는 것의 경계선이 무너지는 순간이다.

무조건 질문하지 말고 우선 찾아봐라

아는 것과 모르는 것을 구분한 뒤 모르는 것이 생겼을 때 학생들은 기다렸다는 듯이 질문을 한다. 그러나 무조건 질문을 하는 것도 좋은 방법은 아니다. 누구나 다 아는 사실이지만 누군가 알려주어서 알게 된 것보다 내가 스스로 해결한 문제가 더 오래 기억에 남는 법이다. 그 문제를 해결하기 위한 고민, 해결 방법과 과정, 문제를 해결했을 때의 기쁨까지 생생하게 기억에 남는다.

학생들이 국어에서 가장 많이 하는 질문은 한자어나 속담, 낯선 용어의 뜻이다. 예전에는 국어 사전과 영어 사전이 학생들의 필수품이었으나 요즘은 인터넷 검색으로 단어의 뜻을 확인하기 때문에 사전을 들고 다니는 학생들은 없다. 그렇다고 수업중에 휴대폰을 꺼내놓고 검색을 할 수는 없다. 그래서 모르는 단어나 용어가 나오면 선생님에게 질문을 할 수밖에 없다. 그런데 문제는 집에서 공부를 할 때도 스스로 찾아볼 생각을 하지 않는다는 것이다.

처음에는 문맥을 통해 단어나 용어의 뜻을 추측해보고, 그래도 이해가 되지 않으면 검색을 하거나 사전을 통해 의미를 찾아본다. 그 다음 교재나 노트에 찾아서 알게 된 뜻을 적어놓는다. 모르는 문제에 대한 질문도 많이 한다.

특히 시험 기간이 되면 조금만 모르는 문제가 나와도 무조건 질문을 하는 학생들이 있다. *정말 몰라서 질문을 하는 것인지, 문제 풀기가 귀찮아서 질문을 하는 것인지 알 수는 없지만 이런 질문은 본인에게 도*

움이 되지 않는다. 다른 과목과 달리 국어는 본문에 답이 있거나 보기 중에 자신이 아는 것을 지워나가면서 문제를 해결할 수 있는 경우가 많다.

지문을 제대로 읽어보지 않거나 보기 중에 모르는 것이 있다고 무조건 질문을 하다 보면 그만큼 생각의 힘이 약해진다. 그래서 실제 시험 상황에서 모르는 문제가 나왔을 때 당황하며 결국 문제 풀기 자체를 포기하게 되는 것이다. 하지만 모르는 문제가 아니라 조금 어려운 문제일 뿐이다.

다시 한 번 본문을 꼼꼼하게 읽어보고 답을 찾는 데 도움이 되는 내용이 있는지를 찾아본다. 객관식 문제라면 보기 중에 자신이 알고 있는 내용들을 먼저 살펴보고, 그 중에 답이 없다면 모르는 내용을 답으로 체크해본다.

질문은 자세히 구체적으로 하라

이렇게 아는 것과 모르는 것을 구분한 뒤, 모르는 내용에 대해 본인이 찾아보고 검색을 해봐도 이해가 되지 않을 때에는 질문을 해야 한다. 그런데 질문하는 것 자체를 귀찮아하거나, 설마 이 내용이 시험에 나오겠냐며 방심을 하거나, 주목 받는 것이 쑥스러워 질문 자체를 포기하는 학생들이 있다.

본인이 아무리 이해하려고 노력해도 알 수가 없는 내용은 선생님에게

질문을 해서 이해해야 한다. 앞에서도 말했듯이 공부는 나의 부족한 부분을 채워나가는 것이다. 학생으로서 모르는 것이 있는 것은 너무나도 당연하다. 그리고 학생에게는 선생님에게 얼마든지 질문할 권리가 있다.

어느 수필에선가 초등학교 시절 선생님에게 궁금한 것을 용기 내어 물어봤는데 선생님이 무심코 말한 "너는 그것도 모르니?"라는 한마디에 질문을 한 자신이 부끄러워 그 이후로 수업 시간에 궁금한 내용이 있어도 질문을 하지 않았다는 글을 읽은 적이 있다.

나는 선생님의 입장에서 그 글을 읽고 많은 반성을 했다. '나도 언젠가 무심코 질문을 하는 학생에게 그런 말을 한 적이 있지 않았을까? 그래서 나로 인해 어떤 학생이 질문하는 자기 자신을 부끄럽게 생각하지 않았을까?' 하는 반성을 하고, 되도록 쉬운 질문이라도 답변을 해주기 위해 노력하고 있다.

그 수필의 글쓴이는 자신의 그러한 생각이 매우 후회된다고 했다. 왜냐하면 질문을 하지 않음으로써 자신이 좀더 많은 것을 알 수 있는 기회를 스스로 포기했기 때문이라는 것이다.

실제로 수업 시간에 공부를 많이 한 학생일수록 질문을 많이 한다. 시험에 나오지 않을 내용이나 배우지 않은 내용까지도 질문을 한다. 설명을 듣다가 생긴 궁금증까지도 놓치지 않고 질문을 한다. 그리고 굉장히 구체적으로 질문을 한다.

- "선생님, 이 문제에서 보기 3번이 이해가 되지 않아요."
- "선생님, 이 문장에서 관조적이라는 단어의 뜻을 모르겠어요."
- "선생님, 5번이 왜 답이 안 되는지 설명해주세요."

반면에 공부가 되어 있지 않은 학생들은 이렇게 질문한다.

- "선생님, 이 문제가 어려워요. 다 설명해주세요."
- "선생님, 이 문장이 무슨 말인지 모르겠어요. 설명해주세요."
- "선생님, 몇 번이 답이에요? 답만 알려주세요."

자, 어떤가? 두 부류의 질문의 차이가 느껴지지 않는가? 질문을 한다는 것은 생각을 하고 있다는 것이고, 생각을 하고 있다는 것은 지금 공부하고 있는 내용에 대해 깊이 빠져 있다는 것이다. 지금 공부하고 있는 내용에 빠져 있지 않으면 다른 생각을 하게 되고, 다른 생각을 하고 있으면 공부와 관련된 질문을 하고 싶어도 할 수가 없는 것이다.

질문은 자신이 이해하지 못한 만큼, 자신이 이해하고 싶은 만큼 하게 된다. 그 질문에 대한 선생님의 대답은 마치 빠진 퍼즐 조각을 맞추는 것처럼 내가 공부하는 내용 중에서 빠진 부분을 채워준다. 다른 학생들과 같이 있어도 질문하는 그 순간만큼은 나만의 공부가 되는 것이다.

질문하는 것을 부끄러워하지 말고, 질문을 할 때는 내가 모르는 것을

정확하게 구체적으로 표현하라. 작은 질문 하나가 내가 지금 공부하고 있다는 증표가 되고, 자신의 부족한 공부를 채워주는 퍼즐이 되는 것이다.

질문하기

1. 수업을 듣거나 스스로 공부한다.
2. 모르는 내용을 발견한다.
3. 우선 내가 스스로 찾아서 해결할 수 있는지를 생각해본다.
4. 본문이나 문제 내에 해결할 수 있는 단서들이 있는지 찾아본다.
5. 검색이나 자습서, 문제집 해설서의 도움을 받는다.
6. 스스로 해결하지 못한 문제를 선생님에게 질문한다.
7. 질문하는 것 자체를 부끄러워하지 않는다.
8. 질문할 때는 자신이 모르는 내용을 정확하게 표현하도록 한다.
9. 답변을 통해 알게 된 내용은 몰랐던 부분에 자신이 이해한 만큼 정리해둔다.

깡쌤의 한마디

나도 학창 시절에 질문을 잘 하지 않는 학생이었다. 이유는 간단하다. 귀찮아서다. 그런데 우리 반에서 전교 1등하는 친구는 수업중에 질문을 많이 하는 편이었다. 질문을 하기 위해서 일부러 앞자리에 앉기도 했다. 어떤 날은 '1등하는 아이가 저런 것도 몰라?'라는 생각이 들 정도로 별로 중요하지 않은 것까지 질문하는 것을 옆에서 지켜보았다.

그때는 나도 몰랐다. 세세하게 공부한 사람만이 그런 질문을 할 수 있다는 것을. 세월이 흘러 현재 내가 가르치는 입장이 되어보니 질문을 하는 학생이 예쁘다. 내 수업을 듣고 있다는 증거이고, 지금 배우는 내용에 대해 집중하고 있다는 증거이기 때문이다.

더욱 중요한 것은 질문을 하는 학생을 이해시키기 위해 그 학생이 이해하도록 설명을 하고 있다는 것이다. 짧은 순간이지만 그 학생 위주의 수업이 되는 것이다. 공부를 할수록 궁금한 것이 생기는 법이다. 선생님이 귀찮아하시지 않을 만큼의 질문은 그 학생을 국어 우등생으로 만들 것이다.

교과서를 구석구석
제대로 읽는다

교과서 읽기는 단지 국어 공부뿐만 아니라 모든 공부의 기본이라고 할 수 있다. 그러나 무조건 교과서를 열심히 읽는 것보다 어떻게 교과서를 잘 읽느냐가 중요하다. 국어는 교과서를 제대로 읽기만 해도 성적이 많이 향상될 것이다.

교과서 읽기는 기본 중의 기본

대입 수능시험이 끝난 후 만점을 받은 학생들과의 언론 인터뷰 내용 중에 거의 빠지지 않고 나오는 질문이 "어떻게 공부를 했나요?"다. 이때 그 학생들은 대부분 똑같은 대답을 한다. "교과서 위주로 공부했습니다."

굳이 이런 이야기를 하지 않아도 대부분의 중학생들이 교과서를 중심으로 공부해야 한다는 것을 잘 알고 있다. 특히 국어는 교과서를 꼭 읽어야 한다는 것을 너무나도 잘 알고 있다.

교과서가 아니더라도 자습서나 문제집에 나와 있는 지문을 읽으며 교과서 읽기를 대신하려는 학생들도 많다. 학생들이 평소에는 교과서를 거의 읽지 않지만 시험 기간에는 2~3회 정도 읽는 것이 보편적이다.

교과서의 중요성을 잘 알고 있고 비록 평소에 꾸준히 읽지는 않지만 시험 대비를 위해 2~3회 정도 교과서를 읽었는데도 국어 성적이 잘 나오지 않는다고 답답해하는 학생들이 있다. 이 학생들은 과연 무엇이 문제일까? 그 답은 교과서를 읽기는 읽었으나 제대로 읽지 않았다는 데 있다. *국어 공부의 시작은 '교과서 구석구석 제대로 읽기'에서 시작된다.*

시험 기간이 되어 교과서를 읽는 모습을 보면 학생들의 성적이 어느 정도 짐작된다. 성적이 낮은 학생들은 교과서를 펼쳐 본문에 해당하는 부분만 찾아서 빠르게 읽고 다 읽었다고 한다. 그러나 성적이 좋은 학생들은 교과서를 읽기 시작하면 단원명부터 확인하고, 수업에서 다루지 않은 부분까지 시험에 나올 가능성을 물으며 찾아 읽느라 오히려 시간이 걸린다.

보통 학생들은 교과서를 읽으라고 하면 '본문'이라고 불리는 작품이나 글이 나와 있는 부분만을 교과서의 전부라고 생각한다. 바로 이 생각부터가 잘못된 생각이며, 아무리 읽어도 성적이 잘 나오지 않는 잘못된 학습의 시작이라 할 수 있다.

교과서 읽기는 대단원명부터 시작한다

생각보다 국어 교과서에는 본문 외에도 읽고 확인할 것이 많다. 국어 교과서는 크게 '도입-본문 – 학습활동문제', 이렇게 3부분으로 이루어져 있다고 보면 된다. '도입' 부분부터 먼저 살펴보자.

국어 교과서의 도입 부분에는 '대단원명과 학습 목표, 단원에 대한 설명' 등이 있다. 이 부분을 반드시 읽고 확인해야 단원에서 무엇이 중요한지, 소단원에 이런 작품과 글이 실려 있는 이유가 무엇인지, 무엇을 평가하게 될 것인지를 짐작하고 시험에 대비할 수 있다. 그런데 성적이 낮은 학생들 대부분이 국어 교과서의 도입 부분을 확인하지 않는다.

'대단원명'은 그 단원의 전체 제목이라고 할 수 있다. 우리가 책을 읽기 전에 제목과 작가를 보는 것처럼, 새로운 단원이 시작될 때 대단원명을 확인하고 배울 내용을 짐작하는 것만으로도 작은 예습이된다.

시험 기간이 되어 범위를 물어보면 그냥 "1단원이요"라고 대답하는 학생들이 있다. 그 학생들에게 대단원명을 물어보면 당연하다는 듯 "몰라요" 하는 것을 보고 안타까움을 느낄 때가 많다. 적어도 국어 공부를 한다면 자신이 읽은 책 제목을 말하듯 "네, 1단원 작가와 독자의 만남입니다"라고 말할 수 있어야 한다.

'학습 목표'는 대단원마다 2개 정도 제시되어 있다. 대단원명을 보고도 배울 내용이 짐작되지 않을 경우에는 학습 목표를 읽으면 단원에서 중점적으로 배울 내용을 확실하게 알 수 있다.

'학습 목표'는 말 그대로 그 단원의 학습 목표이기 때문에 평가의 중요한 기준이 되기도 한다. 공부가 어느 정도 진행되었을 때 학습 목표를 다시 확인하면서 제시되어 있는 학습 목표의 내용에 대해 자신이 어느 정도 알고 있는지 점검하면 국어 복습에도 많은 도움이 될 것이다.

'단원에 대한 설명' 부분은 교과서 편집 체제에 따라 나오지 않는 경우도 있으나 짧게라도 나오는 경우가 많다. 교과서에 따라서 단원에 대한 설명 외에도 본문에 나오지 않는 중요한 개념과 단원에서 배울 내용에 대한 재미있는 예시가 실려 있다. 이런 부분들은 시험에 출제되기도 하기 때문에 좋은 성적을 올리고 싶다면 반드시 읽어두어야 하는 중요한 부분이다.

국어 교과서의 도입 부분

1. 대단원명: 학습할 내용을 압축해 제시한 제목
2. 학습 목표: 성취기준을 바탕으로 단원에서 공부할 핵심 내용을 소단원별로 제시
3. 단원에 대한 설명: 교과서에 따라 차이가 있으나 학습 목표를 좀더 풀어 단원에서 배울 내용을 설명하는 부분으로, 경우에 따라 본문에 나오지 않는 중요한 개념이 설명되기도 함

본문 읽기는 기본

'본문' 부분은 학생들도 중요하게 생각하며 꼭 읽어야 한다고 생각하고 있다. 그렇기 때문에 다른 부분에 비해 크게 중요성을 설명하지 않아도 되겠지만 실상은 본문을 읽을 때에도 학생들이 놓치는 부분이 있다.

우선 제목을 반드시 읽어야 한다. 대단원명과 마찬가지로 소단원명, 글의 제목을 읽고 그 의미를 짐작해보며 본문 읽기를 통해 내용을 확인하는 것이 좋은 학습법이다. 교과서에 따라서는 소단원명과 글의 제목이 일치하는 경우도 있고 다른 경우도 있다.

그 다음 본격적으로 본문을 읽어 나간다. 본문 옆에 '교과서 날개'라는 문제가 페이지당 2~3개 정도 있는 경우가 있다. 이 문제는 처음부터 풀기보다는 어느 정도 본문에 대한 이해가 되었다고 판단될 때 교과서나 국어 노트에 풀어두면 내용에 대한 이해도를 확인하는 데 많은 도움이 된다.

본문에는 내용에 따라 그림이나 도표, 사진 등이 나오는 경우가 있다. 이러한 자료들도 본문으로 생각하고, 어느 내용에 해당하는 자료인지 확인하며 읽어야 한다. 가끔 학생들의 교과서를 보면 그림이나 사진에 본인만의 예술 감각을 살려 본래 어떤 자료가 있었는지 짐작할 수도 없을 만큼 새로운 자료로 만드는 경우가 있다. 시험 기간에 후회하게 될 수도 있으니 너무 과격한 창작 활동은 자제해주길 바란다.

학습활동 문제도 본문처럼 읽기

본문을 읽고 난 뒤 '학습활동 문제'로 넘어가게 된다. 교과서마다 이름은 약간씩 차이가 있지만 활동 문제는 '본문 내용을 확인하는 문제, 적용하는 문제, 심화학습 문제' 등으로 나뉜다.

특히 본문 내용을 확인하는 문제는 중요한 내용을 중심으로 만들어진 문제다. 그렇기 때문에 문제를 푸는 것만으로도 내용을 정리하는 데 도움이 되며, 이 문제를 바탕으로 시험 문제가 출제되기도 하기 때문에 매우 중요하다. 게다가 주관식이어서 쓰는 것을 귀찮아하는 학생들에겐 괴롭겠지만, 답을 작성하다보면 본문에서 놓쳤던 부분을 다시 한 번 확인할 수도 있다.

적용 문제나 심화학습 문제에는 다른 작품이나 글이 실려 있는 경우가 있다. 수업시간에 선생님과 함께 문제를 풀었는지도 중요하지만, 수업시간에 다루어지지 않았더라도 시험 문제에 출제되는 경우가 있으므로 읽고 문제를 풀어두는 것이 좋다.

문법이나 듣기·말하기의 경우 본문 없이 바로 활동 문제로 이어지는 경우도 있다. 이때는 활동 문제가 곧 본문이라고 생각하고 문제부터 꼼꼼하게 읽고 다양한 활동 문제들을 반드시 풀어두어야 한다. 그리고 선생님이 불러주는 답을 꼭 적어두어야 한다. 교과서에 있는 학습활동 문제가 학생들이 풀어야 할 가장 기본적이고 중요한 문제인데, 가까운 곳에 있는 좋은 문제를 두고 무작정 문제집의 문제만을 풀려고 하는 것은 잘못된 학습법이다.

본문 읽기와 학습활동 문제

1. 소단원명, 글의 제목: 소단원에 대한 학습 목표, 글의 내용을 압축한 부분이다.
2. 본문: 내용을 이해하며 읽어야 한다. 그림이나 사진, 도표 등 다양한 자료들도 확인해야 한다. 교과서 날개 문제도 풀어두어야 한다.
3. 학습활동 문제: 내용 이해에 대한 문제, 적용 문제, 심화 학습 문제 등 다양한 문제를 빠짐없이 읽고 풀어두어야 한다.

교과서 제대로 읽기 순서

1. 교과서를 준비한다.
2. 교과서 목차를 확인한다.
3. 대단원명을 확인한다.
4. 학습 목표를 확인한다.
5. 단원에 대한 설명 부분을 읽어본다.
6. 소단원명이나 글의 제목을 확인한다.
7. 본문을 꼼꼼하게 읽는다.
8. 학습활동 문제를 읽고 풀어본다.
9. 교과서 날개 문제나 학습활동 문제의 답을 따로 정리해본다.
10. 대단원명이나 학습 목표를 다시 확인하며 내용을 이해했는지 다시 점검해본다.

깡쌤의 한마디

시험 기간이 되면 급한 마음에 교과서를 제대로 읽어보지도 않고 무조건 문제부터 풀려고 하는 학생들을 보며, 가르치는 입장에서 안타까울 때가 많다. 때로는 교과서에 어떤 글이 나오는지도 모르면서 자습서나 문제집에 요약 정리된 내용만 읽고 무조건 외우려고 하는 학생들도 많다. 그리고 시험이 끝나고 나면 자신이 공부한 부분에서 문제가 나오지 않았다며 불평불만을 쏟아낸다.

적어도 국어 공부를 하면서 자신이 공부하고 있는 단원이 무엇을 배우는 단원이며, 글의 제목이 무엇인지 정도는 알아야 하지 않을까 싶다. 그리고 문제를 풀기 전에 교과서 읽는 것을 당연하게 생각해야 하지 않을까 싶다.

국어 성적이 좋은 학생들은 실제로 수능 만점자 학생들처럼 교과서 위주의 공부를 한다. 교과서만 가지고 공부를 하는 것은 아니지만 적어도 교과서를 제대로 읽으려고 노력을 한 뒤 문제를 풀고, 다시 교과서 내용을 확인하며 정리한다. 수학 공부에서 공식을 이해하고 외우는 것이 중요하듯, 국어 공부에서는 교과서가 공식 그 자체이기 때문에 지금부터라도 제대로 교과서를 읽어보기 위해 노력해봐야 한다.

선생님이 되어
가르치듯이 공부한다

공부를 하다보면 누구나 자신만의 학습법이 생긴다. 상위권 학생들이 가장 많이 활용하는 방법은 누군가의 선생님이 되는 것이다. 가르치는 선생님의 입장이 되어보면 내용 파악부터 예상문제까지 학생의 입장에서는 이해되지 않던 것들이 잘 이해된다.

누군가의 선생님이나 멘토가 되자

특목고 입시 지도를 할 때 면접과 자기소개서 쓰기를 연습시키면서 자기주도 학습에 대한 강의를 한 적이 있다. 특목고뿐만 아니라 대학 입시에서도 자기주도 학습 사항은 매우 중요한 항목 중의 하나다. 스스로 계획을 세우고 실천하고 평가하며 공부한 경험이 주된 내용인데, 대부분의 학생들이 무조건 혼자 공부하는 것이 자기주도 학습이라고 알고 있는 경우가 많다.

물론 본인이 주체가 되어야 하는 것은 맞지만 그 의미가 혼자서 공부하는 것만을 의미하지는 않는다. 누군가에게 도움을 받을 수도 있고, 누군가에게 도움을 줄 수도 있다. 단, 모든 과정은 누군가의 지시에 의한 것이 아니라 본인의 필요에 의해서 본인의 계획 아래 실행되어야 하는 것이 자기주도 학습의 중요한 포인트다.

나는 학생들에게 학교를 다니는 동안 다른 사람과는 차별된 나만의 특별한 학습법, 아니면 많은 도움이 되었던 학습법이 있으면 생각나는 대로 모두 적어보라고 했다. 학생들은 노트 정리, 영어 팝송으로 공부하기, 자막 없이 영화보기, 영어 소설 원문 읽기, 수학 오답 노트 등을 적어냈다. 그 중에서 제일 많이 나온 방법이 바로 멘토·멘티 활동이었다.

'멘토(mentor)'란 '경험과 지식을 바탕으로 다른 사람을 지도하고 조언해주는 사람'이라는 뜻이고, '멘티(mentee)'란 '멘토에게서 상담이나 조언을 받는 사람'을 의미한다. 한 학교의 같은 학년 친구들 중에 주요 과목의 성적이 우수한 학생이 성적이 부족한 학생과 서로 멘토·멘티가 되어 학습적인 도움을 주는 활동이다.

지금은 이 활동이 많이 활성화되었지만 내가 특목고 입시를 할 때에는 학교마다 시작하는 단계에 있어 매우 새로운 학습법에 속했다. 이 활동 후 본인이 얻은 성과와 느낀 점을 적어야 하는데, 내가 지도한 학생들은 성적이 좋아서 주로 멘토의 역할을 했던 경험을 바탕으로 친구에게 도움을 주었다는 뿌듯함과 함께 본인의 학습에도 많은 도움이 되었다고 말했다.

다른 사람에게 무언가를 가르친다는 것이 자신의 시간을 빼앗기고, 게다가 본인은 이미 알고 있는 내용이기 때문에 '학습에 무슨 도움이 될까' 하는 의문이 들 수도 있다. 하지만 멘토가 되었던 학생들은 내용을 다시 확인하고 쉽게 설명하기 위한 방법을 연구하는 자체가 자신에게도 공부가 되었다고 입을 모았다. 그리고 친구에게 설명을 해주면서 자신의 머릿속에도 내용이 잘 정리가 되는 듯한 느낌을 받았다고 했다.

이 외에도 사회나 과학 공부도 혼자서 공부하면 집중이 잘 안 될 때가 있다. 이때는 거울을 보면서 또는 인형을 상대로 마치 수업을 하듯 설명을 하면서 공부를 하면 더 집중과 이해가 잘 되었다고 적은 학생들도 많았다.

이렇게 성적이 좋은 학생들은 여러 가지 방법을 시도하면서 공부를 하는데, 특히 자신의 이해를 돕기 위해 마치 누군가를 가르치듯이 공부하는 방법을 많이 사용하고 있다. *나도 누군가의 선생님 혹은 멘토가 되어 공부하면 오히려 내가 공부하는 데 더 도움이 될 수 있다는 것을 기억하자.*

국어 선생님처럼 읽고 설명하자

국어는 많이 읽고 이해해야 하는 과목이다. 그런데 국어 교과서를 읽는 학생들의 모습을 보면 그냥 글자만 읽고 있다는 느낌을 받을 때가 많다. 제대로 내용을 이해했는지, 교과서에 필기해놓은 설명들은 읽어보았는지 알 수가 없다. 한 번 더 읽으라고 하면 학생들은 매우 힘들어한다.

나는 지금도 예전에 가르친 작품들을 읽을 때마다 "아! 여기에 이런 표현이 있었구나" 하면서 깜짝깜짝 놀랄 때가 있다. 내 기억력이 나빠서 그럴 수도 있지만 국어 교과서에 실린 글이나 작품들은 아무리 짧아도 한 번만 읽고 그 의미를 제대로 파악하기는 어렵기 때문이다.

그런데 문제는 읽기 자체가 힘든 학생들, 국어를 싫어하는 학생들, 국어 성적이 좋지 않은 학생들일수록 더욱 교과서를 읽어야 하는데 오히려 더 읽지 않으려 한다는 것이다. 반면에 국어 성적이 좋은 학생들은 교과서를 여러 번 읽는다. 힘들고 귀찮은 것은 누구나 마찬가지지만 내용이 이해되지 않은 상태에서 문제를 풀 수는 없다. 읽다가 집중이 안 되면 소리 내어 읽기도 하고, 밑줄을 그어가며 읽어보기도 하자.

대체로 국어 성적이 좋은 학생들이 공통적으로 국어 교과서를 읽는 방법이 있다. 그것은 누군가에게 설명을 하듯 국어 교과서를 읽는 것이다. 본문도 읽어 나가면서 필기한 내용도 확인해야 하기 때문에 그냥 읽어 나가기에는 이해도 잘 안 되고 무엇보다 재미가 없다. 그럴 때 마치 선생님이 수업을 하는 것처럼 수업 당시의 상황을 떠올리면서 읽으면 지루하지도 않고, 설명을 하면서 자신이 얼마만큼 이해했는지를 알 수 있다.

나도 수업 준비를 하면서 잘 이해가 되지 않던 내용이, 수업을 하다가 갑자기 이해가 되는 순간들이 종종 있다. 머릿속에 알고 있는 것을 말로 표현한다는 것은 결코 쉬운 일이 아니다. 힘들더라도 자신이 이해한 내용을 말로 표현하는 것이 머릿속에 있는 생각들을 정리하는 하나의 방법이 될 수도 있다.

국어는 교과서를 많이 읽어야 한다. 한 번쯤 선생님이 되어 누군가를 가르치듯 읽어보는 것은 아주 좋은 방법이다. 기회가 된다면 국어 멘토가 되어 친구에게 수업을 해보는 것도 좋은 방법이다. 친구를 이해시키기 위해 더욱 공부하게 되고, 친구의 질문을 받으며 좀더 공부할 내용을 찾을 수도 있기 때문이다.

선생님처럼 가르치듯 읽어보기

1. 교과서를 눈으로 읽는다.
2. 읽으면서 중요한 내용들을 확인한다.
3. 교과서를 소리 내어 읽어본다.
4. 내용을 어느 정도 이해했는지 파악해본다.
5. 선생님처럼 교과서를 읽어본다.
6. 본문만 읽는 것이 아니라 중요한 내용들을 설명해본다.
7. 설명이 잘 되지 않는 내용들을 체크한다.
8. 왜 설명이 되지 않았는지 생각해본다.
9. 이해가 되지 않는 부분이 있다면 다시 공부한다.
10. 설명을 반복하면서 내용에 대한 이해도를 다시 체크한다.

선생님의 입장이 되어 문제 만들어보기

교과서 읽기만큼이나 중요한 활동이 있다. 선생님의 입장이 되어 *내가 직접 문제를 만들어보는 것이다.*

나는 시험 기간이 되면 종종 학생들에게 문제를 만들어오라고 한다. 그러면 학생들은 거의 다음과 같은 단답형 주관식 문제를 만들어온다.

- 이 글의 종류는?
- 이 글의 주제는?
- 이 작품의 중심 소재는?
- 이 부분에 쓰인 표현법은?

나는 학생들이 만들어온 문제들을 친구와 바꾸어 풀어보게 한다. 대부분 비슷한 문제들이어서 어렵지 않게 풀게 된다.

이렇게 문제를 스스로 만들어보는 것은 문제를 풀고 답을 적으며 내용을 확인하는 데도 의미가 있지만, 문제를 만들기 위해 교과서를 한 번은 읽어보아야 한다는 데 더 큰 의미가 있다. 그리고 '어떤 문제를 만들 것인가' '그 답은 무엇인가' 하는 고민은 공부로 자연스럽게 연결된다.

학생들이 만들어오는 문제들은 아주 단순한 문제들이지만 국어 공부에서 기본이 되는 글의 제목, 글의 종류, 중심 소재, 글의 주제 등 오히려 아주 중요한 내용들이 담겨있다. 이것을 그냥 외우려고 하기보다 이렇게 문제를 만들고 답을 찾아 적으며 공부하는 것이 훨씬 더 효과적이다.

이왕이면 학습 목표와 관련된 문제들도 스스로 만들어보자. 만약 학습 목표가 시의 화자와 관련된 것이라면 '이 시의 화자는 누구인가?' '이 시의 화자는 현재 어떤 상태인가?' '작품 속에 나타난 화자의 심정은?' 이런 식으로 선생님이 수업한 내용들을 떠올리며 문제를 만들어보면 더욱 좋은 공부 방법이 될 수 있다. 그리고 내가 선생님이라면 어떤 문제들을 낼 것인지 생각해보면 좀더 좋은 문제들도 만들 수 있다.

깡쌤의 한마디

시험 기간이 되면 친구에게 문제를 내달라고 부탁하는 학생들을 볼 수 있다. 얼핏 보면 공부를 다 한 것 같지만 아직 공부가 덜 되어 불안한 마음에 외운 것을 확인하려는 학생들이다. 친구들이 문제를 내면 그에 대한 답을 하면서 공부가 되는 것처럼 느껴지지만, 모르는 내용이 나오면 당황하면서 불안한 마음이 더 높아질 수 있다.

공부를 완벽하게 한 학생들은 문제를 내달라고 하기보다 친구들에게 문제를 내주려고 한다. 자신이 공부한 내용 위주로 문제를 내며 머릿속에서 그 내용을 정리하며, 친구가 답을 모르면 그에 대한 설명을 해주면서 다시 한 번 더 확인하게 되는 것이다.

교과서 읽는 것도 마찬가지다. 성적이 좋지 않은 학생들은 무조건 교과서를 몇 번 읽었다는 것 자체에만 신경을 쓰지만, 성적이 좋은 학생들은 몇 번을 읽었는지가 중요한 것이 아니라 교과서 내용을 얼마나 이해했는지에 신경을 쓴다. 10번의 눈으로 읽기보다 한 번의 입으로 소리 내어 읽기가 국어 공부에서는 더 좋은 방법이다. 이제부터는 문제를 내달라고 부탁하지 말고 선생님처럼 문제를 만들어 친구들에게 설명해주는 친절한 친구가 되어보자.

○, △, ×를
적극적으로 활용한다

국어시험에서 지문을 읽거나 문제를 풀 때 기호를 활용하면 시험에서의 실수를 줄이고 좀더 정확하게 문제를 풀 수 있다. 교과서 본문을 읽거나 노트 정리를 할 때에도 자기 나름의 중요한 표시를 하는 것이 학습에 훨씬 더 효과적이다.

깨끗한 교과서와 문제집의 한계

시험이 끝난 뒤 학생들의 시험지를 보면 시험 시간에 얼마나 고민을 많이 했는지, 아니면 얼마나 다른 생각을 많이 했는지를 알 수 있다. 1번을 고를까, 2번을 고를까 결정을 내리지 못해 수없이 많은 동그라미가 까맣게 그려진 시험지도 있는 반면, 문제와는 상관없는 낙서와 노랫말이 가득 적힌 시험지도 있고, 학교에서 새 시험지를 받아온 듯 깨끗한 시험지도 있다. 모두 자신의 방식대로 시험지에 남긴 흔적들이다.

내가 수업 시간에 학생들에게 문제를 풀게 해도 마찬가지다. 지문부터 문제, 보기까지 한 줄이라도 놓칠까봐 모든 문장마다 밑줄을 그어가며 문제를 풀어가는 학생들도 있고, 문제는 대충 풀어놓고 본격적으로 남은 여백에 자신만의 예술 세계를 표현하는 학생도 있다. 그리고 아무런 표시나 흔적도 없이 오로지 답만 체크하는 학생들도 있다.

반드시 교과서 본문이나 시험지에 어떤 흔적을 남겨야 문제를 잘 풀고 공부를 잘하는 것은 아니다. *그러나 국어는 많은 지문을 읽고 그에 대한 문제를 풀다 보면 자연스럽게 몇 개의 밑줄과 보기 중에 답이 아니라고 생각되는 것에 대한 몇 개의 표시가 생기게 된다.* 그런데 답만 적힌 깨끗한 시험지나 분명히 수업을 했음에도 깨끗한 교과서를 보면 마치 어려운 수학 문제를 풀었는데 과정은 없고 답만 적혀 있는 것을 보는 기분이다.

중요한 문장이나 핵심어는 찾아서 표시하는 것이 좋다고, 문제를 풀 때도 답이 아니라고 생각되는 것에는 먼저 표시를 해두는 것이 좋다고 아무리 알려주어도 몇 번 해보다가 귀찮다고 안 하는 경우가 많다. 지문이 비교적 짧고 문제가 복잡하지 않은 중학교에서는 표시를 하지 않아도 어느 정도 문제를 풀 수 있지만 고등학교에서는 사정이 다르다.

두 번 읽기 싫다면 표시하라

교과서 본문이나 시험 지문은 절대로 깨끗하게 읽어서는 안 된다. *내용 파악을 위해서는 우선 문단별 중심 내용을 파악해야 한다.* 그러기 위해서 문단마다 핵심 문장이나 핵심어를 찾아야 하고, 문단에 사용된 설명 방법이 있다면 표시를 해두어야 한다. 그리고 문단별 중심 내용을 바탕으로 문단 간의 관계를 파악해야 한다. 문학작품의 경우도 등장인물의 성격이나 심리를 짐작할 수 있는 중요한 대화나 서술 부분이 있다면 표시를 해두고, 이야기의 흐름에 중요한 역할을 하는 소재나 배경도 찾아서 표시해두는 것이 좋다.

특히 내신 시험이든, 모의고사 시험이든 시험이라는 상황은 주어진 시간 안에 지문을 빠르고 정확하게 읽고 내용을 파악해 문제를 푸는 것이 중요한 관건이다. *그런데 읽기 능력이 부족한 학생들은 본문이나 시험 지문을 한 번만 읽어서는 무슨 내용인지 알 수 없다고 이야기한다.* 특히 시험 문제를 풀기 위해 지문을 읽었지만 문제를 풀 때 기억이 나지 않아 다시 읽어보느라 시간이 부족하다는 말을 많이 한다. 고등학생의 경우 낯선 지문이 가득한 모의고사를 풀 때 이런 현상이 자주 일어난다.

이러한 문제점을 극복하기 위해서라도 교과서 본문이나 시험 지문을 읽을 때 표시하는 습관을 만들어야 한다. 두 번 읽기 싫거나, 읽는 속도가 느리고 핵심 내용을 파악하는 능력이 부족한 학생이라면 더욱 적극적으로 표시해야 한다.

문제를 정확하게 풀고 싶다면 표시하라

지문을 정확하게 읽는 것도 중요하지만 문제를 정확하게 읽고 답을 찾는 것도 중요하다. 학생들이 국어 문제를 풀 때 가장 흔하게 하는 실수 중에 하나는 '가장 알맞은 것'과 '가장 알맞지 않은 것'을 착각하는 것이다.

이런 문제를 정확하게 풀려면 표시를 해야 한다. 문제를 끝까지 읽고 문제에서 요구하는 내용에 표시를 한다. 보기를 읽어 내려가는 그 짧은 순간에도 방심은 금물이다. 알맞은 것을 고르라고 했는지, 알맞지 않은 것을 고르라고 했는지 표시를 하면서 다시 한 번 확인하고 보기를 읽어 내려가야 한다.

객관식에서 보기는 5개다. 5개의 내용이 모두 아는 내용이면 바랄 것이 없겠지만 그 중에는 전혀 모르는 내용도 있고, 공부를 했지만 헷갈리는 내용도 있다. 처음부터 정답을 찾으려고 하면 시간만 흘러갈 뿐이다.

하나씩 읽어가면서 답이 아니라고 생각되는 것에 표시를 하는데, 이때 번호 자체에다 표시하는 것도 좋지만 보기 내용 중에 어떤 내용이 틀려서 답이 될 수 없는지 표시하는 것이 좋다. 요즘 시험 문제는 보기 내용 중 일부 내용만 틀리게 하는 경우가 많다.

예를 들어 '자음은 소리를 낼 때 공기의 흐름이 방해를 받고 나오는 소리로 모두 안울림소리이다'에서 앞부분의 설명은 맞지만 뒷부분의 '모두 안울림소리이다' 부분이 잘못된 내용이므로 이 부분에 × 표시를 정확하게 해둔다. 이런 식으로 답의 범위를 좁혀간다. 그래도 답을 모를 경우 문제에 ☆표 표시를 하고 다음 문제로 넘어간다. 나중에 다시 풀 때는 남겨둔 보기 중에서 답을 고르도록 하면 그만큼 시간을 줄일 수 있다.

내용의 일치 여부를 묻는 문제의 경우 눈으로만 확인하지 말고, 지문에 해당하는 내용이 있는지 확인해야 한다. 해당하는 내용이 있다면 그 내용이 있는 부분에 밑줄을 반드시 그어두고 몇 번 보기에 해당하는지 번호를 적어둔다. 그러면 읽고 또 읽고 하는 번거로움을 해결하고, 문제도 좀더 정확하게 풀 수 있다.

문제를 풀 때 표시하는 방법

1. 문제를 끝까지 정확하게 읽는다.
2. 문제에서 가장 포인트에 해당하는 부분에 ○표시를 한다.
3. 보기를 차분하게 읽는다.
4. 아는 내용이 나와도 끝까지 읽는다.
5. 우선 답이 아니라고 생각되는 번호에 ×표시를 한다.
6. 고민이 되는 번호에는 ☆표시를 해둔다.
7. ☆표 표시를 해둔 번호만 다시 읽어보며 답을 고른다.

깡쌤의 한마디

국어 공부를 잘하는 여학생이 있었다. 그 여학생은 꼼꼼하게 공부하는 습관을 가지고 있어서 교과서 본문을 읽을 때나 시험 지문을 읽을 때 한 글자도 빼놓지 않고 읽으려 한다. 그래서 모든 문장에 밑줄이 그어져 있다. 그렇게 읽다 보니 속도도 느리고, 무엇이 중요한지 파악이 제대로 되지 않아서 고등학교 첫 모의고사에서 지문을 2개나 제대로 읽지 못해 좋지 않은 성적이 나오게 되었다.

너무 대충 읽는 것도 문제가 되지만 무작정 모든 문장에 밑줄을 그어가며 꼼꼼하게 읽는 것도 학습법으로는 그다지 바람직하지 않다. 결국 그 여학생은 자신의 읽는 속도를 높여가며 문제점을 해결하려고 노력했고, 중요하다고 생각되는 내용이 나오면 ○표시를 해서 문제를 풀때 그 부분만 바로 확인할 수 있도록 연습을 했다. 그래서 아주 오랫동안 행복하게 국어 공부를 잘했다.

틀린 문제, 고민한 문제, 찍은 문제는 다시 푼다

교과서를 읽고 문제를 푸는 것은 국어 학습법의 공식이다. 특히 문제를 푸는 것은 자신의 이해도를 확인하는 좋은 방법이다. 그러나 무조건 문제를 많이 푸는 것보다 한 문제를 풀더라도 제대로 풀고 이해하는 것이 중요하다는 것을 명심하자.

문제 풀기의 무한반복

평소에는 거의 국어 공부를 하지 않던 학생들도 시험 기간이 되면 어쩔 수 없이 국어 공부를 한다. 그리고 대부분의 학생들이 문제 푸는 것에 집중을 한다.

"선생님, 1단원이 시험인데 문제 좀 뽑아주세요."

"선생님, 문제를 풀었는데 잘 모르겠어요. 문제 좀더 주세요."

"선생님, 시험이 내일인데 너무 불안해요. 다른 문제를 더 풀어봐야 할까요?"

시험 공부를 위해 무조건 문제를 풀어야 한다는 생각, 되도록 많은 문제를 풀어야 한다는 생각은 잘못된 생각이고 습관이다.

물론 문제를 푸는 것 자체가 잘못되었다는 것은 아니다. 국어의 경우 본문만 읽다보면 본인이 어느 정도 내용을 이해했는지 확인이 되지 않아 불안해하는 경우가 많다. 이때 문제를 풀어서 본인의 이해 정도를 파악하는 것이 어느 정도는 필요하다. *문제 풀기를 통해서 자신이 아직 부족한 부분이 있는지를 확인하고, 만약 자신에게 부족한 부분이 있다면 다시 확인하고 이해하는 과정을 통해 국어 실력을 쌓아야 하는 것이다.*

그런데 대부분의 학생들은 문제를 풀고 답을 맞추며 자신이 몇 개를 틀렸는지에만 집중을 한다. 왜 틀렸는지, 다른 보기가 왜 정답인지, 보기들 중에 몰랐던 내용은 없는지 등은 확인하지 않은 채 무조건 다음 문제로 넘어간다. 틀린 문제 없이 다 맞으면, 그 중에 찍어서 맞춘 문제가 있어도 자신이 그 부분에 대해 완벽하게 이해했다는 착각에 빠지기도 한다.

이런 문제 풀기가 반복되다 보니 본인은 문제를 많이 풀었음에도 성적이 잘 나오지 않았다며 속상해하는 경우가 많다. 심지어 풀어본 문제와 비슷한 문제가 나왔는데도 틀렸다며 자신을 자책하는 경우도 있다. 무엇이 문제일까? 우리가 놓치고 있는 문제 풀기의 문제점은 무엇일까?

틀린 문제, 제대로 다시 보자

우리가 꼭 풀어봐야 하는 문제들이 있다. 핵심 문제? 서술형 문제? 기출문제? 아니다. '틀린 문제, 고민한 문제, 찍은 문제'다.

틀린 문제는 대부분의 학생들이 다시 풀어봐야 한다는 것을 잘 알고 있다. 하지만 틀린 문제를 제대로 확인할 줄 아는 학생들은 그다지 많지 않다.

우선 몰라서 틀렸는지, 실수로 틀렸는지를 확인해야 한다. 실수로 틀렸다면 왜 실수를 했는지 이유를 찾고, 다시 그런 실수를 하지 않도록 실수한 이유를 적어놓는다.

몰라서 문제를 틀렸다면 이때는 제대로 확인하는 과정이 필요하다. 자신의 답이 왜 틀렸는지 그 이유를 정확하게 확인하고, 문제의 정답이 몰랐던 내용이면 교과서나 노트에 정리해두고 완벽하게 이해할 때까지 복습해야 한다. 틀렸던 문제는 다시 또 틀릴 수 있다는 생각으로 며칠이 지난 후나 시험 직전에 다시 한 번 꼭 풀어보는 것이 좋다.

나는 학생들이 문제를 풀 때 틀린 문제는 정답을 가르쳐주지 않은 상태에서 다시 풀도록 한다. 두 번째에도 답이 틀리면 그것은 모르는 문제로 간주하고 표시를 해두었다가 며칠 후에 다시 풀도록 한다. 며칠 후에 다시 문제를 풀었는데도 또 틀린다면 문제에 해당하는 교과서 내용부터 다시 학습하는 것이 도움이 된다.

성적이 좋은 학생들은 틀린 문제를 절대로 그냥 넘어가지 않는다. 다

시 풀어보는 것은 기본이고, 문제에 대한 해설을 읽고 자신이 틀린 이유와 다른 보기가 정답인 이유를 확인하고 이해하려 한다. 해설을 읽고도 이해가 안 되는 내용은 선생님에게 질문해 확실하게 이해할 때까지 확인한다.

틀린 문제 확인하기

1. 문제를 풀어본다.
2. 채점을 한다.
3. 틀린 문제에 ☆표를 해둔다.
4. 실수로 틀렸는지, 몰라서 틀렸는지 확인해본다.
5. 실수로 틀린 문제는 조심할 점을 표시해둔다.
6. 몰라서 틀린 문제는 틀린 이유와 정답의 이유를 반드시 확인하고 이해한다.
7. 며칠이 지난 후 또는 시험 직전에 문제를 다시 풀어본다.
8. 또 틀렸다면 ☆표를 2번 표시하고 다시 공부한다.

고민한 문제와 찍은 문제도 다시 보자

대부분의 학생들은 틀린 문제를 다시 풀어봐야 한다는 것을 알고 있다. 다시 풀어야 한다는 것 자체가 귀찮고, 문제를 또 틀리면 어쩌나 하는 두려움 때문에 피하는 것일 뿐이다.

그런데 우리가 틀린 문제만큼이나 다시 살펴봐야 할 문제가 있다. 그것은 바로 '고민해서 풀었던 문제와 찍어서 맞힌 문제'다.

이 2가지 유형에 대해서는 몰라서 틀린 문제와 달리 자신이 알고 있었던 내용으로 착각하기 쉽다. 그러나 이와 비슷한 상황이 반복되었을 때 다시 답을 맞히리라는 법은 없다. 불완전한 이해 속에서 우연히 운이 좋아 답을 맞혔을 수도 있기 때문이다.

쉬운 문제는 답이 보이지만, 어려운 문제는 무조건 답을 찾으려 하기보다 답이 아닌 것부터 지워나가면 범위를 좁혀놓고 고민할 수 있어서 답을 선택할 확률이 높아진다. 객관식 국어 시험에서 보기 5개 중에 2개 정도는 본인이 알고 있는 내용일 확률이 높다. 하나씩 답이 아니라고 생각되는 것을 지우다보면 2개를 놓고 고민하는 경우가 굉장히 많다. 그러다가 하나의 답을 골랐을 때 그것이 답인 경우 알고 맞힌 문제보다 굉장히 기뻐하는 것을 많이 보았다.

그러나 기쁨은 잠시 접어두고, 무엇 때문에 나머지 하나의 보기를 정답일 수도 있다고 고민했는지 살펴보아야 한다. 답처럼 생각되는 함정이 있었는지, 결국 정답이 되지 못한 것은 어떤 부분이 잘못되어서인지 분석하고, 자신이 미처 몰랐던 내용이 있으면 표시를 해 공부하도록 한다.

요즘 시험 문제의 보기는 엉뚱한 내용으로 오답을 만들기보다 본문에 나오는 단어를 이용하되 내용을 본문과 다르게 구성해 오답을 만드는 경우가 많다. 고민을 했음에도 틀렸다면 이런 함정에 빠져서 틀린 것은 아닌지 확인해봐야 한다.

찍어서 맞힌 문제도 재검토의 대상이다. 틀릴 각오를 하고 찍었는데 맞혔다면 얼마나 기쁘겠는가! 그러나 이것은 절대로 기뻐할 일이 아니다. 틀린 문제만큼이나 위험한 문제다. 이런 문제는 그냥 틀린 문제라고 생각하고, 틀린 문제 다시 풀기의 방법으로 반드시 확인한 후 복습해야 한다.

깡쌤의 한마디

시험 기간에 같은 문제를 며칠 차이를 두고 나누어준 후 풀어보라고
했다. 학생들 대부분이 전에 풀었던 문제라는 것을 알고 있었다. 전에
풀었던 문제라 자신 있게 풀어나가기 시작하지만 얼마 되지 않아 여기
저기에서 한숨 소리가 나온다. 분명히 풀었던 문제이고 채점을 하면서
정답도 확인했는데, 그때 고민한 문제를 다시 똑같이 고민하는 현재
자신의 모습 때문에 한숨을 쉬는 것이다. 그리고 채점을 해보면 전보
다 성적이 잘 나오는 학생은 얼마 되지 않는다. 전에 고민하면서 골랐
던 오답을 다시 똑같이 고르는 경우가 많고, 오히려 전보다 더 많이 틀
리는 학생들도 있다.

이것은 무엇을 나타내는 것일까? 불안한 마음에 계속 새로운 문제, 좀
더 많은 문제를 풀고 싶어하는 마음은 이해되지만 문제를 많이 푸는
것보다 중요한 것은 한 문제를 풀더라도 자신이 풀었던 문제에 책임
감을 가지고 끝까지 이해해보려고 노력하는 것이다. 아예 몰라서 틀린
문제보다 찍어서 맞힌 문제, 헷갈려서 고민한 문제들이 더 위험하다.
찍었는데 맞았다며 기뻐하기보다 채점 후에 맞힌 문제들도 꼼꼼하게
살펴보는 공부 습관을 만들어보자.

문제집을
100% 활용한다

누구나 국어 공부를 하면서 문제집 한 권쯤은 가지고 있을 것이다. 시험 범위에 해당하는 부분만 문제를 풀고 답을 맞춰보는 것이 일반적인 문제집 활용의 전부라 할 수 있다. 그러나 한 권의 문제집을 가지고도 얼마든지 다양하게 공부할 수 있다.

나에게 맞는 교재는?

국어 공부를 하면서 누구나 문제집 한 권쯤은 가지고 있을 것이다. 학교마다 교과서의 출판사가 다르기 때문에 내신을 준비하기 위해서는 교과서의 출판사와 같은 출판사의 자습서나 평가문제집을 구입하는 것이 가장 현명하다. 시험 때가 되면 시험대비 문제집이 나오는 출판사도 있다. *종류가 많은 것은 아니지만 한 번에 여러 권의 교재를 구입하는 것은 부담스럽기 때문에 나에게 맞는 교재를 선택하는 것이 필요하다.*

자습서는 국어 교과서와 편집 상태가 거의 비슷하다. 교과서 본문 전체는 기본이고, 학습활동과 보충 읽기 자료까지 빠짐없이 나와 있으며, 자세한 설명으로 이루어진 것이 중요한 특징이다. 그러다 보니 상대적으로 문제가 적은 편이어서 소단원과 대단원이 끝날 때마다 20개 내외의 문제가 있다. 그렇기 때문에 자습서는 평소 예습이나 복습을 꾸준히 하고 싶어 하는 학생, 또는 선생님 설명만으로는 이해가 힘든 학생들이 자습서를 이용하는 것이 좋다.

평가문제집은 설명보다는 문제 위주의 교재다. 단원마다 핵심 내용이 요약·정리되어 있고, 교과서 본문은 전체가 나와 있지는 않고 문제를 풀기 위한 지문으로 일부만 실려 있다. 문제는 소단원이다. 대단원별로 다양한 문제들이 준비되어 있고, 중간고사와 기말고사 대비용 문제가 따로 준비되어 있기도 하다. 그래서 평가문제집은 학교 수업을 충분히 따라가면서 다양한 문제 풀이가 필요한 학생들에게 적합하다.

시험대비 문제집은 평가문제집보다 설명이 더 압축적이다. 단원마다 꼭 알아야 하는 내용들 위주로 요약이 되어 있어 핵심만 파악할 수 있다. 그 대신 단답형 문제부터 기출문제를 바탕으로 한 고난도 문제까지 다양한 문제들이 실려 있고, 실전에 가까운 모의고사 형태의 문제도 실려 있다. 시험대비 문제집은 시험을 앞두고 어느 정도 공부가 되어 있는 학생들이 자신의 실력을 확인하거나 문제 응용력을 기르고 싶어 할 때 적합하다.

국어 성적이 좋은 학생들은 자습서보다는 문제가 많은 평가문제집이

나 시험대비 문제집을 선택하는 것이 좋지만, 국어 성적이 좋지 않은 학생들은 문제 위주의 문제집이 오히려 국어 공부에 안 좋을 수 있다. 문제집에는 교과서 본문 중 중요한 지문만 반복적으로 나오는 경향이 있기 때문에 본문 전체에 대한 이해를 하기에는 부족하다. 그래서 자습서를 구입해 본문을 충분히 이해하는 데 도움받는 것이 좋다. 하지만 만약 문제 위주의 문제집을 구입했다면 문제를 풀기 전에 교과서를 충분히 읽고 문제를 풀어야 한다는 것을 명심해야 한다.

다른 친구가 시험대비 문제집을 샀으니 나도 그 문제집을 사야겠다고 따라 사지 말자. 자신의 현재 국어 공부 상태를 충분히 고려해서 자신에게 맞는 교재를 구입하고 교재를 적절하게 활용하는 것이 좋은 학습법이다.

나에게 맞는 교재 선택하기

1. 자습서: 교과서와 편집 체제가 비슷하다. 본문에 대한 설명이 자세히 나와 있다. 문제는 많지 않다.
2. 평가문제집: 본문이 일부만 실려 있다. 단원에 대한 핵심 내용이 잘 정리되어 있다. 단원별로 다양한 문제가 실려 있다.
3. 시험대비 문제집: 핵심 내용이 압축적으로 정리되어 있다. 시험에 자주 출제되는 중요한 지문 위주로 실려 있다. 기본 문제부터 심화 문제, 시험대비 예상문제까지 다양한 문제들이 있다.

문제는 최소한 2번 풀어보기

어떤 교재로 공부를 하더라도 제일 중요한 원칙은 끝까지 읽고 풀어보는 것이다. "구슬이 서 말이라도 꿰어야 보배"라는 속담이 있다. 무엇이든 다듬고 쓸모 있게 만들어야 값진 보배가 된다는 뜻이다. 아무리 좋은 교재가 있어도 그것을 제대로 읽고 끝까지 풀지 않으면 교재 안의 지식이 내 것이 될 수 없다.

국어는 주로 시험 기간에 집중적으로 문제집을 풀게 되는데 시험 범위에 해당하는 단원의 문제만 풀고 끝내는 경우가 많다. 학기가 바뀌거나 시험 기간이 되면 불안감과 습관으로 인해 과목별로 여러 권의 교재를 구입하지만 그 중 끝까지 완벽하게 풀려 있는 교재가 그리 많지는 않을 것이다. 그리고 주로 문제를 푸는 것으로만 교재를 활용한다. 하지만 문제 외에도 교재 안에 살펴볼 내용들이 많다.

자습서는 교과서와 같은 편집 체제를 갖추고 있어서 단원명, 학습 목표, 단원의 길잡이, 본문, 학습 활동, 보충 자료까지 모두 확인할 수 있다. 게다가 학습 활동의 경우 답의 예시가 나와 있어서 서술형을 대비하거나, 본문의 중요한 내용을 다시 확인할 때 많은 도움을 받을 수 있다. 본문이 있는 곳에는 중요한 문장이나 구절에 대한 설명이 자세하게 나와 있다. 이 설명들은 본문 사이에 있기도 하고, 옆쪽에 따로 정리가 되어 있기도 하기 때문에 학교 선생님들이 수업한 내용과 일치하는지 확인하며 읽어보는 것이 좋다.

본문 옆에는 바로바로 내용을 확인하는 정도의 기본 문제들이 있는데 이 문제들을 안 풀고 넘어가는 학생들이 있다. 이 문제들을 절대로 우습게 보면 안 된다. 단원 문제들이 다루지 못하는 세부적인 내용들을 다루고 있어서 내용을 파악하는 데 많은 도움을 받을 수 있다. 중간 중간에는 시험에 직접적으로 나오는 것은 아니지만 단원을 공부할 때 알아두면 좋은 국어 이론들, 설명 방법이나 논증 방식 등 배경지식이 될 만한 내용들이 나오는 경우가 있다. 이 부분들은 반드시 읽어보고, 자신이 모르는 내용이면 읽고 학습하도록 한다.

평가문제집의 경우 단원마다 중요한 내용들이 요약·정리되어 있는데, 노트 정리를 할 때 이 내용들을 활용하면 좋다. 학교 수업을 제대로 듣지 않아서 중요한 핵심이 무엇인지 잘 모르는 학생들은 문제를 풀기 전에 요약·정리된 내용들을 반드시 읽고 이해해야 한다. 비록 교과서 본문 전체가 나와 있지는 않지만 시험에 자주 출제된 중요한 지문이 반복적으로 나오기 때문에 문제를 풀기 전에 꼭 읽어서 교과서 읽기를 대신해야 한다.

모든 문제는 꼭 풀어봐야 하며, 2번 이상 풀어봐야 한다. 학생들 중에 문제를 골라서 풀어보는 학생들이 있다. 가장 대표적인 것이 서술형 문제나 주관식 문제를 건너뛰는 학생들이다. 학교에서 주관식이나 서술형 문제를 내지 않기 때문이라고 하는데, 직접 쓰는 문제를 풀어야 오히려 머릿속에 저장이 잘 된다. 내가 풀기 좋은 것만 골라서 문제를 푸는 것은 공부에 도움이 되지 않는다.

학교 시험에 어떤 유형의 문제가 나올지 알 수 없는 상황에서 다양한 유형의 문제를 풀어보는 것이 국어 실력을 키우는 데 도움이 된다. 한 번 풀고 채점을 했다고 해서 그 문제집의 필요성이 끝난 것이 아니다. 틀린 문제나 어렵게 풀었던 문제, 서술형 문제, 출제율이 높은 문제들은 표시를 해두었다가 다시 한 번 풀어보고 정리하는 습관을 들여야 한다.

국어 성적이 좋은 학생들은 어떤 교재든 교재 안의 모든 문제를 빠짐없이 풀고 확인한다. 구석구석 읽어보다가 모르는 내용이 나오면 질문을 해서라도 이해하기 위해 노력한다. 어떤 교재가 좋으냐가 중요한 것이 아니라 내가 교재를 어떻게 활용했느냐가 중요한 것이다.

해설집은 제2의 자습서

교재를 이용해 문제를 풀 때 학생들에게 꼭 필요한 것이 있다. 필기도구? 선생님? 아니다. 바로 해설집이다. 문제를 풀고 답을 확인하기 위해 해설집은 꼭 있어야 하는 것이다.

좋은 현상은 아니지만 간혹 급하게 문제를 풀어야 할 때 해설집은 학생들에게 구원자와 같은 역할을 하기도 한다. *그런데 학년이 올라갈수록, 점점 국어가 어려워질수록 해설집은 단순히 답을 알려주는 역할 그 이상을 하게 된다.*

국어 공부가 힘들지 않을 때는 문제를 풀고 해설집에 나와 있는 답만 확인하게 되는데, 어려운 문제들이 많아지게 되면 답을 확인한 뒤 자연스럽게 해설을 보게 된다. 그래서 중학교에서는 해설집에 나와 있는 해설의 중요성이 크게 느껴지지 않는데, 고등학교에 올라가면 해설이 잘 나와 있는 교재를 선택하게 된다.

실제로 모의고사 문제집의 경우 문제가 있는 본책보다 해설집이 더 두꺼운 경우도 많다. 지문이 그대로 나와 있고, 지문에 대한 상세한 설명과 좀더 알아두면 좋은 내용들, 작품의 경우 전체 줄거리와 핵심 내용까지 정리되어 있다.

문제에 대한 설명도 답에 대한 해설은 기본이고, 나머지 보기가 왜 답이 될 수 없는지, 함정에 빠지지 않는 꿀팁까지 친절하게 설명되어 있다. 해설만 잘 보아도 얼마든지 혼자 공부할 수 있을 정도다.

그래서 학생들에게 교재를 선택할 때 고민이 되거든 해설집을 보라고 이야기한다. 해설이 보다 잘 정리되어 있는 교재를 선택하는 것이 혼자 문제를 풀고 이해할 때 도움이 되기 때문이다. 그런 추세에 따라 요즘은 중학교 교재도 설명이 잘 나오는 교재들이 많다.

문제는 학생들이 해설집을 잘 이용하지 않는다는 것이다. 성적이 좋은 학생들은 답과 함께 해설을 충분히 읽어보고, 그래도 이해가 되지 않을 때 질문을 한다. 그리고 오답 노트를 작성할 때 해설집의 내용을 참고하거나 아예 해설을 붙여놓는 경우도 있다. 해설을 읽고 답을 이해하고, 다른 내용들이 왜 오답인지 확인하는 과정도 또 다른 형식의 공부인 것이다.

그런데 문제를 풀고 답을 확인한 후 곧바로 틀린 문제를 질문하는 학생들이 있다. 해설을 읽어 보았느냐고 물어보면, 읽지 않았다고 하거나 읽어도 무슨 말인지 잘 모르겠다고 이야기하는 학생이 많다.

해설집을 답만 확인하는 용도로 사용하는 것은 문제집에 대한 예의가 아니다. 해설집만 잘 읽어도 문제를 푸는 것만큼 중요한 내용들을 공부할 수 있다.

문제집 활용하기

1. 나에게 맞는 교재를 선택한다.
2. 지문이나 지문에 대한 해설, 본문에 대한 요약·정리 등을 먼저 읽어본다.
3. 문제를 풀어본다.
4. 해설집을 이용해 답을 확인한다.
5. 해설을 자세히 읽어보고, 틀린 이유를 확인한다.
6. 맞은 문제라도 해설을 보고 알아둬야 할 내용들을 찾아본다.
7. 틀린 문제는 다시 풀어본다.
8. 해설 내용을 바탕으로 오답노트를 작성한다.

깡쌤의 한마디

국어를 가르치는 나에게도 해설집은 귀한 자료다. 문제를 풀고 학생들에게 설명할 내용을 연구하기 위해 해설집을 꼭 읽어봐야 하기 때문이다. 해설이 잘 나와 있는 해설집만 봐도 마음이 뿌듯하고 든든해진다. 그러나 정작 그 뿌듯함을 느껴야 할 학생들은 해설집은 그저 답이 나와 있는 책이거나 숙제가 힘들 때 나를 구원해줄 든든한 동반자 정도로만 생각하는 듯하다.

그래서 나는 일부러 학생들에게 해설집의 내용을 그대로 교재 본문에 옮겨 적으라고 하거나 틀린 문제에 대한 오답 노트를 작성할 때 해설집의 내용을 반드시 참고하라고 한다. 학생들은 처음에는 힘들어하면서 그대로 베껴 쓰기에 바쁘지만 어느 정도 반복이 되면 자신이 무엇 때문에 틀렸는지 자연스럽게 이해하게 된다.

고등학교 국어 문제집들은 대부분 문제부분보다 해설부분이 더 두껍다. 간혹 교재를 선택하기 어렵다고 도와달라는 학생들에게 나는 농담처럼 해설집을 보고 판단하라고 말한다. 해설집이 두껍고 설명이 자세하며 보기 좋게 정리되어 있는 교재가 좋은 교재다. 해설집은 정답 확인 그 이상의 쓸모를 가지고 있는 유용한 책임을 꼭 기억하자.

국어도
암기할 것은 꼭 암기한다

국어는 읽고 이해만 하면 되는 과목이라고 알고 있다. 그러나 국어도 암기할 내용들이 있다. 귀찮다고 암기하지 않으면 국어에서 좋은 성적을 받을 수 없다. 국어에서 어떤 내용들이 암기가 필요한지 알아보고, 나에게 맞는 암기법을 연구해보자.

국어는 외울 필요가 없다?

요즘 내신 시험에 나오지 않는 문제 유형이 있다. 작가의 이름을 물어보는 문제와 낱말 뜻을 물어보는 문제, 중요한 핵심어를 외워 쓰게 하는 문제다.

작가의 이름을 직접적으로 외우고 쓰게 하는 문제는 아니지만 작품에 대한 전체적인 특징을 물어보는 문제에, 보기 중의 하나로 작가 이름이 나올 때가 있었다. 그래서 국어 공부를 할 때 문학작품의 경우 작가의 이름을 외우는 것이 기본이었다. 그러나 요즘은 작가 이름을 알려주며 작가의 작품세계에 대한 것을 묻는 문제가 나온다. 그래서 굳이 작가 이름을 외우려 하지 않고 작가가 누구인지도 모르고 공부하는 경우도 많다.

예전에는 국어 시험에서 낱말의 뜻을 물어보는 문제는 기본 문제 중의 하나였다. 갑자기 어느 단원에서 나오더라도 어색하지 않고 당연히 나와야 할 문제 유형이었다. 그래서 시험공부를 할 때 조금이라도 어려운 단어가 나오면 사전에서 그 의미를 찾아 교과서에 적어놓고 외우며 공부를 했다.

요즘도 고전 소설이나 논설문처럼 한자어나 어려운 어휘가 많은 단원을 공부할 때 이런 문제가 종종 나오기도 한다. 하지만 선생님이 미리 알려주지 않은 상태에서 낱말 뜻을 물어보는 문제가 나오면 학생들의 불만이 생기기도 한다.

고등학교 모의고사에서는 낱말의 의미를 파악하는 문제가 반드시 나오고, 어휘력이 바탕이 되어야 국어 실력이 좋아진다는 것을 누구나 잘 알고 있다. 그런데도 중학교 내신 시험에서 낱말의 의미를 물어보는 문제가 자주 나오지 않는 것은 안타까운 일이다.

시 단원을 공부하는 학생에게 시가 짧으니 아예 시 전체를 외워도 좋겠다고 말한 적이 있다. 학생은 시를 반드시 외워야만 풀 수 있는 문제가 나온다는 말이 없으니 외울 필요가 없는 것 같다고 말했다.

그렇다. 요즘은 아무리 짧은 시라도 무엇을 외워야 풀 수 있는 문제가 나오지는 않는다. 국어란 과목은 읽고 생각하고 답을 고르는 과목이라는 생각이 지배적이어서 무언가를 외워야 한다는 것이 오히려 어색하게 느껴진다.

그러나 작가의 이름이나 제목, 본문에 나오는 어려운 한자성어의 뜻을 외우지 않고 어떻게 기억할 수 있을까? 본문 전체를 외울 수는 없지만 글의 핵심어나 시에서 중요한 시어, 중요한 표현이 나오는 시구절 정도는 외운다고 해서 크게 무리가 가지 않는다. 이러한 것들을 직접적으로 묻는 문제가 나오지는 않지만 국어 공부의 기본이다.

시험에 나올 것 같은 부분만 골라서 하는 공부에는 깊이가 없다. *깊이가 없는 공부는 예상치 못한 상황에 대처하는 능력을 길러줄 수 없다.* 깊이가 있는 공부야말로 성적이 아닌 국어 실력을 높여주는 길잡이가 되는 것이다.

중요한 특성을 외워라

그렇다면 국어에서는 무엇을 외워야 할까? *문학을 공부하든, 비문학을 공부하든 학생들이 반드시 정리해야 할 내용이 있는데 그것은 바로 글의 '갈래, 성격, 소재, 주제'다.* 이 4가지는 국어를 공부하는 데 있어 핵심이자 기본으로, 정리를 하는 데서 끝내서는 안 되고 꼭 외워야 한다. 여기에 갈래별 중요한 특성을 추가로 외우면 된다.

문학의 경우 시는 작품에 해당하는 운율의 종류와 운율 형성 요소, 시어의 상징적 의미, 중요한 표현법을 외워야 한다. 소설의 경우 시점을 반드시 외워야 하고, 소설의 배경과 중요한 소재의 의미를 외워야 한다.

수필이나 희곡의 경우 제일 중요한 것이 갈래별 특징이다. 자주 나오는 갈래가 아니어서 시험 범위에 포함되면 각각의 갈래의 특징을 물어보는 문제가 나오는 경우가 많은데 5개 정도의 핵심 특징을 정리해서 외워두면 문제를 쉽게 해결할 수 있다.

문학작품의 경우 공통적으로 작가의 이름과 제목을 외우는 것이 좋다. 이 2가지는 작품을 이해하고 문제를 푸는 데 배경 지식이 되어 도움을 받을 수 있다.

비문학의 경우 핵심어와 핵심 문장을 외우고, 글 안에 소제목이 있는 경우 소제목은 그 부분의 핵심 내용을 압축해놓았기 때문에 외워두면 시험 지문에 소제목이 안 나와도 내용을 파악하는 데 도움을 받을 수 있다. 가끔씩 주관식은 아니지만 객관식으로 내용에 맞는 소제목을 고르라는 문제가 나오기도 하는데 이럴 때 아주 쉽게 답을 고를 수도 있다.

문법은 국어에서 암기가 가장 필요한 영역이다. 학생들이 문법을 힘들어 하는 이유도 문법만큼은 외워야 한다는 것을 너무나도 잘 알고 있기 때문이다. 다른 암기 과목과 비교하면 실질적으로 외워야 할 것이 많지는 않은데, 국어 안의 다른 영역과 비교하면 상대적으로 외워야 할 것이 많게 느껴지는 것이다. 문법에서는 우선 새로운 문법 용어를 무조건 외워야 하고, 그 개념도 함께 외워야 한다. 시험에 임박해서는 교과서에 나오는 예문들의 답도 외워두면 좋다.

시험 문제에 그대로 나오는 경우도 있고, 응용해서 나오는 경우도 있는데 답을 외워두면 문제를 쉽게 풀 수 있다. 그리고 문법에는 국어에서 숫자가 가장 많이 나오는 영역이다. 자음의 개수, 모음의 개수, 한글 창제 연도 등 숫자가 나오는데 이것도 정확하게 외워야 한다. 외우기만 해도 어느 정도 성적이 나올 수 있는데, 귀찮다는 이유로 외우지 않거나 대충 외우면 본인만 손해일 뿐이다.

국어에서 암기해야 할 사항

1. 공통적인 암기사항: 글의 갈래, 성격, 소재, 주제
2. 문학: 작품의 제목, 작가의 이름
3. 시: 운율의 종류, 운율 형성 요소, 시어의 상징적 의미, 중요한 표현법
4. 소설: 시점, 작품의 시간적·공간적·사회적 배경, 주요 소재의 의미
5. 수필, 희곡: 각 갈래의 주요 특성
6. 비문학: 핵심어, 핵심 문장, 소제목
7. 문법: 용어, 용어의 개념, 교과서 예문의 답, 주요 숫자

이해하며 재미있게 외워라

교과서를 읽고 문제를 풀기에도 벅찬데 이런 내용들을 외워야 한다고 말하면 국어 공부가 더욱 싫어지고, 힘들게 느껴질 것이다. 그런데 국어의 암기 사항은 반드시 '이해'를 전제로 한다.

다른 과목도 마찬가지겠지만 이해가 바탕이 되지 않은 상태에서 무조건적으로 암기하는 것은 오래가지 못한다. *특히 국어는 외운다고 해서 외운 내용을 답으로 적는 단순한 문제가 나오는 과목이 아니다.* 문법을 제외하고 다른 영역들은 지문과 함께 다양한 내용 속에 포함되어 문제가 출제되기 때문에 자신이 암기한 내용들을 잘 활용할 줄 알아야 한다.

그러기 위해서는 단편적인 암기보다 반복적인 학습을 통해 이해하며 자연스럽게 외우는 것이 좋다. 반어법이 무엇인지 명확하게 이해하지 못한 상태에서 '죽어도 아니 눈물 흘리오리다'에서 반어법이 쓰였다고 기계적으로 외우면 다른 시의 표현에서 반어법이 쓰인 표현을 찾으라는 문제를 결코 해결할 수 없는 것이다.

글의 소재나 주제를 외울 때도 소재의 의미와 글 전체 중 어느 부분에 주제 의식이 표현되어 있는지를 파악하면서 외워야 한다. 국어 성적이 좋은 학생들은 이 부분을 놓치지 않기 위해 교과서를 어느 정도 이해한 다음 자신이 집중해서 외울 것들을 정리한다. 처음부터 외우는 것에 집중하면 글 전체의 의미를 파악하는 데 어려움이 있기 때문이다.

국어 성적이 좋은 학생들은 그것들을 외우기 위해 여러 가지 방법을 사용한다. 즉 자신이 외우기 편하게 자신이 잘 외울 수 있도록 내용들을 정리하는 것이다.

선생님들도 학생들이 보다 재미있게 암기할 수 있도록 여러 가지 방법들을 만드는데, 특히 문법에 이런 방법들이 많다. 자음 체계표나 모음 체계표를 쉽게 외우도록 노래로 만들거나, 초성을 이용해 기억하기 쉬운 문장을 만들기도 하고, 음운의 변동의 원리를 기억하기 쉽게 공식처럼 만들어 외우도록 하기도 한다. 수필의 경우 중요한 특성의 한 글자씩을 모아 '누, 나, 형, 소, 개'라고 재치 있게 만들기도 한다. 이런 방법들이 아니더라도 그림을 그린다든지, 마인드맵을 이용해 자신만의 암기법을 만드는 것도 매우 중요한 학습법이다.

깡쌤의 한마디

시의 운율은 내재율과 외형률, 이렇게 2가지다. 시를 공부할 때마다 자주 다루어지는 내용이기 때문에 학생들에게 낯설지 않은 용어. 학생들에게 시의 운율의 종류를 아느냐고 물어보면 대부분 알고 있다고 대답한다. 그래서 대답해보라고 하면 정확하게 대답하는 학생은 그리 많지 않다. "내형률, 외재율"이라고 바꿔서 대답하거나 "내형률, 외형률"이라고 대답하는 경우도 있다. 알고는 있는데 정확하게 외우고 있는 것은 아니다. 주관식 시험 문제로 나왔다면 틀린 답이 되는 것이다.

아마 시험 시간에 이렇게 주관식이나 서술형 답을 적을 때 어떤 단어가 생각날듯 하면서도 떠오르지 않아 엉뚱한 단어를 적은 적이 있을 것이다. 객관식 시험이 많아서 굳이 외우지 않아도 시험 볼 때 생각이 날 정도만 공부하는 경우가 많다. 몇 번 읽어서 익숙해진 것을 외웠다고 착각하는 경우도 많다.

그냥 아는 것과 외워서 아는 것은 다르다. 공부한 것 중에서 암기가 필요한 것은 정확하게 암기해서 어떤 상황에서도 그 용어가 떠올라 정확하게 대답할 줄 알아야 진짜 아는 것이다.

노트 정리로
나만의 자습서를 만든다

노트 정리는 국어뿐만 아니라 모든 과목에서 언제나 좋은 학습법이다. 방법과 내용은 다르지만 노트 정리를 제대로 할 줄 아는 학생들은 공부를 할 줄 아는 학생들이다. 자신만의 노트 정리 방법을 만들어 요약과 정리의 달인이 되자.

국어도 노트 정리를 해야 하나요?

오랫동안 수업을 하면서 항상 머릿속으로 고민하는 것이 바로 다음의 2가지다.

'어떻게 하면 국어를 재미있게 가르칠 수 있을까?'

'어떻게 하면 학생들 스스로 국어 공부를 할 줄 아는 학생으로 만들 수 있을까?'

이 중 첫 번째 고민은 오롯이 나에게만 해당하는 고민이다. 나 스스로 끊임없이 고민하고 연구하며 보다 쉽고 재미있게 국어를 가르칠 수 있는 방법을 알아내야 한다. 그러나 두 번째 고민은 나 혼자만의 고민으로 끝나지 않는다. 학생들의 노력도 뒷받침되어야 한다.

사실 처음에 이 고민은 '어떻게 하면 국어를 잘 하는 학생들로 만들 수 있을까?'였다. '스스로 국어 공부를 할 줄 아는 학생'과 '국어를 잘하는 학생'은 언뜻 보면 비슷해보이지만 자세히 보면 다르다. 많이 다르다.

공부에 대한 학생들과 부모님들의 고민은 공부를 잘하는 것에 초점이 맞추어져 있다. 시험 점수 100점과 수행평가 만점, 수능과 내신에서의 1등급이 바로 그것이다. 그러나 오랜 공부에서 살아남기 위해서는 한 번의 100점보다 본인 스스로의 학습법으로 공부하고 얻은 90점이 더 중요하다.

그래서 어느 순간 고민의 내용이 '공부할 줄 아는 학생으로 만들기'가 되어 버렸다. 그에 맞게 여러 가지 학습법을 고민하게 되었고, 그때 그때 상황에 맞게 여러 가지 학습법을 학생들에게 시도해보았다. 그렇게 해서 마침내 알아낸 것이 바로 '노트 정리'다.

학생들에게 노트 정리를 하라고 하면 처음에는 당황해한다. 국어를 노트에 정리하면서 공부해본 경험이 없고, 무엇을 노트에 적어야 하는지, 그 많은 본문을 다 적어야 하는지 등 노트 정리 방법 자체를 몰라서 많이들 물어본다.

"국어도 노트 정리를 해야 하나요? 어떻게 해야 하나요?"

그렇게 처음에는 우왕좌왕 하다가 어느 정도 시간이 지나면 국어 공부를 잘 하는 학생들은 내가 의도했던 것보다 훨씬 훌륭하게 노트 정리를 잘한다. 그리고 굳이 검사하지 않아도 자신만의 학습법으로 남아 오래도록 노트 정리를 하거나, 국어를 계기로 다른 과목도 노트 정리를 하는 것을 볼 수 있다.

반면 성적이 좋지 않은 학생들은 방법을 알려주어도 노트 정리하는 양이 적고, 자신만의 방법을 찾지 못한 채 끝나버리는 경우가 많다. 간혹 노트 정리를 하면서 국어에 대한 관심이 생기고, 성적이 좋아진 경우도 있다.

노트 정리는 암기 과목에 해당하는 학습법이라고 생각하는 학생들이 많은데, 국어야말로 노트 정리가 필요한 과목임을 알아야 한다. 이를 알 때 노트 정리를 통해 국어 공부를 할 줄 아는 학생이 될 수 있다.

노트 정리는 항상 옳다

시대와 학습 환경이 변하면서 학생들의 공부법도 많이 다양해졌다. 학교 수업이 아니더라도 학원이나 인터넷 강의를 통해 자신의 부족한 부분을 얼마든지 보충할 수 있고, 서점에는 다양한 교재들이 있어서 나의 수준에 맞는 교재를 선택해 실력을 향상시킬 수 있다. 그리고 검색만 하면 내가 모르는 것을 쉽고 빠르게 알 수 있다.

그런데 이렇게 좋은 환경에서 공부를 하다 보니 정작 학생들에게 부족한 부분이 생기기 시작한다. 스스로 무엇인가를 읽고 생각하고 정리하는 능력이다. 국어 공부에서 읽고, 생각하고, 정리하는 능력은 매우 중요한 능력이다.

우리가 국어 공부를 어려워하는 이유 중 결정적인 것이 바로 이러한 능력들이 점점 줄어들고 있기 때문이다. 교과서에서 다루어지는 내용이나 작품들은 점점 어려워지고 있는데, 그에 맞게 생각하고 정리하는 능력은 오히려 점점 줄어들고 있는 것이다.

특히 요즘 중요한 자기주도 학습이 제대로 이루어지려면 내가 주체가 되어 읽고 생각하고 정리하는 학습이 더욱 필요하다. 이러한 능력을 키우기 위해 좋은 방법이 바로 노트 정리다.

예전에는 노트 정리가 국어 공부뿐만 아니라 모든 공부의 필수였다. 수업을 듣고 교과서를 읽고 문제집을 풀고 나면 노트에 자신이 공부한 것들을 정리해서 필기를 하는 것이 공부의 완성이었다. 잘 정리된 친구의 노트는 자습서보다 더 인기가 있었다.

그런데 언제부터인가 자습서나 문제집에 잘 정리된 내용, 학원이나 인터넷 강의 선생님이 깔끔하게 정리해준 내용들을 그대로 읽고 공부하면서 본인 스스로 공부한 내용을 노트에 정리할 필요를 못 느끼게 된 것이다. 그러한 편리함에 노트 정리할 시간과 노트 정리에 들어가는 노동력은 줄어들었지만 정작 읽고 생각하고 판단하고 정리할 줄 아는 중요한 학습 능력도 같이 줄어들게 된 것이다.

한때 주춤하던 노트 정리 학습법이 최근 중요한 학습법으로 떠오르고 있다. 서점에 가면 각양각색의 노트 정리 학습법을 소개하는 책들이 나오고 있다. 노트 정리 학습법은 시대를 초월해서 언제나 중요하고, 학생들에게 꼭 필요한 학습법이다.

국어 노트 정리가 필요한 이유

1. 노트 정리를 위해서 교과서를 읽게 된다.
2. 노트 정리를 위해서 교과서를 읽으면서 무엇을 정리할지를 고민하게 된다.
3. 노트 정리를 위해서 중요한 내용과 중요하지 않은 내용을 구분하게 된다.
4. 노트 정리를 하다보면 자연스럽게 중요한 내용을 학습하게 된다.
5. 노트 정리를 하다보면 자신이 이해하지 못한 내용을 발견할 수 있다.
6. 노트 정리를 하다보면 자신이 얼마나 공부했는지를 확인할 수 있다.
7. 노트 정리를 하면서 요약·정리하는 힘이 길러진다.
8. 노트 정리를 하면 자습서보다 더 알맞은 자신만의 시험 대비 교재가 만들어진다.

국어 노트 정리는 어떻게 하면 좋을까?

국어 노트 정리를 자신이 하고 싶은 대로 하라고 하면 여러 가지 형태의 노트 정리가 나온다. 특히 남학생들은 필기 자체를 싫어하는 학생들이 많아서 안 해오는 학생들도 있고, 2~3줄 정도만 대충 적어오는 학생들도 많다.

가장 기억에 남는 학생은 본문 전체를 적어오는 학생이었다. 왜 본문 전체를 적어오느냐고 물었더니, 무엇을 정리해야 할지를 몰라서 그냥 본문 전체를 적어보았다고 했다. 비효율적이라고 생각할 수도 있겠지만 적어도 그 학생은 노트 정리에 대한 자신만의 노력을 보여주었고, 본문을 적으면서 교과서를 한 번 읽게 되는 시간은 만들어진 것이다.

그와 반대로 여학생들은 몇 가지 형식을 알려주기만 해도 노트 정리를 잘해온다. 그런데 여학생들은 노트 정리를 위한 노트 정리를 하는 경우가 많다. 즉 자신의 공부를 위한 노트 정리가 아니라 노트 정리 그 자체를 즐기는 경향이 많다. 예쁜 노트를 준비하고, 여러 가지 색깔펜이나 형광펜을 사용하고, 포스트잇을 붙여서 정성껏 노트 정리를 한다.

그런데 거기까지다. 시험 전날까지도 노트 정리를 하지만 힘들게 정리한 노트를 활용할 줄은 모른다. 물론 앞에서도 말한 바와 같이 노트 정리를 하는 것 자체만으로도 공부가 될 수 있다고 했지만, 예쁘게 정리하는 것에 너무 신경을 쓴 나머지 자신이 정리한 내용이 무엇인지 잘 모르고 무조건 중요한 내용을 적거나 정리를 한 뒤에는 다시 펼쳐보지 않는다.

노트 정리는 하는 것도 중요하지만 제대로 활용할 줄 아는 것도 중요하다. 그래서 국어에 맞는 노트 정리 방법의 기본 3가지를 여기서 소개해보겠다.

첫째, 자습서나 평가문제집의 핵심 요약을 적어보자. 모방은 창조의 어머니라고 했다. 선생님이 어떻게 노트 정리를 하라고 알려주면 그 형식에 맞춰 따라하면 된다. 하지만 대부분 혼자 공부를 하기 위해 노트 정리를 하기 때문에 처음에는 형식을 몰라서 당황하게 된다. 이때

자습서나 평가문제집에 정리되어 있는 부분을 보자. 자습서나 평가문제집을 보면 단원마다 중요한 내용들을 잘 정리해놓은 부분들이 있다. 우선은 이 부분들을 그대로 따라 적어보는 것이다. 그러다가 그 내용들 중에서 학교에서 배우지 않은 내용들은 빼고, 학교에서 배웠지만 없는 내용들을 조금씩 추가하다 보면 자연스럽게 노트 정리하는 방법을 익히게 된다. 그러나 이 기간이 길어지지 않도록 조심해야 한다.

둘째, 본문을 적어야 한다. 학생들이 국어 노트 정리를 하면서 가장 고민하는 부분이기도 하다. 본문을 전부 다 적자니 분량이 너무 많고, 본문을 안 적으면 나중에 노트를 볼 때 국어 교과서를 같이 봐야 하는 불편함이 생긴다. 그래서 어느 정도 중요한 본문은 적어두는 것이 좋다.

특히 시의 경우 다른 글보다 짧기 때문에 무조건 다 적어야 한다. 시 본문을 적어놓고 그 옆에 선생님이 수업한 내용을 함께 적어두면 복습의 효과도 자연스럽게 얻을 수 있다. 시를 제외한 나머지 글은 선생님이 수업하면서 설명한 부분 위주로 적되, 너무 긴 문장은 핵심에 해당하는 내용만 설명과 함께 적도록 한다. 본문과 설명이 함께 필기되어 있어야 나중에 보더라도 그 부분이 왜 중요한지를 쉽게 이해할 수 있다.

셋째, 자신이 이해할 수 있는 표현으로 정리해야 한다. 처음에는 방법을 몰라서 자습서나 평가문제집에 있는 표현을 그대로 따라 적지만, 이런 교재에 있는 표현들 중에는 교과서에 없거나 어려운 단어들

이 사용되기도 한다. 그래서 점차 필기하는 데 익숙해지면 이런 표현들을 자신이 이해할 수 있는 표현으로 바꾸어 노트를 정리하면 좋다. 수업 시간에 선생님이 설명한 내용도 노트 정리하면서 이해가 안 되는 부분이 있다면 그것을 조사해서 노트에 그에 대한 설명을 적어놓도록 한다.

노트 정리는 정리하는 것 자체도 중요하지만 나중에 다시 복습을 하게 될 때 궁금하거나 이해가 안 되는 부분이 있지 않도록 나에게 맞게 정리하는 것이 더 중요하다. 어려운 단어나 용어는 그에 대한 개념을, 이해가 안 되는 부분은 자신이 이해하기 쉬운 예를 노트에 함께 적어두자.

국어 노트 정리법

1. 교과서를 읽으며 수업 내용을 떠올린다.
2. 그 중 중요한 내용들을 표시한다.
3. 노트에 중요한 내용들을 자신이 보기 편리하게 적는다.
4. 노트에 정리된 내용들을 다시 한 번 읽어본다
5. 이해가 안 되거나 궁금한 내용들을 표시한다.
6. 선생님에게 묻거나 조사해서 자신이 이해한 만큼 적어놓는다.
7. 시험 때 꼭 알아야 하는 내용들 위주로 중요한 표시를 해놓는다.
8. 학교에서 나누어준 프린트도 함께 붙여둔다.
9. 노트는 항상 가지고 다닌다.
10. 시험 기간에 교과서와 함께 자주 활용하도록 한다.

깡쌤의 한마디

요즘 학생들은 무언가를 쓰는 것 자체를 힘들어하고 귀찮아한다. 글씨체가 엉망이어서 못 쓰겠다는 학생들도 있다. 서술형 평가를 힘들어하고, 문제집에 있는 주관식 문제 답을 쓰는 것도 힘들어하고, 수행평가 중 글쓰기 평가도 힘들어한다. 그런데 노트 정리를 하라고 하면 그것을 꼭 해야 하느냐고 물어본다. 자습서나 문제집에 요약정리가 잘 되어 있어 그것만 보면 된다고 하거나 그 부분을 그대로 노트에 오려서 붙이는 학생들도 있다.

공부를 쉽고 편리하게 하면서 좋은 성적을 얻으려고 하는 것은 욕심이다. 국어 성적이 좋은 학생들은 한 단원을 정리하기 위해 교과서는 물론이고 자습서나 문제집에 있는 내용들까지 모두 읽고 그 중에 중요한 내용들을 가려낸다. 이것이 노트 정리 학습법이 필요한 이유다. 글씨체가 엉망이고, 쓰는 것 자체가 힘들어도 한 페이지를 정리하기 위해 내가 들이는 수고로움 자체가 공부가 된다는 것을 잊어서는 안 된다. 노트 정리를 힘들어하던 학생들이 노트 한 권을 채우고 나서 그동안 자신이 정리해둔 내용들을 읽어보며 느끼는 뿌듯함은 공부에 지친 본인에게 큰 영양제가 되기도 한다. 그런 뿌듯함을 꼭 느껴보길 바란다.

낯선 지문과
친해진다

이제 국어 시험에서 낯선 지문이 나오는 것이 놀랍지 않다. 수능에서 시작된 낯선 지문은 중학교 내신 시험에도 종종 등장한다. 낯선 것은 어려운 것이라는 생각을 버리고, 어떻게 하면 낯선 지문과 친해질 수 있을까를 고민해야 할 때이다.

낯선 지문이 대세다

소설 '물 한 모금'이라는 작품과 관련된 기출 문제다.

Q. 이 작품의 주제와 주제가 가장 유사한 것은?

① 님은 갔습니다. 아아 사랑하는 나의 님은 갔습니다.
② 마을 사람들의 생각은 두루 이러하여서, 그의 세 끼니의 밥과 추위를 견딜 옷과 불을 늘 뒤대어 돌보아 주어 오고 있었습니다.
③ 죽는 날까지 하늘을 우러러/ 한 점 부끄럼이 없기를/ 잎새에 이는

바람에도/ 나는 괴로워했다.
④ 산산이 부서진 이름이여/ 허공중에 헤어진 이름이여! 불러도 주
  인 없는 이름이여!/ 부르다가 내가 죽을 이름이여!
⑤ 돌담에 속삭이는 햇발같이/ 풀 아래 웃음 짓는 샘물같이/ 내 마음
  고요히 고운 봄길 위에/ 오늘 하루 하늘을 우러르고 싶다.

요즘 이런 유형의 문제가 대세다. 수업 시간에 배운 것은 '물 한 모금'이라는 소설인데 이 작품의 주제와 같은 주제를 나타내는 시를 고르는 문제다. 문제는 보기에 나와 있는 시들이 내가 알고 있는 작품이면 어렵지 않게 고를 수 있겠으나, 전혀 본 적이 없는 작품이면 쉽게 답을 고를 수가 없다.

학생들에게 낯선 것은 어려운 것이다. 아무리 짧은 시가 나와도, 아무리 짧은 글이 나와도 모르는 지문이 나오면 학생들은 위축이 되고 당황하면서 몇 번 읽어보다가 대충 답을 찍게 된다. 이렇게 찍어서 맞혔다고 기뻐하는 학생들도 있다.

그러나 그것은 자신의 실력으로 맞힌 것이 아니기 때문에 근본적으로 어떻게 하면 낯선 지문에 잘 대비할 수 있을 것인가를 고민하고 연구해봐야 한다. *특히 평소에 독서가 부족한 학생들, 낯선 지문이 나오지 않더라도 국어 성적이 좋지 않은 학생들이라면 더욱더 낯선 지문에 대한 대비를 해야 한다.* 학년이 올라갈수록 낯선 지문의 비중이 높아지고, 특히 수능에서는 모든 문항에 나오는 지문이 거의 낯선 지문이기 때문이다.

문학의 낯선 지문

내신 시험에서 문학과 관련된 단원이 시험 범위에 포함되면 거의 한두 문제 정도 낯선 지문이 나오고 있다. 교과서에 나오는 작품을 기준으로 표현법이 같은 것, 주제가 같은 것, 시어의 상징적 의미가 비슷한 것, 인물의 심리와 비슷한 것, 작품의 분위기와 비슷한 것 등을 물어보는 문제가 많이 출제된다. 국어는 이렇게 낯선 지문을 출제해 시험 문제의 변별력을 주고 있다.

그래서 이런 문제의 배점을 높게 해 국어 성적의 차이가 발생하게 되는데, 국어 성적이 좋지 않은 학생들은 이런 문제 유형에 취약하기 때문에 더욱 국어 성적이 좋지 않게 나오는 것이다. 성적이 중위권인 학생들도 낯선 지문과 관련된 문제에서 자꾸 틀려 성적이 오르지 않아 고민하는 경우가 많다.

그렇다고 차라리 포기하고 교과서와 관련된 문제들만 충실히 공부해서 다 맞히자는 전략도 바람직하지는 않다. 앞에서도 말한 바와 같이 낯선 지문이 등장하는 문제 유형은 대세이며, 고등학교에서는 일반적이고, 특히 수능에서는 거의 모든 지문이 낯선 지문이기 때문에 하루라도 빨리 친숙해지는 것이 바람직하다.

국어 성적이 좋은 학생들은 낯선 지문을 어떻게 대비할까? 성적이 좋은 학생들도 낯선 지문이 두렵고 어렵기는 마찬가지이다. 그러나 포기하지 않고 어떻게든 풀고 맞히기 위해 노력한다.

우선 내가 배운 교과서의 문학작품에 대한 이해를 명확히 한다. 작품

의 주제, 중심 소재, 성격, 분위기, 중요한 시어의 의미, 표현법, 인물의 심리 등 중요한 내용들에 대해 정확하게 이해하고 암기해둔다. 그리고 선생님이 수업중에 작품과 관련된 다른 작품을 알려주면 읽어보거나 조사해서 알아둔다. 선생님이 읽어보거나 참고하라고 알려준 작품은 시험에 출제될 수도 있기 때문이다.

시험 문제를 풀 때 앞에서 나온 유형처럼 보기 중에 낯선 작품들이 나오면 나와 있는 표현들을 바탕으로 답을 찾으려고 노력한다. 2번 이상 읽는 것은 기본이고, 읽으면서 전체적인 분위기가 밝은지 어두운지 판단하면서 유사한 작품을 찾으려고 노력한다.

앞에서 예로 든 문제의 경우 소설 '물 한 모금'은 추위에 떨고 있는 사람들에게 따뜻한 물을 한 잔씩 나누어주는 주인의 인정을 주제로 하고 있는 작품이다. 그래서 보기 중에 그런 따뜻한 인정이 느껴지는 작품을 고르면 되는 것이다. 몇 번이 답이 될까?

그렇다. 2번이 답이다. 어떤 작품인지는 모르겠으나 마을 사람들이 그의 끼니와 옷을 돌보아주고 있다는 표현에서 따뜻한 인정이 느껴지기 때문이다. 문제에서는 교과서에서 배운 작품이 어떤 주제에 어떤 표현이 쓰였는지 가르쳐주지 않고 비슷한 작품을 고르라고 한다. 그렇기 때문에 내가 배운 작품에 대한 이해를 바탕으로 골라야 하는 것이다.

낯선 지문은 아무리 짧게 인용한 것이라도 한 번 읽고는 그 의미를 파악할 수 없다. 적어도 2번 이상 읽으면서 답이 아니라고 생각되는 것을 하나씩 지워나가며 답을 고르도록 해야 한다.

수능도 마찬가지다. 작품에 대한 전문적인 지식을 물어보는 것이 아니라 작품에 대한 기본적인 감상 능력을 물어보는 것이기 때문에 평소에 이런 능력을 키워두는 것이 필요하다. 아무리 낯선 지문이라고 해도 해당 학년이 소화할 수 있는 정도의 작품들을 출제하게 된다.

평소 우리 교과서 외의 다른 출판사 교과서에 실려 있는 작품들을 읽어두는 것이 좋다. 그리고 이왕이면 작품의 주제나 중심 소재 성격, 주요 표현 등을 같이 읽어두면 지식도 깊어지고, 감상 능력도 넓어지게 될 것이다.

문학의 낯선 지문과 친해지기

1. 교과서에 있는 작품에 대한 이해를 완벽하게 해둔다.
2. 교과서 작품과 주제나 표현, 시대 상황이 비슷한 작품들을 찾아 읽고 중요한 내용들을 정리해둔다.
3. 시험 문제에서 낯선 지문이 나오면 당황하지 않는다.
4. 문제에 나온 낯선 지문들의 전체적인 분위기를 느끼며 읽어본다.
5. 다시 한 번 읽으면서 문제에서 요구한 내용과 거리가 먼 것들을 하나씩 지워 나간다.
6. 답이라고 생각되는 것을 다시 한 번 읽으면서 무엇 때문에 답이라고 생각했는지 판단해본다.
7. 문제를 다 풀고 난 다음, 출제되었던 낯선 작품들을 조사해서 알아둔다.

비문학의 낯선 지문

비문학은 내신 시험에서는 다른 낯선 지문이 등장하는 경우가 많지 않다. 그래도 수능에서는 비문학에 해당하는 '독서' 영역이 매우 어렵게 출제되고 있기 때문에 잘 대비해두는 것이 좋다.

비문학에서 낯선 지문을 대비하기 위한 가장 좋은 방법은 읽고 요약·정리하는 것이다. 어떤 글을 읽더라도 핵심 내용을 파악하고 핵심어를 찾으면 어느 정도 내용 파악이 된다.

그러나 아무리 읽어도 무슨 내용인지 모르겠다는 학생들이 많다. 심지어 선생님이 설명을 해줘도 내용 파악을 어려워하는 학생들이 있다. 아무래도 다루어지는 내용들이 문학작품과 다르게 딱딱하고 재미없는 내용들이기 때문일 것이다.

특히 평소 자신이 관심 없거나 어려워하는 영역의 지문이 나오면 학생들은 더욱 읽는 것 자체도 힘들어한다. 문과 관련 과목을 좋아하는 학생들은 과학 관련 지문을, 이과 관련 과목을 좋아하는 학생들은 철학이나 사상 관련 지문을 어려워한다. 그래서 평소 글을 읽을 때 자신이 좋아하는 분야만 읽지 말고, 자신이 어려워하는 영역에 대한 글도 읽어두는 것이 좋다.

너무 어렵고 전문적인 내용의 글까지는 필요 없다. 학교에서 배우는 내용들에 대한 기초적인 지식을 좀더 깊게 다루는 책들이 논술이나 면접 대비용으로 서점에 많이 나와 있다. 그런 책들을 읽으면서 배경지식도 넓히고, 읽고 난 뒤에는 반드시 핵심 내용을 간추리는 연습을 해두어야 한다.

시험 문제에서 낯선 비문학 지문이 출제되면 시험을 위해서가 아니라 내가 모르는 지식을 습득하고 있다는 마음가짐으로 읽으면 내용을 이해하는 데 좀더 도움이 된다. 나도 비문학 지문을 읽을 때 읽기 힘든 내용들이 있다. 특히 과학적 원리를 설명하는 내용들이 이해하기가 힘든데, 이럴 때는 '누군가에게 설명해서 잘난 척해야지' 하는 마음으로 읽으면 잘 읽히기도 한다.

국어 성적이 좋은 학생들은 대체로 다른 과목 성적도 좋은 경우가 많아서 비문학 지문을 읽으면서 자신이 다른 교과목에서 배운 내용들을 연결 지어 읽는 학생들이 있다. 아니면 자신이 개인적으로 관심이 있거나 책을 통해 알고 있는 내용들을 떠올리며 읽는 경우도 많다. 그러다 보니 정확하게 읽고 이해하며 문제까지 잘 풀어내는 것이다. 실제로 수능에서 국어 성적이 좋은 학생들 중에 이과 학생들이 있는 이유는 어려운 비문학 지문에서 자신이 관심 있는 분야를 자신 있게 풀었기 때문이다.

상대적으로 문과 학생들은 오히려 이런 지문에 취약해 원하는 성적이 나오지 않기도 한다. 두루 많이 읽고 난 뒤 항상 내용을 정리하는 습관만이 비문학 지문과 친숙해지는 방법이다.

비문학의 낯선 지문과 친해지기

1. 교과서에는 비문학 관련 지문이 많지 않기 때문에 평소 다른 책들을 읽는다.
2. 다른 교과목 관련 배경 지식이 담긴 책을 읽는 것이 좋다.
3. 자신의 수준에 맞는 책을 선택한다.
4. 자신이 어려워하는 영역의 책도 읽도록 노력한다.
5. 읽고 나서 반드시 중심 내용을 간추려본다.
6. 시험 지문에 출제된 낯선 비문학 지문도 열린 마음으로 읽는다.
7. 문단별로 핵심 내용과 핵심어를 파악한다.
8. 문단 간의 관계를 파악한다.
9. 글 전체의 핵심 내용을 파악한다.
10. 문제를 정확하게 읽고 본문과 비교해가며 답을 찾도록 한다.

깡쌤의 한마디

시험 대비를 해주면서도 교과서 외에 나오는 작품이나 글에 대해서는 알려줄 방법이 없다. 어떤 글이 나올지, 어느 부분이 어떻게 문제화되어 나올지 예측하기 힘들기 때문이다. 그래서 일부 학생들은 그냥 포기하며 찍겠다고 말한다. 그런데 그렇게 포기하는 심정으로 편안하게 읽어서인지 오히려 예상했던 것보다 더 좋은 결과가 나오기도 한다.

낯선 지문에는 지식을 물어보는 것이 아니라 누구나 조금만 더 깊이 생각해보면 얼마든지 풀 수 있는 지문과 문제들이 나온다. 그런데 조금만 더 깊이 생각해보는 것이 귀찮은 학생들은 읽기를 포기하고, 문제 풀기를 포기하며, 스스로 실력을 쌓아가는 기회 자체를 포기해버린다. 고등학교의 모의고사는 거의 전 지문이 낯선 지문이며, 내신에서도 낯선 작품과 글들이 자주 등장한다. 한두 번의 포기가 습관이 되면 고등학교에서는 수습하기가 힘든 절망적인 상태가 되는 것이다.

힘들어도 포기하지 않고 자꾸 읽다보면 보인다. 처음에는 내용이 보이기 시작하고, 그 다음에는 답이 보이기 시작한다. 마침내 나중에는 문제 유형도 보이기 시작한다. 조금 힘들고 귀찮아도 읽는 것만이 낯선 지문과 친숙해지는 지름길이자 해답임을 잊지 말자.

서술형 문제에
강하다

서술형 문제를 부담스러워 하는 학생들이 많다. 문제 자체의 어려움도 있지만 머릿속의 생각을 정리해서 조건에 맞게 답을 쓰는 것도 어려움 중 하나다. 서술형을 포기하면 국어 점수가 높을 수 없다. 서술형을 제대로 준비해서 국어 성적을 올려보자.

서술형 문제, 포기할 것인가?

서술형 문제 때문에 학생들이 힘들어하고 있다. 모든 학교의 국어 시험마다 서술형 문제가 있는 것은 아니다. 국어에만 서술형 문제가 있는 것도 아니다. 수학, 영어, 역사 같은 과목에서도 서술형 문제가 출제되고 있어서 서술형 문제에 대한 학생들의 부담은 매우 크다.

시험을 치르고 나서 객관식은 정답을 통해 자신의 점수를 알 수 있지만 서술형 문제는 정확한 점수를 알 수 없다. 정확하게 답과 일치하지 않으면 부분 점수를 몇 점이나 받게 될지 알 수 없기 때문이다.

그래서 학생들은 부분 점수라도 받기 위해 답지에 자신이 알고 있는 모든 지식을 쏟아부어 적기도 한다. 하지만 성적이 낮은 학생들은 답과 관련해 알고 있는 내용이 없거나 머릿속에 내용이 떠올라도 작성하는 것 자체가 힘들어 부분 점수마저 포기하는 경우가 많다.

그러나 포기하기에는 서술형 점수의 배점이 높다. 객관식 2~3문제에 해당하는 점수여서 객관식을 다 맞아도 서술형 문제 하나에 점수가 뚝 떨어질 수 있는 것이다. 또한 객관식 문제는 답이 틀리면 그냥 점수가 깎이지만, 서술형 문제는 답과 관련된 내용을 조금이라도 적으면 오히려 부분 점수라도 받을 수 있어 포기하기에는 아깝다.

국어의 경우 서술형 문제는 단원의 가장 중요한 내용이나 학습 목표와 관련된 내용이 나올 확률이 높다. 그리고 수업 시간에 선생님이 강조했던 내용이나 시험 임박해서 집중적으로 알려준 내용들이 나올 확률도 높아서 수업을 충실히 들어온 학생들이라면 어느 정도 예상 문제를 만들 수 있다. 예상 문제를 만들고 그에 대한 답을 공부해서 적어놓으면 문제가 나오지 않더라도 그 자체가 하나의 공부법이 될 수도 있는 것이다.

또한 서술형은 채점의 기준이 명확해야 공정하게 점수를 줄 수 있기 때문에 생각보다 문제 자체가 어려운 것은 아니다. 다만 서술형 문제 유형 중에 자신이 알고 있는 답을 조건에 맞게 써야 하는 조건제시형이 많은데, 이 문제 유형이 학생들이 서술형 문제를 어려워하는 실질적인 이유다. 이 또한 평소 국어 문제를 풀면서 서술형이나 주관식 문제를 자주 풀어보고 객관식 문제도 주관식으로 바꾸어 풀어보는 등 답을 직접 쓰는 연습을 통해 어느 정도 해결이 가능한 문제점이다. 적어도 머릿속에 쓸 내용이 떠오르면 조건을 맞추는 것은 어려운 일이 아니다.

처음부터 조건에 맞춰 완벽한 답을 쓰려는 욕심이 오히려 서술형 문제를 어렵게 만드는 요인이 된다. *국어는 읽고 의미를 해석하는 과목이기 때문에 서술형 문제가 언제든지 나올 확률이 매우 높은 과목이다.* 서술형 문제가 무섭다고 피하기보다 이겨낼 방법을 연구하고 연습을 통해 정복하는 것이 더 현명한 공부법이다.

국어 교과서가 답이다

서술형을 대비하기 위해 학생들은 대부분의 문제집에 나와 있는 예상 문제를 바탕으로 공부를 하기 때문에 서술형 문제를 교과서를 통해 정복할 수 있다고 하면 아마 의아해 할 것이다. 그러나 여러 가지 측면에서 교과서는 서술형 문제를 준비하는 데 있어서 그 어떤 문제집보다도 훌륭한 교재가 된다.

우선 내용적인 측면을 보자. 모든 문제들이 교과서 내용을 중심으로 하겠지만 서술형 문제는 특히 교과서 내용을 벗어나기가 힘들다. 채점의 정확성 때문이다. 학생들이 자신의 점수에 대해 불만이나 문제점을 제기하면 여러 가지 문제가 발생할 수 있다. 그래서 교과서 지문을 바탕으로 수업중 공부한 내용들이나 공부한 내용들을 응용해서

적어야 하는 문제들이 대부분이다. 만약 교과서에 없는 내용이 나올 때는 수업중에 선생님이 따로 중요하다고 강조한 내용들일 것이다.

그래서 서술형을 대비하기 위해서는 학습 목표를 확인하는 것이 무엇보다 중요하다. 객관식 문제는 문항 수가 많아서 학습 목표와 관련되지 않은 문제들이 출제될 수도 있지만 서술형 문제는 문항 수가 많지 않아서 단원마다 핵심이 되는 내용들 위주로 출제가 된다. 그 핵심 내용이 바로 학습 목표에 나타나 있는 것이다. 학습 목표와 관련된 선생님의 설명이나 교과서 본문 내용을 잘 정리해두면 서술형 대비 예상 문제를 만들어 공부하는 데 도움을 받을 수 있다.

그 다음 형식적인 측면을 보자. 교과서를 잘 보면 서술형 문제에 나올 만한 내용을 찾을 수 있는 구성 요소가 있다. 그것은 바로 교과서 날개 문제와 학습 활동 문제다.

교과서 날개 문제는 모든 교과서와 모든 단원에 나오는 것은 아니지만 주로 본문이 있는 단원에 한두 문제씩 나와 있다. 문제 유형을 보면 본문에서 답을 찾을 수 있는 단답형 문제도 있지만, '아름다운 나비를 볼 때의 나의 심리를 말해보자.' '부자가 양반의 환자를 대신 갚아준 이유는 무엇일까?' 등 본문의 의미를 해석하고 추리하는 내용들을 답으로 적어야 하는 문제들도 있다. 꼭 서술형을 대비하지 않더라도 답을 적어두면 공부에 많은 도움이 된다. 특히 답을 직접 적는 주관식이다 보니 서술형 문제 대비에 아주 많은 도움이 된다.

학습 활동 문제는 국어 공부를 할 때 꼭 풀어봐야 하는 필수 문제다. 학교에서도 수업 시간에 대부분 학습 활동 문제를 함께 풀거나 과제로 내주는 경우가 많다. 하나의 소단원이 끝날 때마다 나오는데, 그 단원에서 중요한 내용들을 정리하는 문제부터 응용해 푸는 문제, 다른 읽을거리와 연관된 문제까지 다양한 문제들이 나온다. 거의 모든 문제가 주관식이어서 쓰는 동안 머릿속에 저장이 되기도 한다. 실제로 학교 시험에 학습 활동 문제가 많이 응용되어 나오기도 한다.

교과서 날개 문제와 학습 활동 문제는 우리가 교과서에서 꼭 풀어보아야 하는 문제다. 시험 기간에 교과서를 보면 이 2가지 문제가 풀려 있는 상태만 보아도 공부를 열심히 준비했는지, 대충 본문만 읽었는지를 알 수 있다. 어떤 학생들은 시험 전날에 성적이 좋은 학생들의 교과서를 빌려 급하게 답을 적기도 한다.

교과서만 잘 활용해도 서술형 문제를 어느 정도 이겨낼 수 있다. 선생님이 수업 시간에 학습 활동 문제를 풀어주지 않아서 볼 필요가 없다는 것은 안일한 생각이다. 국어 성적이 좋아지고 싶다면 서술형 문제를 포기해서는 안 되는 것이고, 서술형 문제를 잘 풀고 싶다면 교과서를 잘 활용해야 하는 것이다.

교과서로 서술형 문제 정복하기

1. 단원마다 학습 목표를 확인하자.
2. 그 단원에서 선생님이 강조한 중심 내용을 3~5개 정도 정리해두자.
3. 본문을 읽으며 중심 내용과 관련된 예상 문제를 만들고 그에 대한 답을 적어보자.

4. 교과서 날개 문제를 무조건 모두 풀어보자.

5. 교과서 날개 문제 중 서술형 문제가 될 만한 문제들을 다시 추리자.

6. 눈으로만 답을 확인하지 말고, 직접 적으며 그 내용들을 기억하자.

7. 학습 활동에 있는 문제들 중 본문과 관련된 문제들은 꼭 풀어보자.

8. 본문과 관련되지 않은 문제들 중 선생님이 풀어주거나 한 번이라도
   읽어준 문제들도 풀어보자.

9. 노트에 다시 한 번 답을 정리하며 적어보자.

10. 이 문제들을 바탕으로 직접 예상 문제도 만들어보자.

서술형 문제 답안 작성하기

국어 성적이 좋은 학생들은 감점을 받지 않는 것이 목표가 되고, 국어 성적이 좋지 않은 학생들은 부분 점수라도 받는 것이 목표가 된다. 모두 서술형 답안을 작성할 때 그만큼 신경이 쓰이게 되는 것이다.

서술형 문제는 다양하다. 그래서 다음과 같은 문제 유형에 맞게 답을 작성해야 한다.

첫째, 글자 수를 맞춰야 하는 문제들이다. '~에 대한 내용을 30자 내외로 적으시오.' '~의 의미를 25자 이내로 서술하시오.' 이런 문제들인데 학생들은 여기서 숫자보다 '내외'와 '이내'라는 표현에 힘들어한다. 즉 어느 정도를 적어야 하는지를 고민하게 되는 것이다.

'내외'라는 표현은 30자를 기준으로 그보다 한두 자 적거나 한두

자 많아도 된다는 뜻으로, 기준 글자 수보다 크게 벗어나지 않는 분량이면 된다. '이내'라는 표현은 25자를 넘지 않아야 하지만 그렇다고 너무 적은 분량이면 안 된다. 적어도 20자 이상이면서 25자를 맞추어 적으면 된다.

둘째, '찾아 쓰라'는 문제와 '이용해 쓰라'는 문제다. 이 문제는 서술형이 아니라 일반적인 주관식 문제에서도 학생들이 실수로 많이 틀리는 문제다.

본문에서 찾아 쓰라는 문제는 말 그대로 본문에서 답에 해당하는 내용을 찾아서 그대로 옮겨 적으라는 것이다. 그런데 의외로 학생들이 본문에 있는 표현이 아닌 자신이 알고 있는 표현으로 적어서 틀리는 경우가 많다. 본문에 있는 표현이나 단어를 이용해서 쓰라는 문제는 답의 핵심이 되는 단어나 표현을 찾아 거기에 자신의 생각을 보태어 쓰라는 문제다. 이런 경우 답이 요구하는 표현을 못 찾아서 감점이 되기도 하지만 본문에 나와 있는 표현을 그대로 적어서 감점이 되기도 한다. 그러므로 이 2가지 유형을 잘 구분해서 답을 적어야 한다.

셋째, 서술형에서 학생들이 가장 어려워하는 조건 제시형 문제다. 조건 제시형은 문제에 '〈조건〉에 맞게 서술하시오'라고 되어 있고 2~3개 정도의 조건이 제시되어 있다. 가장 많이 제시되는 조건은 글자 수와 형식이다. 글자 수는 앞에서 말한 것과 비슷한 형태로 제시된다.

형식은 '~는 ~것이다.' '우리는 ~를 통해서 ~할 수 있다.' 등으로 아무리 답이 정확해도 이 조건을 지키지 않으면 감점이 크다. 그래서 학생들은 답을 적을 때부터 이 조건에 맞춰 적으려고 하는데, 한 가지 조건이면 무리가 없지만 2~3가지의 조건을 처음부터 맞춰 적는 것은 쉬운 일이 아니다. 자신이 생각하는 답의 내용을 조건과 상관 없이 먼저 시험지에 적어보고, 내용이 맞으면 그 다음 조건에 맞게 다듬어가는 것이 좀더 정확하게 답을 적는 방법이다. 다 적고 난 뒤 에는 조건에 해당하는 표현들이 있는지 반드시 확인해야 한다.

서술형 문제 답안 작성하기

1. 문제를 정확하게 읽는다.
2. 문제 속에 조건이 제시되어 있는 경우 조건에 ○표를 하고 번호를 적는다.
3. 글자 수의 경우 '이내'와 '내외'를 잘 구분해 적는다.
4. '찾아 쓰라'는 문제인지, '이용해 쓰라'는 문제인지 잘 구분해 적는다.
5. 조건 제시형의 경우 먼저 조건을 정확하게 파악한다.
6. 문제에서 요구하는 답의 핵심 내용을 자유롭게 적는다.
7. 그 내용을 조건에 맞게 다듬어간다.
8. 답을 적은 뒤 글자 수, 형식, 표현 등 중요한 조건이 빠짐없이 들어가 있는지 확인한다.

깡쌤의 한마디

시험 대비를 할 때 서술형 문제가 나오면 무조건 모르는 문제라며 안 풀고, 나중에 불러주는 정답만 적으려는 학생들이 많다. 모든 문제는 내가 고민해서 풀어야 틀려도 내 것이 되는데, 고민하기가 싫어서 또는 쓰는 것이 귀찮아서 풀지 않는 것은 학생의 자세가 아니다. 서술형 답을 가르쳐주어도 눈으로만 읽거나 해당 지문에 표시만 해놓고 넘어가려는 학생들도 있다. 눈으로 읽고 이해했다 하더라도 똑같은 문제가 다시 나왔을 때 똑같은 답을 적을 수 있는 확률은 매우 적다. 눈으로 10번 읽는 것보다 한 번 직접 쓰는 것이 머릿속에 더 오래 남는다.

가채점에서 다 맞힌 줄 알았는데 중요한 단어가 들어가지 않았거나 조건을 지키지 않아서 감점을 받았다며 속상해하는 학생들을 많이 보고 함께 속상해한다. '맞고 틀리고'의 문제가 아니라 '어떻게 하면 감점을 줄일 수 있을까?'가 서술형 문제에 대한 학생들의 고민이 되었다.

이제 국어 100점은 서술형 감점 여부가 중요한 관건이 된 것이다. 성적이 좋은 학생들은 서술형에서의 1점의 감점도 허용하지 않기 위해 더욱 신경을 써서 준비하고 또 준비한다. 이러한 고민의 가장 큰 해결 방법은 연습문제일지라도 내가 직접 풀고 답을 써보는 것이다.

모르는 단어나 용어를
그냥 넘어가지 않는다

단어의 의미를 정확하게 알면 글의 의미를 보다 정확하게 파악할 수 있다. 어휘력이 곧 국어 실력이라고 할 수 있다. 그런데 얕은 어휘력으로 점점 어려워지는 글을 이해하고 문제를 푸는 것은 힘든 일이다. 모르는 단어를 절대로 그냥 넘기지 말자.

어휘력이 부족하면 국어가 무너진다

국어와 관련된 용어들은 거의 한자어다. 그리고 논설문이나 철학, 사상, 과학 이론 등을 소개하는 비문학에 어려운 단어들이 많이 나온다. 국어 공부를 하면서 모르는 단어나 용어가 나오는 것은 당연한 것이다.

모르는 단어나 용어가 나왔을 때 어떻게 공부하느냐가 국어 실력을 좌우한다. 국어 성적이 좋은 학생들은 절대로 그냥 넘어가지 않는다. 선생님에게 질문을 하기도 하고, 혼자서 공부하는 상황이라면 검색을 하거나 사전을 이용해 이번 기회에 그 의미를 반드시 파악하려고 한다.

반면 국어 성적이 좋지 않은 학생들은 그냥 넘어가려 한다. 질문하는 것이 귀찮기도 하지만 단어의 의미를 물어보는 것이 수업에 방해가 되거나 자신이 모르는 것을 알리는 것이 부끄럽기도 해서다. 그나마 나중에 검색을 해서 알아두면 좋겠지만 그 순간이 지나면 굳이 알려고 하지 않는 경우가 많다.

시험 문제를 풀면서 모르는 단어나 용어가 나올 때 학생들은 무척 당황한다. 시험 시간에는 단어의 의미를 물어보면 안 되는데도, 문제를 못 풀다 보니 답답한 마음에 물어보는 학생들이 있다.

학생들이 가장 많이 질문하는 단어 중의 하나가 '궁극적'이라는 단어다. '이 작품에서 작가가 궁극적으로 말하고자 하는 바는?'이라는 형식의 문제에 등장하는데, '궁극적'이라는 단어의 의미를 몰라서 질문을 하는 것이다. '궁극적'이란 단어의 사전적 의미는 '더할 나위 없는 지경에 도달하는, 또는 그런 것.'이라고 되어 있다. 국어에서는 주로 글을 통해 작가가 최종적으로 말하고자 하는 바, 즉 주제를 물어볼 때 많이 쓰는 용어다. 평상시에 문제를 풀 때 미리 알아두면 좋았겠지만 그럴 수 없는 상황이라면 앞뒤 문맥의 흐름에 따라 그 의미를 유추해보며 문제를 풀어야 하는 것도 실력이다.

단순히 글을 읽을 때 단어의 의미를 아는 것도 어휘력이지만 국어와 관련된 용어를 많이 알아두는 것도 어휘 실력에 포함된다. 학년이 높아질수록 어려운 용어들이 많이 나온다. 어려운 용어들은 한자어가 대

부분이다 보니 배울 때 정확하게 그 의미를 알아두지 않으면 공부를 하거나 문제를 풀 때 상당히 어려움이 많다.

작품을 감상하는 방법 중에 '효용론적 관점'이라는 것이 있다. 작품이 독자에게 끼치는 영향을 중심으로 감상하는 방법인데, '효용'이라는 단어가 학생들이 평소에 접할 수 있는 단어가 아니어서 매우 낯설어한다. 그러다 보니 나올 때마다 기억을 하지 못해 질문을 하는 학생들이 많다.

어휘력이 부족하면 국어 공부를 하는 데 불편하고 어려운 점이 많다. 국어 공부뿐만 아니라 영어 독해에서도 우리말로 해석해놓고도 무슨 의미인지 몰라 어려움을 겪는 학생들이 많다고 한다. 어휘 관련 문제집도 있지만 어려운 단어나 용어가 나올 때마다 자신만의 단어장을 만들어 어휘력을 길러보자.

한자성어, 속담, 관용어도 중요하다

한자성어는 한자를 많이 알고 있는 학생들에게는 유리하지만 아쉽게도 요즘 학생들이 한자를 많이 알지 못해 한자성어에 대한 지식도 부족한 편이다. 중학교 국어 시험에는 한자성어를 물어보는 문제가 많이 나오지 않기 때문에 자신이 부족한 줄을 모르다가, 고등학교에 진학하게 되면서 모의고사나 내신 시험에 한자성어 문제가 자주 출제되는 것을 보고 급하게 외우게 된다.

한자 실력이 부족한 학생들은 생각보다 외워야 할 필수 한자성어가 많아서 시간을 두고 자주 외우도록 해야 하는데, 단순히 의미만 외우지 말고 어떤 상황에서 쓰이는지까지 함께 이해하면서 외우는 것이 좋다. 시험 문제에 나왔던 한자성어는 이미 알고 있는 것이라도 그 의미를 확인하고 정리해둔다.

속담은 한자성어보다 학생들에게 더 어려운 부분이다. 학생들이 충분히 알 만한 속담의 앞부분만 적어놓고 뒷부분을 채우는 퀴즈를 낸 적이 있는데, 적어놓은 답을 보고 많이 놀란 적이 있다. 국어 성적이 좋은 학생들 중에도 속담을 의외로 많이 모르는 학생들이 많았기 때문이다. 자주 사용하지 않아도 속담 또한 고등학교 시험에서는 종종 나오는 문제이므로 기본적인 속담들을 추려서 의미를 알아두는 것이 좋다.

관용어는 영어의 숙어에 해당하는 표현이다. 단어와 단어가 결합해서 새로운 의미를 만들어내면서 굳어진 표현들이다. 특히 우리 신체와 관련된 표현들이 많다. '가슴이 서늘하다.' '머리털이 곤두서다.' '눈이 높다.' '귀가 얇다.' '손이 크다.' 등이 있다. 한자성어나 속담에 비해서는 상대적으로 많이 알고 있는 편이지만 관용어의 정확한 의미도 방심하지 말고 알아두는 것이 좋다.

국어 어휘력을 키운다는 것은 한자성어와 속담, 관용어를 많이 아는 것도 포함된다. 한자성어와 속담, 관용어는 국어 공부를 위해 꼭 알아야 하는 아주 중요한 어휘들이다. 이러한 표현들을 정리해둔 교재가 시중에 많이 있다. 자신에게 맞는 교재를 구입해서 자투리 시간에 퀴

즈를 풀 듯 풀어보는 것도 좋고, 문제에 나온 표현들을 그때 그때 정리해서 암기하는 것도 좋은 방법이다. 정리할 때 자신이 기억하기 쉽도록 짧은 예문을 만들어놓으면 더 오래 기억하기에 좋다. 그리고 평소 상황에 맞게 직접 한자성어와, 속담, 관용어를 사용해보도록 해야 한다.

국어 어휘력에 필요한 공부

1. 국어 교과서에 나오는 어려운 단어들
2. 국어 공부와 관련된 용어들
3. 한자성어
4. 속담
5. 관용어

깡쌤의 한마디

교과서가 개정될 때마다 작품의 수준은 높아지고, 시험 문제에는 낯설고 어려운 지문들이 가득하다. 그래서인지 학생들의 어휘력이 상대적으로 많이 부족하다는 생각을 하게 된다. 이런 생각은 선생님이나 부모들만의 생각이 아니라 학생 본인들도 국어를 공부할수록 절실히 느끼는 부분이기도 하다. 특히 어휘력이 부족한 상태에서 고등학교에 진학해 어휘 관련 문제들을 풀면서 어려움을 겪는 학생이 많다.

어휘력 부족은 단지 어휘 관련 문제에서만 끝나는 것이 아니라 다른 글들을 읽고 문제를 풀 때도 영향을 끼친다. 상황에 어울리는 한자성어나 속담을 물어보는 문제가 시험에 많이 출제되기 때문이다.

답답함을 느끼는 학생들이 이러한 문제를 해결하기 위해 방학을 이용해 한자성어나 속담을 몇백 개씩 몰아서 외우기도 한다. 그러나 그 쓰임을 정확히 모르는 상황에서 무조건 외우는 것보다는 문제에 출제된 표현들을 그때그때 정리해서 암기하고, 자주 출제되는 표현들은 따로 정리하는 것이 더 좋은 방법이다. 그리고 모르는 어휘나 용어가 나왔을 때 무조건 선생님에게 물어보는 것보다 본인이 직접 사전을 이용하거나 검색을 해서 그 뜻을 찾아보는 것이 더 오래 기억에 남는다.

무엇보다 실천이
중요하다는 것을 안다

국어 성적이 좋은 학생들과 국어 성적이 좋지 않은 학생들의 차이는 간단하다. 얼마나 계획대로 성실하게 공부하느냐다. 한꺼번에 많은 공부를 하는 학생보다 오늘 선생님이 내준 과제를 미루지 않고 성실하게 하는 학생에게 좋은 결과가 있다.

실천의 중요성

'처음에는 우리가 습관을 만들지만, 그 다음에는 습관이 우리를 만든다.'

'누군가가 부럽다면 좌절하지 말고 내 계획대로 조금씩, 꾸준히 계속 실천해라.'

'실천궁행(實踐躬行)'

'언행일치(言行一致)'

'부뚜막의 소금도 넣어야 짜다.'

이 말들의 공통된 뜻은? 그렇다. 실천의 중요성을 강조한 말들이다. 우리가 살아가면서 아무리 좋은 생각을 가지고 있어도, 아무리 멋진 계획을 세웠어도 정작 실천하지 않으면 아무런 의미가 없다는 것을 누구나 잘 알고 있다.

공부도 마찬가지다. *아무리 좋은 학습법을 알고 있어도, 아무리 좋은 교재를 가지고 있어도, 아무리 좋은 선생님으로부터 수업을 들어도 정작 공부는 내가 하는 것이다.* 내가 그 학습법을 실천하지 않으면, 내가 그 교재를 풀지 않으면, 내가 선생님 말씀대로 공부하고 숙제를 해오지 않으면 성적은 결코 오르지 않는다.

시험 대비 기간이 되면 신경이 예민해진다. 한 번에 여러 학교 학생들의 시험 준비를 해주어야 하기 때문에 준비할 자료도 많고, 중요한 점을 정리해주기 위해 교재 연구도 더욱 신경써야 하기 때문이다. 그리고 평소보다 많은 양의 수업을 하고, 많은 양의 문제를 숙제로 내준다. 그런데 그것을 제대로 풀어오는 학생은 많지 않다. 아예 풀어오지 않거나, 풀어온다고 해도 대부분 찍어서 대충 풀어오는 경우가 많다 보니 주관식 문제에 '3번'이라고 적어오는 학생도 있었다.

시험 대비를 할 때마다 학생이 아닌 나만 똑똑해지고 있다는 느낌을 받을 때가 많다. 학생들은 그저 내가 준비한 자료를 가지고, 내가 정리한 내용을 들으며, 내가 적으라는 대로 필기를 할 뿐이다. 숙제를 해오라고 하면 이런 이유 저런 이유로 해오지 않는다.

그래서 언제부터인가 숙제를 내주지 않고 수업중에 문제를 풀도록 하고, 시험 기간에 많은 양의 문제를 주지 않는다. 한 문제를 풀더라도 본인이 직접 고민하면서 풀고, 답도 직접 체크하면서 오답을 정리하도록 하고 있다. 그랬더니 많은 양의 문제를 풀었을 때보다 국어 성적이 오르는 학생들이 더 많아졌다. 다른 과목도 마찬가지겠지만, 특히 국어는 직접 읽고 생각하고 정리하고 해결하는 실천이 뒷받침되어야 하는 과목이라는 것을 다시 한 번 깨닫게 된 것이다.

말 그대로 '습관'이란 우리의 행동이 반복되면서 만들어지는 것인데, 그 습관으로 인해 우리의 모습이 달라질 수 있다는 뜻이다. 처음에는 좀 힘들어도 한 번 두 번 반복하다 보면 습관이 되고, 습관이 쌓이다 보면 당연한 일이 되고, 그 당연한 일이 나 스스로를 변화시키는 힘이 된다는 것이다.

국어 공부를 하는 데 있어 꼭 필요한 습관들

국어 공부를 하는 데 있어 꼭 필요한 습관은 '숙제 해오기, 지각하지 않기, 계획한 것을 미루지 않기'다. 얼핏 보면 쉽고 당연한 것 같지만 실제로 수업 현장에서 지켜보면 이것을 제대로 지키는 학생들이 많지 않다.

특히 '숙제 해오기'는 차이가 생각보다 크다. 여러 가지 일정으로 바쁘다는 이유로 숙제를 습관적으로 해오지 않거나 대충 해오는 학생들이 있다. 숙제를 안 할 경우 벌칙을 주기도 하고, 숙제를 해오면 선물을 주기도 해보지만 그 때뿐이다. 숙제를 해오지 않는 습관이 점점

몸에 밴 학생들이 생기는 것이다.

성적이 좋은 학생들에게 숙제를 하는 것은 자연스러운 습관이다. 다른 일정이 있어도 숙제를 해놓아야 마음이 편하다고 한다. '숙제를 해 놓고 노는 습관'과 '놀고 난 뒤 숙제를 하는 습관'은 작은 차이 같지만 그 작은 차이의 결과는 아주 큰 차이를 만들어낸다.

'지각하지 않기' 또한 중요한 습관이다. 학교에 등교할 때는 지각하는 일이 거의 없겠지만 학원 수업을 하면서 습관적으로 조금씩 지각하는 학생들을 볼 수 있다. 5분 정도 늦는다 해도 수업에 큰 지장이 없을 것이라고 생각하지만 5분이 모여 한 시간이 되는 것이다. 선생님으로부터 듣는 수업 시간도 제대로 지키지 않는 학생들이라면 혼자 스스로 공부할 때도 '5분만 있다가'를 반복하다가 결국 공부 시간을 놓칠 수도 있는 것이다. 지각하지 않는다는 것은 시간 약속을 지키는 것이다. 공부는 시간과의 싸움이다.

국어의 경우 수능에서 한 페이지당 지문을 읽고 문제를 해결해야 하는 시간이 대략 5분 미만이어야 한다. 수업 시간을 지키고 자신이 공부할 시간을 지키는 습관이 학습에 있어 중요한 습관이라는 것을 다시 한 번 명심해야 한다.

'계획한 것을 미루지 않는 것'은 국어에서 가장 중요한 습관이다. 국어 학습법을 소개하는 내용들을 보면 자주 나오는 표현 중의 하나가 '꾸준히'다. 국어는 꾸준히 공부하는 것이 학습법의 핵심이다. 그런데 꾸준히 공부를 하기 위해서는 습관이 만들어져야 한다. 정해진 시간에 정해진 분량의 공부를 하는 습관이 형성되어야만 꾸준히 공부를 할

공부하는 데 필요한 습관들

1. 숙제 반드시 하기
2. 지각하지 않기
3. 계획한 것을 미루지 않기

수 있는 것이다. 누군가가 부럽다면 좌절하지 말고, 내 계획대로 조금씩 꾸준히 계속 실천해야 한다.

국어 성적이 좋은 학생들을 보면 시험 기간에만 반짝 국어 공부를 하지 않고 평소에도 조금씩 꾸준히 하는 학생들이 많다. 특히 수능을 대비하기 위해서는 모의고사를 많이 풀어보아야 하는데, 많은 문제를 시간 내에 풀어야 하는 모의고사를 꾸준히 풀어본다는 것은 결코 쉬운 일이 아니다.

성적이 좋지 않은 학생들도 나름 계획을 세우며 다짐도 해보지만 '작심삼일(作心三日)'이 되어 한두 번 실천하고 흐지부지되는 경우가 많은데, 나중에 풀어야 할 문제가 계속 쌓이게 되면 아예 포기를 해 버리는 경우가 생긴다. 계획은 누구나 세울 수 있지만 실천은 누구나 할 수 없는 일이다.

'숙제 해오기, 지각하지 않기, 계획한 것을 미루지 않기', 이 3가지 습관은 국어뿐만 아니라 모든 공부에 필요한 기본적인 습관들이다. "세 살 버릇이 여든 간다"는 속담을 생각하며 지금이라도 좋은 습관들을 만들기 위해 노력해보자.

실천하는 데 필요한 원칙들

계획을 세우고 실천한다는 것이 말은 쉽지만 혼자 공부하는 힘이 부족한 학생들에게는 결코 쉬운 일이 아니다. 그래서 좀더 현실적으로 계획을 세우고 자신과의 약속을 잘 지키며 실천할 수 있는 몇 가지 원칙들을 살펴보자.

첫째, 자신의 생활 패턴을 알아야 한다. 하루 중 공부할 수 있는 시간대를 조사해서 그 중 자신이 가장 집중하기 좋은 시간을 찾아내는 것은 매우 중요하다. 반에서 1등하는 친구가 새벽에 공부한다고 해서 자신도 새벽에 공부한다는 것은 비효율적이다. 그나마 자신이 가장 집중력이 좋은 때를 찾아서 숙제를 하거나 개인적인 공부를 하는 것이 실천하기에 힘들지 않을 것이다.

둘째, 숙제를 숙제라고 생각하지 말자. 선생님들이 내준 숙제는 학습과 관련된 것들이다. 수행평가라고 해도 그것이 점수와 관련된 것이라면 내가 해야 할 공부라고 생각하는 것이 좋다. 숙제와 공부를 따로 생각해서는 시간도 부족하고, 둘 다 제대로 할 수가 없다. 숙제는 선생님과의 약속이며, 나의 성실성을 나타내는 중요한 표지가 될 수도 있다. 다른 일정이 있어도 우선 순위를 숙제에 두고, 어차피 내가 해야 하는 공부의 하나라고 생각해 반드시 해야 한다.

셋째, 실천한 것을 반드시 표시하자. 학생들이 시험 기간이 되면 계획을 세우는 것은 시키지 않아도 잘 한다. 문제는 그 다음이다. 본인이 실천을 했는지 안 했는지 스스로 점검을 해야 하는데, 이것을 체

크하지 않고 대충 넘어가는 경우가 많다. 실천하지 않았기 때문에 체크를 하지 않는 경우도 있지만, 계획대로 실천을 했더라도 체크를 하지 않기 때문에 구체적으로 자신이 무엇을 공부했는지 기억을 하지 못하는 경우도 있다.

자신의 계획을 적은 곳에 실천을 했는지 안 했는지, 실천을 했다면 구체적으로 무엇을 공부했는지를 적는 것이 좋다. 만약 조금 부족한 부분이 있다면 그것을 다음 공부하는 날로 옮겨 표시해두면 빠지는 부분 없이 공부할 수 있을 것이다.

국어의 경우 본문을 읽었다면 그냥 '본문 읽음'이라고 적지 말고, '본문 읽음. p23~30까지. 2번 읽음'이라고 자세하게 적어야 한다. 문제를 풀었다면 '문제 풀었음'이라고만 적지 말고, '10문제 풀었음, 그중 2문제 틀림. 다시 풀어야 함'이라고 자세하게 적어야 한다. 이렇게 자세하게 체크를 해두면 나중에 자신이 얼마만큼 공부했는지도 파악할 수 있고, 실천이 부족한 경우 다음 계획을 세울 때 좋은 참고가 될 수도 있다.

깡쌤의 한마디

시험을 치르고 나면 자신의 시험 결과에 불만스러워하며 다음 시험은 일찍 준비를 하겠다고 다짐한다. 한 달 전부터 계획을 세우지만 또 다시 벼락치기를 하는 악순환의 반복이다. 그나마 중학교 때는 학교나 학원에서 선생님이 정리해준 내용으로도 어느 정도 성적이 나온다. 그러나 고등학교에서는 자신이 해결해야 할 내용들이 많아진다. 머릿속으로 아무리 고민해도 행동으로 실천하지 않으면 아무런 변화도 생기지 않고, 끊임없는 후회와 계획세우기의 반복만 이루어질 뿐이다.

그래서 나는 학생들에게 '공부할 내용'을 적지 말고 '공부한 내용'을 적어보라고 이야기한다. 무엇을 하겠다는 다짐보다 무엇을 했다는 확인을 통해 자신의 부족한 부분을 파악하면서 단기 계획을 세우는 것이 더 도움이 되기 때문이다. 공부할 것은 많고 상대적으로 시간이 부족한 학생들이 시험에 대해서, 자신의 진로에 대해서, 불확실한 미래에 대해서 고민하며 한숨 쉬는 모습을 볼 때 많은 안타까움이 느껴진다. 그러나 그 어떠한 고민도 나의 변화 없이는 해결될 수 없다. '공부하다'는 '학문이나 기술을 배우고 익히다'라는 뜻의 동사다. 즉 움직임을 나타내는 단어다. 내가 움직이지 않으면 그것은 공부가 아닌 것이다.

국어 공부를 하는 데 있어 꼭 필요한 습관은

'숙제 해오기, 지각하지 않기, 계획한 것을 미루지 않기'다.

얼핏 보면 쉽고 당연한 것 같지만 실제로 수업 현장에서

지켜보면 이것을 제대로 지키는 학생들이 많지 않다.

학생들은 끊임없이 궁금하다. 왜 공부를 해야 하는지 등의 근본적인 것부터 교재 선택이나 지문 분석 방법 등의 실질적인 것까지 알고 싶어 하는 것이 많다. 이러한 궁금증들은 학생들이 공부하고자 하는 의욕이 살아있다는 매우 좋은 증표다. 국어 학습과 관련된 지식을 많이 아는 것도 중요하지만 공부를 하다가 자연스럽게 생기는 학습 방법과 관련된 궁금증들을 해결해나가는 것도 효율적인 학습을 위해 중요하다. 국어를 가르치면서 학생들에게 가장 많이 받았던 질문들을 모아보았다. 특히 질문하는 것 자체가 부끄럽거나 용기가 없어서 궁금증을 해결하지 못했던 학생들에게 도움이 되기를 바란다.

3장

학생들이 가장 궁금해하는

국어 학습법 20문 20답

국어도 선행학습을
해야 하나요?

선행학습은 이제 선택이 아닌 필수가 되었다. 주요 과목인 영어와 수학의 선행학습이 다른 과목에도 영향을 주고 있다. 방학이 되면 주요 과목을 미리 공부하려는 학생들이 많다. 하지만 국어는 한 학기 내용이라도 미리 공부하는 선행학습이 필요 없다.

선택이 아닌 필수가 되어 버린 선행학습

"국어도 선행학습이 필요한가요?"

"국어는 선행학습을 어느 정도 해야 하나요?"

"올바른 국어 선행학습법이 있나요?"

선행학습은 이제 선택이 아닌 필수가 되었다. 특히 영어와 수학은 '선행학습을 했느냐 안 했느냐'가 아니라 '어느 정도까지 선행이 되어 있느냐'가 중요한 문제가 되었다.

예전에는 1학년 수준의 선행학습을 해도 빠른 것이라고 했는데 지금은 성적과 상관없이 1학년 수준의 선행학습은 기본이 되었다. 특목고를 지원하거나 성적이 우수한 학생들은 중학교 때 이미 고등학교 수학을 어느 정도 마무리하고 수능 기출문제까지 풀고 있는 경우가 있다.

이렇게 영어와 수학에서 시작된 선행학습이 다른 과목에도 영향을 준다. 특히 방학이 되면 과학, 사회, 국어를 미리 공부하려는 학생들이 많다. 학기중에는 학원을 다닐 시간이 없어서 상대적으로 시간이 많은 방학에 다음 학기에 배울 내용을 미리 예습하는 정도의 선행학습이라 할 수 있다.

내 주변에도 방학이 되면 "국어도 선행학습을 해야 하나요?" 하면서 다음 학기 국어를 미리 공부하기 위해 수업을 의뢰하거나 교재를 물어보는 경우가 많다. *그러나 결론적으로 말하면, 국어는 한 학기 내용이라도 미리 공부하는 선행학습이 필요 없다.*

국어 선행학습이 필요 없는 이유

첫째, 국어는 방학 기간을 이용해 선행학습을 하려는 경우가 일반적이다. 그러나 여름방학은 4주 정도의 기간이기 때문에 휴가와 영어, 수학 특강으로 인해 충분한 시간이 확보되지 않아 한 학기 내용을 배운다 하더라도 수박 겉핥기 식의 수업이 되는 경우가 많다. 그나마 겨울방학은 8주 정도의 기간으로 다음 학기의 내용을 배울 수 있는 시

간이 확보된다.

그래서 가끔 겨울방학을 이용해 한 학기가 아닌 한 학년의 내용을 선행학습하는 경우가 많은데, 이 또한 주요 내용을 한 번씩 훑어보는 정도의 수업이 이루어진다. 그러다 보니 내용에 대한 충분한 이해 없이 중요한 용어나 개념을 무조건 암기시키고 바로 문제 풀이로 넘어가는 식의 수업방식이 대부분이다. 그렇기 때문에 자신이 능동적으로 공부하지 않는다면 방학중의 선행학습이 학기중의 학습으로 연결되지 않는다.

둘째, 국어는 내용에 대한 충분한 이해가 바탕이 되어야 하는데 중요한 내용 위주의 선행학습은 오히려 학생들에게 '나는 이미 내용을 알고 있다'라는 착각을 일으켜 학교 수업에 대한 흥미와 집중을 떨어뜨리게 된다. 국어뿐만 아니라 다른 과목의 선행학습에서도 나타나는 문제점이라고 할 수 있다. 방학 기간을 이용한 선행학습은 학기중에 이루어질 수업에 대한 예습 정도의 성격을 띠고 있기 때문에 완전한 학습이 이루어졌다고 볼 수 없다.

특히 학교에서 수업중에 선생님이 추가로 어떤 내용을 좀더 설명하고 중요하다고 이야기하는지를 잘 들어야 비로소 선행학습이 완성된다는 것을 명심해야 한다. 문법의 경우 중요한 용어를 외운다 하더라도 막상 학기중에 기억이 나지 않는다고 말하는 학생들이 많다. 선행학습을 하되 '내가 이미 알고 있는 내용이다'라는 자만심이 생기지 않도록 조심해야 한다.

올바른 국어 선행학습 방법

그래도 국어는 영어나 수학처럼 학년을 앞서가는 선행학습은 많지 않은 편이다. 학기중에 국어를 공부할 시간이 없거나 방학중에 국어를 미리 공부하고 싶다면 초등학교에서 중학교로, 중학교에서 고등학교로 넘어가는 시기에는 국어에도 많은 변화가 있기 때문에 이런 경우에는 약간의 선행학습을 해두는 것도 좋다.

자신이 공부하게 될 국어 교과서의 출판사를 알고 있다면 교과서에 실린 본문들을 읽어보고 내용을 요약하거나 자신의 생각을 정리해보고, 문법의 경우 중요한 용어를 찾아서 이해하고 기본 문제를 푸는 정도의 선행학습이면 충분하다.

국어 교재는
어떤 것이 좋을까요?

학교마다 교과서가 다르기 때문에 내 학교의 국어 교과서 출판사에 맞추어 교재를 구입하면 된다. 아무리 좋아보이는 교재가 있어도 우리 학교 출판사가 아니면 구입할 필요가 없다. 다만 한 가지 명심해야 할 점이 있다. 그것은 구입한 교재를 끝까지 잘 활용하는 것이다.

우리 학교의 국어 교과서 출판사

"방학 때 국어 공부를 하고 싶은데 어떤 교재가 좋을까요?"

"제가 문법이 약한데 어떤 교재가 좋을까요?"

"시험 기간인데 어떤 문제집이 좋을까요?"

학기가 새롭게 시작될 때, 시험 기간이 되었을 때, 겨울방학에 들어갈 때 학생들이 많이 물어보는 질문이다. 특히 중학교에 갓 입학한 학생들과 어머니들이 교재에 대한 질문을 많이 한다. 학생들은 공부에 대한 막연한 불안감을 교재를 구입하면서 달래는 듯하다.

'새 학기가 시작되었으니 좀더 열심히 공부를 해야겠다, 시험 기간이니 문제를 많이 풀어봐야겠다. 중학생이나 고등학생이 되었으니 공부가 많이 어려워지겠다' 등 새로운 다짐과 함께 서점으로 가서 필요한 과목들의 교재를 구입한다.

나는 국어를 가르치는 사람으로서 교재 구입에 대한 질문을 받을 때 기분이 좋다. 영어와 수학을 중요하게 생각하는 요즘, 교재 구입에 대해 질문한다는 것은 적어도 국어에 관심이 있거나 국어를 공부할 마음이 있다는 뜻이기 때문이다.

예전에는 국어 교과서가 한 가지여서 서점에 가면 어떤 출판사의 교재를 사야 할지 몰라 선생님들에게 여쭤보기도 하고, 공부를 잘하는 친구들이 어떤 교재를 구입하는지 살짝 엿보기도 했다. 그러나 지금은 학교마다 교과서가 다르기 때문에 내 학교의 국어 교과서 출판사에 맞추어 교재를 구입하면 된다. 아무리 좋아보이는 교재가 있어도 우리 학교 출판사가 아니면 구입할 필요가 없다.

교재를 구입하는 것만큼이나 중요한 것이 있다. 그것은 교재를 끝까지 잘 활용하는 것이다. 요즘은 학원이나 인터넷 강의, 학습지 등에서 교재를 지정하거나 여러 가지 보충 교재를 나누어준다. 그래서 본인이 교재를 구입했어도 다른 교재와 병행하면서 공부를 하는 것이 쉽지 않아 끝까지 제대로 보지도 못하는 경우가 많다. 교재를 구입해서 본인 스스로 교재의 내용들을 끝까지 다 보았을 때의 성취감도 공부하는 데 있어 아주 좋은 자극제가 될 수 있으니 힘들더라도 교재를 잘 활용할 줄 알아야 한다.

중학생들의 국어 교재 선정

중학생들은 의외로 교재 선정이 간단하다. *중학생 국어는 주로 내신 대비용 교재만 있으며, 이 교재로 어느 정도 공부에 도움을 받을 수 있다.* 앞서 말한 바와 같이 우리 학교 국어 출판사가 어디인지 확인한 후 같은 출판사의 교재를 구입하면 된다. 그런데 내신 대비용에는 자습서와 평가문제집, 이렇게 2가지가 있다. 학생들이나 부모님들은 이 2가지 중 어느 것을 선택해야 할지 몰라서 다 구입하거나 어떤 것이 좋을지를 물어보는 경우가 많다.

자습서는 말 그대로 혼자 스스로 공부할 수 있도록 친절하게 설명이 나와 있는 교재다. 국어 교과서와 거의 비슷한 형식을 갖추면서 본문에 대한 자세한 설명, 학습 활동에 대한 설명과 예시 답, 여러 가지 국어 관련 보충 자료들이 잘 정리되어 있다. 이렇게 설명 위주다 보니 상대적으로 문제는 많은 편이 아니다.

평가문제집은 이름 그대로 문제가 위주인 교재다. 단원마다 여러 가지 다양한 형식의 문제들이 있고, 시험에 대비할 수 있는 모의고사 형식의 문제들도 있다. 그만큼 교과서 본문에 대한 설명은 자세하지 않다.

자습서와 평가문제집을 다 구입해서 병행을 하는 것도 나쁘지 않다. 하지만 자신에게 필요한 것이 자세한 설명인지, 다양한 문제 풀이인지 판단한 뒤 자신에게 적합한 교재를 선택하는 것이 좋다.

중학교 교재는 이외에도 다양한 교재가 있다. 고등학생들만큼은 아니지만 문법이나 어휘, 비문학 독해, 국어 개념서 등이 있다. 특히 문법과 관련된 교재들이 많은데 아무래도 중학교 시기에 문법을 가장 어려워하고 출판사와 상관없이 공통적으로 공부하는 내용이기 때문인 것 같다. *여름이나 겨울방학을 이용해 자신의 부족한 부분이 무엇인지 생각한 후 이런 다양한 교재들을 구입해 공부한다면 국어 실력을 높이는 데 많은 도움을 받을 수 있다.*

개인적으로는 교재는 아니지만 중학생들이 읽어야 할 작품을 묶어 놓은 책들을 추천한다. 중학교 국어 교과서에 실려 있거나 중학생들이 읽으면 좋은 소설이나 시, 수필 등이 실려 있고 작품에 대한 기본적인 설명과 함께 문제도 있어서 읽고 내용을 정리하는 데 도움을 받을 수 있다. 독서가 중요한 요즘, 어떤 책을 읽을지 몰라 고민이 되거나 어려운 책을 읽기 힘든 학생들은 이런 책을 통해 국어에서 중요한 작품들을 읽어두는 것이 독서에도 도움이 되고, 고등학교 국어를 공부하는 데에도 도움이 될 수 있다.

고등학생들의 국어 교재 선정

가끔 교재를 구입하거나 선정하기 위해 대형 서점을 간다. 그럴 때마다 많은 교재들을 보고 놀라기도 하고 설레기도 한다. 그러나 그런 놀라움과 설렘도 잠시, 필요한 교재를 선택하기 위해 오랜 시간 고민한 적이 많다. 아마 학생들, 특히 고등학생들도 그런 경험이 있을 것이다. 학원이나 학교에서 구입하라고 지정해준 교재가 아닌 혼자 스스로 공부하기 위해 교재를 구입한 적이 있는 학생들은 많은 교재들 앞에서 살짝 두려움도 느꼈을 것이다.

고등학교 국어 교재는 크게 내신 대비와 수능 대비로 나눌 수 있다. *우선 내신 대비는 중학교와 같다.* 우리 학교 출판사에 맞추어 자습서나 평가문제집을 구입하면 되는 것이다. 중학교 시기에는 자습서나 평가문제집 중에서 자신에게 필요한 것을 선택하면 되었다. *하지만 고등학교는 내신의 중요성도 크고 중학교 때보다 내용이 많이 어려워지기 때문에 자습서가 필요한 경우가 많다.* 특히 중학교 때 국어 성적이 그리 좋지 않은 학생들은 선생님의 설명이나 교과서 필기만으로는 혼자 공부하기에 부족하다. 자습서에 나와 있는 자세한 설명으로 교과서 본문에 대한 이해를 꼼꼼하게 해두는 것이 고등학교 국어 내신에서 중요하다는 것을 기억하자.

수능 대비 교재는 다양하다. 서점에 있는 국어 관련 교재의 대부분이 수능과 관련된 교재들이다. 수능 대비 교재에서 기준이자 으뜸이 되는 것은 바로 EBS 교재라는 것을 학생들도 잘 알고 있다. 아예 학원이나 학교에서 교재로 선정을 하고 있는 경우가 많아서 지정해준 교재를 구입하면 된다. 다양한 출판사에서 EBS 교재에 나와 있는 작품이나 지문을 분석하거나 출제 경향에 맞추어 유사한 문제를 출제한 책들을 낸다. 이런 교재들을 부교재로 함께 공부하는 것도 좋다. EBS 연계율이 중요하긴 하지만 막상 수능 시험에서 체감 연계율이 많이 낮았다는 반응이 있다. 너무 EBS 교재만 의지하는 것도 좋지는

않은 것 같다.

또한 수능 대비 교재에서 많은 비중을 차지하는 것이 바로 기출 문제집이다. 다양한 출판사에서 다양한 형태로 기출문제집을 편집해서 교재로 제작을 해놓은 만큼 신중한 선택이 필요하다.

- 기출 문제를 그대로 연도별로 묶어놓은 교재
- 문학, 독서, 화법, 작문, 문법 영역별로 나누어 놓은 교재
- 현대 문학, 고전 문학, 시가 문학, 산문 문학 등 좀더 세분화한 교재

이런 교재들을 선택할 때는 무엇보다 중요한 기준이 나의 현재 상태다. 자신의 부족한 점을 잘 파악해 그에 맞게 교재를 선택하는 것이 좋고, 한 가지 더 중요한 것은 해설을 꼭 살펴보아야 한다는 것이다. 요즘 해설이 '제2의 자습서'라 불릴 만큼 많이 중요해졌는데, 지문에 대한 분석이나 답에 대한 해설이 혼자 읽어도 이해가 될 만큼 자세하게 잘 나와 있는지를 꼭 확인해보길 바란다.

이외에도 출제율이 높은 작품들을 묶어 놓은 교재들도 있는데, 평소 모의고사를 볼 때 낯선 지문에 대한 두려움이 있거나 독서가 충분치 못한 학생들은 이런 작품들을 모아둔 교재를 자신이 취약한 부분으로 구입해 자투리 시간을 이용해 읽어보는 것도 많은 도움을 받을 수 있다. *가장 중요한 것은 나의 현재 상태에 맞는 교재를 선택해 끝까지 잘 활용할 줄 아는 성실함과 끈기다.*

인터넷 강의, 학원, 과외 중에
뭐가 낫나요?

요즘 학습할 수 있는 방법이 많아졌다. 모두 선생님이 학생을 가르친다는 핵심은 같으나 특징이 조금씩 다르다. 무조건 '친구가 학원을 다녀서 성적이 잘 나왔으니 나도 학원을 다니면 성적이 오르겠지'라고 생각하는 것은 잘못된 생각이다. 자신에게 맞는 학습 방법을 찾아야 한다.

나에게 맞는 학습 방법을 찾자

"인터넷 강의를 들으면 도움이 되나요?"

"이번에 성적이 많이 떨어져서 과외를 하려고 해요."

"학원을 다녀보려고 하는데 좋은 학원을 추천해주세요."

나는 긴 강사 생활을 하면서 단과 학원, 종합 학원, 과외, 인터넷 강의 등 다양한 형태의 수업을 해왔다. 모두 선생님이 학생을 가르친다는 핵심은 같으나 그 특징이 조금씩 다르기 때문에 무조건 '내 친구가 어느 학원을 다녀서 성적이 잘 나왔으니 나도 그 학원을 다니면 성적이 오르겠지'라고 생각하는 것은 잘못된 생각이다.

학생들이 국어 공부를 하면서 가장 많이 일반적으로 선택하는 3가지 학습 방법을 소개한다. 각각의 특징을 잘 알고 나에게 맞는 학습 방법을 선택하길 바란다.

학원을 제대로 활용하는 법

학원은 가장 많은 학생이 성적을 올리기 위해 가장 쉽게 선택하는 방법이다. 학원도 그 형태가 많이 다양해져서 많은 학생들이 수강하는 대형 단과 학원, 5명 내외의 학생들이 수강하는 소수 단과 학원, 영어와 수학을 같이 결합해 듣는 종합 학원이 있다. 요즘은 과외처럼 2명 정도의 인원이 수업을 듣는 과외식 학원도 있다. 학교마다 출판사가 다르기 때문에 학교별로 시험 때만 특강식으로 수업을 하는 학원도 있다.

기본적으로 학원은 본인 외에 다른 학생과 함께 듣는 수업이기 때문에 내가 아는 것과 모르는 것을 빨리 선생님에게 표현하고, 모르는 것은 수업이나 질문을 통해 해결해야 한다. 같이 수업을 듣는 학생들이 대부분 아는 내용인 것 같아 그냥 넘어가거나 아는 척하면 결국 본인이 손해이기 때문이다.

학원 수업은 적어도 한 단원 이상 선행학습을 하는 경우가 많다. 그래서 학생들은 학교에서 배울 때까지 그 내용을 잘 기억하도록 학원에서 내주는 과제와 문제를 잘 수행하는 것이 필요하다.

학원 수업의 가장 큰 장점은 선생님께 내가 모르는 것이나 부족한 부분을 질문해 보충할 수 있다는 것이다. 이런 장점을 잘 활용하면 국어 성적을 올리는 데 많은 도움을 받을 수 있다.

그러나 잦은 지각을 하고 학원 숙제를 소홀히 한다면 아무리 훌륭한 선생님께 수업을 들어도 성적이 오르지 않거나 오른다 해도 다시 떨어질 수 있다는 점을 명심해야 한다. *학원 수업의 핵심은 '학원 선생님이 누구냐, 얼마나 잘 가르치느냐'보다 '본인이 얼마나 성실하게 학원을 다닐 수 있느냐'이다.*

인터넷 강의를 제대로 듣는 법

처음 인터넷 강의를 하게 되었을 때 관계자의 말이 아직도 기억에 남는다. "서울에 유명한 선생님의 강의를 지방의 학생들도 공평하고 저렴하게 들을 수 있어야 한다. 그것이 인터넷 강의의 중요한 역할이다." 인터넷 강의가 그분 말씀대로 얼마나 교육의 평등화에 기여를 했는지는 잘 모르지만 어찌 되었든 인터넷 강의가 많이 활성화된 것만은 사실이다.

컴퓨터나 노트북, 휴대폰만 있어도 언제 어디서나 내가 원하는 강사의 강의를 듣고 볼 수 있다. 인터넷 강의 내용도 많이 다양해져서 학원처럼 단과, 종합, 특강, 진로 등 여러 가지가 있고, 수업을 관리하는 선생님까지 있는 경우도 있다.

그런데 "구슬이 서 말이라도 꿰어야 보배다"라는 속담처럼 아무리 좋은 강의도 내가 집중해서 듣지 않으면 아무런 도움이 될 수 없다. 인터넷 강의의 장점 중 하나인 반복 수강이 가능하다는 점 때문에 학생들은 중간에 강의를 끊고 다른 일을 하는 경우가 많다. 그리고 한 학기나 1년 정도 장기 수강권을 가지고 있어도 그 많은 좋은 강의들을 제대로 듣지 않고 그냥 허비하는 경우도 많다.

인터넷 강의를 들을 경우 한 번에 너무 많은 과목, 너무 긴 기간을 수강하는 것보다 내게 필요한 과목 위주로 수강을 하고, 강의를 듣는 동안에는 다른 생각이나 일을 하지 않고 끝까지 듣는 습관을 만드는 것이 필요하다. 국어의 경우 본문을 다 읽고 분석하는 경우보다 주요 지문이나 주요 문제를 선택해서 강의를 하는 경우가 많기 때문에 미리 예습을 하거나 강의가 끝난 뒤 반드시 복습을 하고 본문에 대한 이해도를 높이는 것이 중요하다. 문제 풀이에서 선생님께서 풀어주지 않은 문제는 본인이 반드시 풀어보고, 사이트 질문방에 모르는 문제를 질문해 해결하는 것이 좋다.

인터넷 강의를 틀어놓기는 했지만 강의는 듣지 않고 선생님의 외모나 말투를 따라하는 학생들이 있다. *중요한 것은 '선생님의 강의가 얼마나 잘 전달되고 있느냐, 내가 얼마나 집중하고 있느냐'지 선생님의 외모가 아니다.*

책을 많이 읽으면
국어를 잘하는 데 도움이 되나요?

책을 많이 읽는다고 해서 국어를 잘 하는 것은 아니다. 가장 중요한 것은 책을 많이 읽는 것이
아니라 어떤 책을 읽었느냐다. 독서가 학습으로 연결되기 위해서는 한쪽 방향으로 치우치지 않
는 다양한 독서가 필요하다.

학생들에게 독서는 필수?

"우리 아이가 어렸을 때부터 책을 많이 읽었는데 국어 공부에 도움
이 될까요?"

"우리 아이는 책을 잘 안 읽는데 그럼 국어 성적도 안 좋겠지요?"

"저는 책을 많이 읽는데 왜 국어 성적이 오르지 않을까요?"

독서는 누구에게나 매우 중요한 간접 경험의 수단이다. 특히 학생
들에게 독서는 학교에서 미처 배우지 못한 내용들을 채워주고, 교양
과 삶의 지혜를 얻을 수 있는 좋은 수단이기도 하다. 대입이나 자기

소개서, 면접 등을 대비하는 데에도 독서가 아주 중요한 요소가 되면서 바쁜 시간을 쪼개어 책을 읽으려고 하는 학생들이 많아졌다.

국어 선생님이라는 이유만으로 책과 관련된 질문을 많이 받는다. 책을 많이 읽는 것이 국어에 도움이 되는지, 지금이라도 책을 읽으면 되는지, 어떤 책을 읽어야 하는지 등 국어와 독서의 관계를 물어보는 질문이 대부분이다. 다른 과목보다 국어가 독서와 밀접한 관련이 있는 것은 맞다. 국어 수업중에 많은 부분을 차지하는 것이 읽기와 관련된 것이고, 특히 문학작품 읽기가 국어에서 중요한 부분을 차지하기 때문에 독서가 국어에 많은 도움이 될 수 있다.

실제로 수능에서 만점을 받은 학생들의 공통점 중에 학교 수업에 충실한 것과 꾸준하고 다양한 독서가 있다는 것만 보아도 국어뿐만 아니라 학습에 있어 독서는 매우 긍정적인 영향을 끼치는 것이 맞다. 그런데 간혹 책을 많이 읽었는데 국어 성적이 좋지 않거나, 책은 좋아하는데 국어는 좋아하지 않는 학생들이 있다. 반대로 국어를 좋아하지만 책 읽는 것은 싫어하거나, 책을 많이 읽지 않는 학생들도 있다. 책을 많이 읽는 것이 국어를 잘하는 데 과연 도움이 될까?

어떤 책을 어떻게 읽느냐가 중요하다

결론적으로 말하자면 책을 많이 읽는다고 해서 국어를 잘 하는 것은 아니다. 오히려 책을 많이 읽어서 국어에 방해가 되는 경우도 있다.

우선 학생들이 읽는 책이 어떤 책이냐가 중요하다. 시대에 따라 다르지만 학생들이 좋아하는 책의 종류는 국어 교과서에 실리는 유명한 소설이나 시가 아니라 추리 소설, 공포 소설, 판타지 소설, 청소년을 주인공으로 하는 소설 등 흥미 위주의 소설이다. 수업중에 가끔 학생들이 "교과서에 실리는 소설들이 재미없다." "우리가 읽는 재미있는 소설이 교과서에 실렸으면 좋겠다." 등의 말을 한다.

학생들은 주로 재미를 추구하고 스토리 전개에 중점을 둔다. 재미있는 장면이 나오면 매우 빠른 속도로 읽으면서 다음 장면에 대한 궁금증 때문에 대충 읽고 바로 다음 장으로 넘어가는 경우가 많다. 이런 흥미 위주의 독서 습관을 갖고 있는 학생들은 오히려 국어 본문을 읽거나 문제를 읽을 때 중요한 내용을 놓쳐서 문제를 틀리는 경우가 많다.

누구나 알고 있는 것이지만 책에 따라 읽는 방법은 다르다. 흥미 위주의 소설은 속독이나 묵독으로도 가능하지만, 교과서나 시험 지문은 정독을 해야만 그 내용을 제대로 파악할 수 있다.

학생들은 자신이 좋아하는 분야의 책을 집중적으로 읽고, 자신이 싫어하는 분야의 책은 아예 읽지 않거나 읽더라도 그 내용을 이해하지 못하는 경우가 많다. *독서가 학습으로 연결되기 위해서는 한쪽 방향으로 치우치지 않는 다양한 독서가 필요하다.* 결국 국어 성적을 올리기 위해 책을 읽는다면 국어에서 필요로 하는 책을 선정해 읽는 것이 좀 더 확실한 방법이라고 할 수 있다.

그래도 읽어야 한다

학교 수업에, 학원 수업에, 숙제에, 수행평가에, 바쁜 시간을 보내고 있는 학생들에게 책까지 읽으라고 하면 매우 난감해할 것이다. 중학교 시기에는 독서의 필요성을 잘 느끼지 못한다. 또한 책을 많이 읽더라도 국어 실력에 큰 영향을 미친다는 생각을 하지 못한다. 그러나 고등학교에서는 다르다.

고등학교에 진학하면 내신 시험과 수능에서 낯선 지문이 나온다. 중학교의 2배 이상에 해당하는 지문을 정해진 시간 내에 읽어내기 위해서는 어휘력과 독해력이 필요한데 이것이 독서를 통해 길러지기 때문이다. 책을 많이 읽은 학생들은 적어도 읽는 것 자체는 힘들어하지 않기 때문이다.

그래서 첫째, 효율적인 독서가 필요하다. 근본적으로 책을 많이 읽지 않은, 책 읽기를 힘들어 하는 학생들은 책 읽기를 포기하는 것보다 주어진 시간을 활용해 학습과 바로 연결되는 책 읽기라도 해야 한다.

둘째, 방학을 적극적으로 활용해 책을 읽자. 방학 기간에도 선행학습으로 바쁜 학생들도 있겠지만 학기중보다는 확실히 여유 시간이 확보될 수 있기 때문에 방학 기간에 자신이 읽고 싶은 책 목록을 작성해 읽도록 한다.

셋째, 다양한 독서를 하도록 하자. 앞에서도 말한 바와 같이 흥미 위주의 소설이나 자신이 좋아하는 분야에만 치우친 독서는 학습에 많은 도움을 주지 않는다. 학습적으로 도움을 받고 싶다면 자신의 진로

를 포함해 교과목에 대한 배경지식을 얻을 수 있는 책들을 선정해 읽는 것이 좋다.

넷째, 나에게 맞는 책을 읽자. 독서 습관이 부족한 학생들이 처음에는 의욕이 넘쳐 해당 학년이 읽어야 하는 필독 도서를 바탕으로 책을 선택하는 경우가 많다. 그러나 실제로 읽어보면 내용이 어려워서 중간에 포기하게 되고, 오히려 책 읽기를 더 싫어하게 될 수도 있다. 해당 학년 필독 도서보다 지금 현재 자신의 책 읽기 실력에 맞는 책을 선정해 읽도록 하자.

다섯째, 읽고 나서 조금이라도 정리하는 습관을 갖자. 흥미 위주나 여가 시간을 보내기 위해 책을 읽는 것이라면 다 읽은 뒤 기억 속에 저장해두는 것도 나쁘지 않다. 그러나 조금이라도 학습에 도움이 되는 독서를 하고 싶다면 읽고 난 뒤 흔적을 남기는 것이 좋다. 가장 기본이 되는 줄거리와 자신의 느낌만이라도 간단하게 정리하는 습관을 갖게 되면, 국어에서 내용을 파악하고 중심 내용을 요약하는 데 큰 도움을 받을 수 있다.

국어를 혼자 공부하고 싶은데
어떻게 하면 좋을까요?

국어는 시험 기간에만 학원의 도움을 받는 경우가 많은데 약간의 두려움과 막막함을 조금 참는다면 얼마든지 혼자 공부할 수 있다. 국어를 혼자 공부하기 위해 갖추어야 할 것들이 있다. 이것들을 잘 지킨다면 혼자 국어 공부를 하는 데 어려움을 겪지 않을 것이다.

때로는 학원의 도움도 괜찮다

"국어를 혼자 공부하고 싶은데 어떻게 공부하면 좋을까요?"

"국어는 다른 과목에 비해 어렵지 않아 혼자 공부하고 싶은데 좋은 방법이 있나요?"

"자기주도 학습이 중요하다는데 국어는 자기주도 학습을 어떻게 하면 좋을까요?"

요즘 학생들은 바쁘다. 정말 바쁘다. 학교 수업, 수행평가, 시험, 학원 수업, 학교 숙제, 학원 숙제까지 분주하다. 거기에 성적을 올려야 한다는 부담감까지….

내가 국어 단과학원 강사였을 때 대부분의 학생들은 영어나 수학을 들으면서 국어를 수강했다. 국어만 수강하는 경우는 거의 없었다. 그래도 간혹 국어만 수강하는 학생이 있었는데 그 이유는 국어 성적이 많이 부족했기 때문이다.

국어만 듣기 위해 학원에 오는 학생의 수고로움이 안쓰러워 첫 수업을 끝내고 상담을 할 때 꼭 하는 이야기가 있다.

"내 수업을 오래 들을 필요는 없다. *한 학기 정도 들으면서 국어의 중요한 기초와 시험공부 하는 방법을 잘 익히면 혼자서도 충분히 공부할 수 있다.* 그러니 오래 다닐 생각이 없다면 결석이나 지각하지 말고 숙제 잘 하면서 내 수업 내용을 잘 들어라."

실제로 국어만 듣는 학생들은 성적이 오르거나 한 학기 정도가 지나면 이런 나의 말 때문인지, 아니면 힘들어서인지 자연스럽게 학원을 나오지 않는다. 나는 정말 그렇게 생각한다. 국어는 학원의 도움을 적당히 받는 것이 좋다. 만약 남다른 언어적 감각이 있거나 국어라는 과목이 싫지 않다면 혼자 공부하는 것을 적극 추천한다.

모든 과목이 그렇겠지만 혼자서 공부하는 것이 가능하다면 학원이나 과외 등의 도움을 가급적 받고 싶지 않은 것이 학생들의 솔직한 심정일 것이다. 처음에는 어려워서 그러나 어느 시기가 지나면 대부분의 학생들이 혼자 공부하는 것을 두려워하고, 막상 혼자 공부하려해도 어떻게 공부해야 할지 몰라 막막해서 다시 학원을 찾아오는 경우도 많다.

특히 국어는 시험 기간에만 학원의 도움을 받는 경우가 많은데 약간의 두려움과 막막함을 조금 참는다면 얼마든지 혼자 공부할 수 있다. 국어는 매 학기 문학과 문법이 빠지지 않고 나오며 말하기·듣기, 쓰기, 읽기 관련 제재들이 약간씩 변한다. 그래서 가장 중요한 문학과 문법에 대한 기초가 튼튼해지면 그리 큰 걱정을 하지 않아도 된다.

국어를 혼자 공부하기 위해 갖추어야 할 것들

첫째, 학교 수업을 잘 들어야 한다. 학원이나 과외 등의 도움을 받지 않으려면 어쩔 수 없이 학교 수업을 잘 들어야 공부할 내용을 마련할 수 있다. 선생님의 수업 시간 내용을 잘 듣는 것은 기본이고, 필기와 프린트를 잘 챙겨야 하는 것까지 포함한다.

둘째, 일주일에 하루 정도는 국어 공부시간이 확보되어야 한다. 국어는 시험 기간에 몰아서 공부하는 것보다 꾸준히 공부하는 것이 절대적으로 중요하다. 그 주에 배운 내용을 잊어버리지 않고 다시 정리하기 위해서는 주로 주말을 이용해서 다시 교과서를 읽어보거나 노트 정리를 한다든가, 문제집을 풀어본다든가 하는 형식의 복습이 이루어지면 좋다.

셋째, 모르는 것을 그냥 넘어가서는 안 된다. 혼자 공부하는 학생들이 가장 힘들어 하는 부분은 혼자서 공부하다가 모르는 것이 있을 때다. 모르는 것이 나오면 찾아보거나 누군가에게 물어보아야 한다는

것을 알면서도 귀찮아서, 선생님께 질문하기가 어려워서, 설마 시험 문제에 나올까 하는 여러 가지 이유로 그냥 넘어가는 경우가 많다. 그러나 하려고 하면 방법은 얼마든지 보이는 법이다.

국어선생님이나 학급에서 국어를 잘하는 친구나, 검색 등을 통해 어느 정도는 모르는 내용을 해결할 수 있다. 모르는 것을 부끄러워해서는 안 된다. 정말 부끄러운 것은 모르는 것이 아니라 모르면서도 아는 척하는 것, 자신이 무엇을 아는지 모르는지 구분을 못하는 것이다. 오히려 혼자 공부하다가 모르는 것을 발견하고 그것을 스스로 해결했을 때의 뿌듯함이 공부하는 데 큰 원동력이 되기도 한다.

넷째, 계획하고 실천하는 것이 중요하다. 혼자서 공부하기를 시도하는 학생은 많지만 꾸준히 오랫동안 하는 학생들은 많지 않다. 계획 단계에서 자신의 능력과 맞지 않은 무리한 계획을 세우거나, 실천하는 과정중에 여러 가지 이유를 핑계로 중도 포기하는 경우가 많기 때문이다.

우선 자신이 얼마든지 실천할 수 있는 자신의 능력과 현실에 맞는 공부 계획을 세워야 한다. 위에서도 말했지만 국어는 자주 조금씩 꾸준히 하는 것이 좋기 때문에 일주일에 한 번, 60분에서 90분 정도의 시간을 정해놓고 공부를 하다가 자신의 능력에 맞게 조절해가면 된다. 혹시 그 주에 학교 행사가 있어서 배운 내용이 없다 하더라도 그 전에 배운 내용을 복습한다거나 다음 단원에 배울 내용을 미리 읽어 보면서 그 시간을 꼭 지키려고 노력해야 한다.

계획을 세우는 것 이상으로 중요한 것은 실천이다. 사실 학생들은 공부를 혼자 지속적으로 못하기 때문에 누군가의 도움을 받는 경우가 많다. 학원에 가면 하기 싫어도 공부를 해야 하지만 혼자 공부를 하게 되면 자신에게 관대해져서 이런저런 이유로 건너뛰게 된다. 힘들겠지만 공부 시간을 지키고, 지키지 않았을 때를 대비해 그런 경우에 어떻게 보충할 것인지까지 생각하면 국어는 얼마든지 혼자 공부할 수 있다.

서술형 답안을 어떻게 작성해야
감점이 없을까요?

주관식 문제와 객관식 문제가 전부였던 예전 시험 방식과 다르게 요즘은 서술형이라는 형식의
문제가 등장했다. 서술형 문제는 문제의 길이가 길다. 문제 속에 조건이 숨겨져 있는 경우도 있
기 때문에 문제를 천천히 집중해서 읽으며 문제 안의 조건을 찾아내야 한다.

서술형 답안을 쓰는 노하우

"서술형 문제만 봐도 저는 자신이 없어요."

"머릿속에서는 내용이 떠오르는데 막상 쓰려고 하면 어떻게 써야
할지 모르겠어요."

"정말 자신 있게 썼는데 답을 맞춰보니 감점을 당했어요."

예전에는 유형이 '객관식이냐 주관식이냐'가 전부였다. 주관식의
경우 간단하게 단어를 쓰는 것과 문장 형태의 답을 작성하는 것으로
나뉜다. 그런데 요즘 서술형이라는 형식의 문제가 학생들의 괴로움

으로 등장했다.

시험 기간이 되어 여러 형태의 문제를 과제로 나누어주면 어떤 학생들은 객관식만 풀어오고, 주관식은 아예 손도 대지 않고 별표 표시를 해온다. 그래서 왜 풀어오지 않았느냐고 물어보면 안 풀어온 것이 아니라 몰라서 풀어오지 못했다고 한다.

그런데 막상 같이 문제를 풀어보면 어려운 문제도 있지만 얼마든지 풀 수 있는 문제도 있다. 그냥 주관식이라는 이유만으로, 특히 서술형 문제라는 이유만으로 문제조차 읽지 않은 것이다. 문제를 이해해도 답을 작성하는 것이 더 어렵다.

서술형에도 유형이 있는데, 특히 학생들이 어려워하는 유형은 조건형 서술형 문제이다. 그냥 답을 쓰기에도 벅찬데 답을 작성할 때 지켜야 할 조건이 2~3가지 정도 나오면 학생들은 위축된다. 한마디로 기가 죽는다. 자신이 머릿속에 떠올린 답을 어떻게 저 조건에 맞춰야 할지 몰라 고민만 하다가 시간이 부족해 엉뚱한 답을 적기도 한다.

서술형은 '맞췄느냐 틀렸느냐'의 문제가 아니라 '얼마나 감점을 받았느냐'의 문제다. 그래서 학생들은 시험을 본 뒤 답을 맞춰봐도 서술형 점수가 어떻게 나올지 알 수 없어 확정된 점수가 나올 때까지 긴장한다. 또한 점수가 나와도 자신이 어떤 이유로 감점이 되었는지 확인하고, 어떻게 해서라도 1점이라도 더 받아보려고 안간힘을 쓰는 것을 볼 수 있다.

나도 시험 기간이 되면 학원에서 인터넷 강의에서 서술형 특강을 하게 된다. 그런데 학교의 서술형 문제를 예측하기란 쉽지 않다. 다

행히 학교에서 어느 정도 가이드라인을 주는 경우가 많아서 학생들과 예상문제를 만들어 풀어보기도 하지만 문제에 어떤 조건이 붙게 될지는 예상할 수가 없어 되도록 여러 형태의 문제를 풀어보게 한다.

서술형에서 감점을 덜 받을 수 있는 방법

첫째, 문제와 조건을 제대로 읽고 파악한다. 서술형 문제는 문제의 길이가 길다. 조건이 따로 제시되는 경우도 있지만 문제 속에 조건이 숨겨져 있는 경우도 있기 때문에 문제를 천천히 집중해서 읽으며 문제 안의 조건을 찾아내야 한다.

대충 읽고 문제에 대한 답을 적을 경우, 내용은 맞아도 조건이 없다는 이유로 감점을 당할 수 있다. 조건이 따로 제시되어 있는 경우도 조건에서 핵심이 되는 것이 무엇인지 표시를 해 답안을 작성할 때 표시해둔 조건이 들어가 있는지 확인해야 한다.

둘째, 처음부터 조건을 맞추려 하지 마라. 서술형 문제에서 가장 기본이 되는 조건은 '20자 이내, 20자 내외' 등의 글자 수다. 학생들은 이런 조건을 보면 처음부터 글자 수에 맞추기 위해 쓰고 지우고를 반복한다. 이러다 보면 시간만 흘러가서 초조해지고, 초조해지다보면 결국 실수를 저지르게 된다.

우선 내가 생각하는 답을 시험지에 적어본다. 그리고 글자 수를 세어보고, 조건에서 많이 초과되면 자신이 적은 답에서 불필요하거나 덜 중요한 내용을 덜고, 글자 수가 부족하면 문제와 관련된 내용들을 떠올려가며 글자 수를 맞춰가는 것이 좋다. 다른 조건들도 마찬가지다. 자신이 생각하는 답을 적고, 그 안에 조건에 해당하는 내용이 있는지를 꼭 확인해야 한다.

셋째, 시험지에 제시된 본문에서 힌트를 찾아야 한다. 국어 서술형 문제는 지문을 바탕으로 출제되는 경우가 대부분이다. 예전 국어 시험에서 주관식은 본문에서 찾아 쓰라는 문제 유형도 있었다. 본문에서 찾아 쓰라고 하니 다 맞출 것 같지만 그렇지 않다. 요즘 서술형 문제는 본문에서 찾아 쓰라는 문제는 없다. 그래도 답이 전혀 떠오르지 않을 때 자신의 부족함을 탓하기보다는 제시된 지문을 다시 한 번 꼼꼼히 읽으면서 답의 단서가 되는 내용을 찾는 것이 더 현명하다.

선생님이 수업중에 설명한 내용을 떠올려보는 것도 좋은 방법이다. 결국 서술형 문제도 수업중에 배운 내용을 바탕으로 출제하기 때문에 전혀 새로운 내용을 문제로 출제하는 경우는 거의 드물다. 시험지에 제시된 지문, 문제에 해당하는 단원명, 학습 목표, 수업중 선생님이 강조한 내용을 중요한 힌트 삼아 답을 찾아보자.

넷째, 무조건 쓰는 연습을 많이 하라. 위에서도 말했듯이 주관식 문제만 나오면 무조건 '패스'를 외치는 학생들이 있다. 아예 단답형 주관식이나 서술형 문제를 포기한 학생들도 있다. 객관식만 제대로 맞추겠다는 전략인데, 객관식도 생각만큼 쉽지는 않아서 계획대로 안 되는 경우가 많다.

나는 시험 기간이 되면 이렇게 주관식을 패스하려는 학생들에게

엄하게 대하는 편이다. 몰라서 못 풀어오는 것이야 어쩔 수 없지만 답을 알아도 고개만 끄덕이고 답을 적지 않는 학생들이 많다. 심지어 지문에서 답에 해당하는 내용을 표시해서 거기에다 '서술형 문제 답' 이라고 적는 것도 보았다. 이런 경우 나는 문제와 답을 5번씩 쓰라고 학생에게 지시한다.

머리로 생각하는 것을 글로 표현한다는 것은 쉽지 않다. 평상시, 아니 시험 기간만이라도 다양한 유형의 문제를 풀고 답을 직접 쓰는 연습만이 서술형의 감점을 줄이는 가장 좋은 방법이다. 답을 눈으로 읽고 확인하는 것만으로 이해했다고 생각하는 것은 엄청난 착각이다.

시험을 포기하지 않고서는 주관식, 특히 서술형 문제를 찍어서 답을 적을 수 없다. 문제를 읽고 조건을 확인하고 답을 생각하고 작성하는 순간만큼은 진지하게 고민을 하게 되는데, 그 일련의 과정이 하나의 공부가 된다는 것을 명심해야 한다.

시험에 모르는 지문이 나오는데
방법이 없나요?

고등학교 국어 시험에서 낯선 지문을 만나 당황하는 학생들이 많다. 특히 모의고사는 낯선 지문들로 가득하다. 이런 문제들을 포기하면 국어 성적을 올릴 수 없다. 낯선 지문에 대비하는 방법을 알아보도록 하자.

수능 국어, 이렇게 준비하자

"국어 시험에 처음 보는 지문이 나왔어요."

"학교에서 배우지 않은 작품이 나왔어요. 그래서 너무 어려웠어요."

"저는 모르는 지문만 나오면 무슨 내용인지 몰라서 자꾸 틀려요."

국어는 문제를 어렵게 내는 방법이 딱 한 가지 있다. 그것은 학생들이 배우지 않은 글이나 작품을 지문으로 또는 문제의 선택지로 출제하는 것이다. 전에는 주로 고등학교에서 수능형 문제라고 해서 교과서 외 작품이 문제로 출제되었으나 요즘은 중학교 시험에서도 종종 낯선 작품이 등장한다. 이러한 낯선 작품을 접할 때 학생들은 앞의 질문들을 한다.

물론 평상시에 책을 많이 읽는 학생들은 이 중에 아는 작품이 있을 수도 있다. 학교에서 배운 내용을 다른 낯선 작품에 적용한다는 것은 쉬운 일이 아니다. 그렇다고 이런 문제를 대충 풀거나 포기할 수도 없다.

고등학교에서는 이런 유형의 문제들이 많고, 특히 모의고사는 처음부터 끝까지 모르는 글로 채워져 있는데, 포기하는 것이 습관이 되어버리면 모의고사 점수를 기대할 수 없게 된다. 언젠가 마주치게 될 상황이라면 미리 대비해야 하지 않을까?

다양한 글을 꾸준히 읽어야 한다

첫째, 다양한 글을 꾸준히 읽어야 한다. 국어 학습법을 이야기하면서 자주 등장하는 말이 '꾸준히'다. 그리고 '독서'일 것이다. 낯선 지문에 대처하기 위해서는 이 2가지가 모두 필요하다.

우선 '독서'가 필요하다. 우리가 흔히 '독서' 하면 주로 소설이나 시를 떠올리는데, 낯선 지문에 대처하기 위해서는 다양한 장르의 글을 읽는 독서가 필요하다.

요즘 학생들이 책을 읽지 않는다고 부모님들은 걱정하지만 그런 걱정에 비해 책을 읽는 학생들이 많다. 고등학교나 대학교 진학을 위한 독서, 학교 수행평가를 위한 독서 등의 이유가 있기는 하지만 전혀 책을 읽지 않는 것보다는 나은 상황이다. 중요한 것은 책의 종류다.

아직도 소설 위주의 독서가 이루어지고 있는 경우가 많다. 물론 시대가 변해 요즘 학생들이 읽는 소설은 추리부터 판타지, 세태 소설 등 다양하지만 이런 문학작품뿐만 아니라 칼럼이나 사설, 설명문 등 좀더 다양한 장르의 책을 읽어야 한다. 그런데 학생들은 이런 글들을 한 편 정도만 읽어도 매우 힘들어한다. 그래서 '꾸준히'가 필요한 것이다.

주기적으로 다양한 종류의 글을 읽는 것이 필요한데, 주변에서 제대로 된 다양한 종류의 글을 구하기가 쉽지 않다. 책으로 된 것을 읽으려면 시간도 많이 필요하다. 이런 어려움을 어느 정도 해결할 수 있는 방법이 있다. 고등학교 모의고사 기출 문제의 지문을 읽어보는 것이다. 고등학생들은 이미 알고 있겠지만 모의고사에는 문학작품부터 다양한 분야의 글들이 나온다.

내용의 수준도 높은 편이다. 중학생들이 처음 접하게 되면 무슨 말인지 몰라 많이 어려워하지만, 꾸준히 읽다 보면 시간도 단축되고 그 지문에 해당하는 문제도 풀게 된다.

문학작품의 경우에는 우리 학교 출판사 외에 다른 학교에서 공부하는 국어 교과서에 실려 있는 작품들을 읽어 보는 것이 많은 도움이 된다. 요즘 서점에 가면 중학교부터 고등학교까지 학년별로 교과서에 실린 작품들을 모아둔 소설, 시, 수필 작품집을 얼마든지 쉽게 볼 수 있다. 자신의 취향에 맞는 작품들을 읽는 것도 좋지만 당장 학교 시험에 또는 모의고사에 출제되는 낯선 지문이 두렵다면 이렇게 다양한 글이나 작품들을 같이 읽는 것도 필요하다.

꾸준히 많이 읽기만 해서는 안 된다

둘째, 비문학은 요약을, 문학작품은 줄거리를 파악하라. 다양한 글을 꾸준히 읽는 것도 중요하지만 이런 읽기의 목표가 단순히 나의 지식과 교양을 쌓는 데 있는 것이 아니라 학습과 관련된 것이라면 그냥 읽고 끝내서는 2% 부족하다고 할 수 있다. 학교 시험에 낯선 지문이 등장하는 것은 문제를 위해서 나오는 것이다.

어떤 지문이 나올지 예측할 수 없고, 더군다나 어떤 문제가 나올지도 예측할 수 없지만 다양한 글읽기를 통해 낯선 지문에 대한 두려움을 없앨 수 있고, 시간 내에 읽고 문제를 푸는 능력을 기를 수 있게 된다. 이렇게 되기 위해서는 단순히 읽기만 하는 것이 아니라 비문학, 즉 설명문이나 논설문의 경우 글의 핵심 내용을 정리하거나 문학작품은 줄거리를 요약해보는 정도의 활동을 하는 것이 좋다.

국어 성적이 잘 오르지 않아요. 왜 그럴까요?

요즘 '국 · 포 · 자'라는 말이 생겨났다. 국어는 우리나라 언어와 직접 관련된 과목인데 어쩌다 '국·포·자'라는 말이 생겨나게 된 것일까? 노력을 하는데 국어 성적이 잘 나오지 않는다고 국어를 포기하려는 학생들이 늘어나고 있기 때문이다.

국·포·자를 아시나요?

"저는 아무리 노력해도 성적이 잘 오르지 않아요."

"저는 열심히 하면 오히려 성적이 떨어집니다. 왜 그럴까요?"

"제 친구는 국어 공부를 별로 하지 않았는데 저보다 국어 성적이 잘 나왔어요."

시험이 끝나고 나서 학생들의 반응은 비슷하다. 100점은 아니지만 저번 시험보다 성적이 1점이라도 오른 학생들은 다음 시험에 더 잘할 수 있을 거라는 기대감이 생긴다. 반면에 성적이 오르지 않았거나 오히려 저번 시험보다 성적이 떨어진 학생들은 "시험 문제가 어려웠다, 수업 시간에 배우지 않은 내용이 나왔다, 내가 국어를 못 하는 것 같다" 등 여러 가지 이유를 이야기하며 국어 시험에 대한 두려움까지 느끼는 것 같다.

'수·포·자'라는 말이 있다. 수학을 일찌감치 포기한 학생들을 말하는데, 요즘 '국·포·자'라는 말도 생겨났다. 국어는 우리나라 언어와 직접 관련된 과목인데 어쩌다 '국·포·자'라는 말이 생겨나게 된 것일까? 지도하는 선생님의 입장에서도 옆에서 지켜보며 안타까울 때가 많다. 열심히 하지 않았으면서도 성적은 좋게 나오기를 바라는 학생들도 안타깝고, 열심히 했음에도 원하는 결과가 나오지 않은 학생들은 더욱 안타깝다.

반면 그다지 열심히 하지 않았는데도 국어 성적이 잘 나오는 학생들이 있다. 시험 기간중 과제물을 많이 내주는데 제대로 풀어오지 않아서 성적이 나오는 것을 보고 혼내주리라 마음먹었는데, 생각보다 성적이 잘 나와서 당황했던 적도 있다. 열심히 노력해서 비슷한 점수가 나온 학생들에게는 "그동안 네가 열심히 했기 때문에 좋은 결과가 나온 것"이라고 말하지만, 숙제도 제대로 안 해온 학생들에게는 이럴 때 뭐라고 이야기 해줘야 할지 난감해진다. 나름 수업 시간에 열심히 들었을 것이고, 보이지 않는 곳에서 열심히 했을 수도 있고, 아니면 타고난 언어적 감각이 있어서일 것이다.

성적이 꼭 노력과 비례하는 것은 아닌 것 같다. 그래도 오랜 시간 동안 학생들을 지도하며 학생들을 관찰해보니 성적이 좋은 학생들과 성적이 나쁜 학생들은 각각의 특징이 몇 가지 있었다. 각각의 특징을 읽으면서 본인이 어느 쪽에 가까운지 판단해보면 좋을 것 같다. 특히 굉장히 노력을 하는데 성적이 잘 나오지 않는다고 국어를 포기하려는 학생들이 자신의 잘못된 학습법을 고치는 계기가 되길 바란다.

국어 성적이 나쁜 학생들의 특징

첫째, 국어 수업 시간에 집중하지 않는다. 수업 시간에 집중하지 않는 이유는 여러 가지다. "피곤하다, 선생님 수업이 재미없다, 학원에 가서 배우면 된다, 나중에 친구에게 물어보면 된다" 등이다. 수업 시간에 집중을 하지 않으니 배운 내용을 모르는 것은 기본이고, 필기도 제대로 되어 있지 않다.

수업을 잘 듣지 않고 공부를 하겠다는 것은 공부의 순서가 잘못된 것이다. 특히 국어는 수업 시간에 선생님이 어떤 부분을 집중적으로 설명했는지가 시험의 주요 포인트가 되기 때문에 학교 수업을 다른 학원 수업이나 인강을 통해 보충하려는 것은 매우 잘못된 생각이다.

둘째, 국어 교과서가 깨끗하다. 수업 시간에 수업을 들어도 그냥 듣기만 하는 학생들이 많다. 필기를 수동적으로 하는 학생들은 선생님이 필기하라는 말을 할 때까지 기다린다. 필기하라는 말이 없으면 필기를 하지 않는다. 필기를 한다 해도 왜 하는지, 본문의 어느 내용과 관련된 내용인지, 좀더 중요한 포인트가 무엇인지 구분하지 않는다.

나중에 혼자 공부할 때 본인이 필기를 했는데도 무슨 내용인지를 몰라 오히려 선생님에게 질문하는 학생들도 있다.

셋째, 시험 기간에만 집중적으로 국어를 공부한다. 사실 국어 공부를 평소에 하는 학생들이 많지는 않다. 시험 기간에 공부 계획을 세울 때도 국어는 시험 일주일 전 집중적으로 공부한다. 이른바 벼락치기식 공부를 하는 것이다. 심지어 시험 전날 교과서를 처음 읽어 보는 학생들도 있다.

벼락치기라도 공부를 한다면 아예 안 하는 것보다 나을 수는 있지만 벼락치기도 효과를 보려면 평상시에 어느 정도 공부가 되어 있어야 한다. 처음 중학교 1, 2학년 때는 배우는 내용이 어렵지 않고 분량이 많지 않아서 가능하겠지만, 학년이 올라갈수록 국어 내용이 어려워지고 지문의 양도 많아지기 때문에 짧은 시간에 공부를 하는 것이 힘들어질 수 있다. 공부는 습관이기 때문에 중학교 1학년 때부터 평상시에 꾸준한 예습과 복습을 하고, 시험 공부도 충분한 시간을 두고 공부하도록 연습해야 한다.

넷째, 국어 교과서를 눈으로 읽는다. 국어를 어떻게 공부하느냐고 물어보면 거의 모든 학생들이 "국어 교과서 2~3번 정도 읽고 문제 풀어요"라고 대답한다. 그럼 교과서를 어떻게 읽느냐고 물어보면 "그냥 눈으로 읽어요"라고 대답한다. 심지어 국어 교과서를 한 번도 제대로 읽지 않고 무조건 문제만 풀려고 하는 학생들도 있다.

사실 국어는 교과서만 제대로 읽어도 어느 정도 성적이 나올 수 있다. '소나기'라는 소설은 교과서에 실린 지 매우 오래된 작품이다. '소나기' 수업을 몇백 번, 아니 천 번도 넘게 한 것 같지만 나는 '소나기'를 읽을 때마다 '아! 이런 장면도 있었지!' 하며 새롭게 읽게 된다. 그런데 학생들이 교과서를 읽을 때 그냥 눈으로 한 번 훑어보고는 다 읽었다고 할 때 안타까움을 많이 느낀다.

물론 많이 읽는다고 무조건 좋은 것은 아니다. 중요한 점은 한 번을 읽든, 열 번을 읽든 그 내용을 파악하며 읽는 것이 중요하다는 것이다. 읽기에는 '글자 읽기'가 있고, '내용 읽기'가 있다. 단순히 한글을 깨우친 유치원생처럼 '글자'만 읽는 것이 아니라 '내용'을 읽어야 한다.

다섯째, 문제를 제대로 풀지 않는다. 수학이나 영어는 체계적으로 많은 문제를 풀어야 한다고 생각하면서 국어는 교과서 몇 번 읽어보고 기출 문제 풀어보는 정도로 시험 대비를 하는 학생들이 많다. 요즘 서술형 문제가 출제되면서 자습서나 문제집에 서술형 대비 문제가 있는데 쓰는 것이 귀찮아 풀어보지 않고 객관식 문제만 푸는 학생들도 있고, 자신이 풀기에 편한 문제만 골라 푸는 학생들도 있다.

문제를 풀고 답을 맞추는 것에만 집중해 자신이 무엇을 틀렸는지, 왜 틀렸는지 확인하지 않는다. 수학처럼 오답노트까지는 아니더라도 해설서를 보면서 자신이 왜 틀렸는지 확인하는 것이 필요하다.

요즘 학교 시험의 유형이 다양해졌고 교과서 외 지문이 출제되는 경우도 있어서 평상시에 다양한 문제를 풀어보아야 한다. 그리고 반드시 틀린 문제를 확인하고 이해할 때까지 반복 학습해야 한다.

국어 성적이 좋은 학생들의 특징

첫째, 국어 수업을 잘 듣는다. 성적이 좋은 학생들은 우선 수업을 집중해서 잘 듣는다. 심지어 수업 시간에 선생님이 한 농담까지도 기억한다. 이런 학생들은 갑자기 학교 수업 시간에 배운 내용을 물어봐도 어느 단원의 무슨 내용을 배우고 있다고 정확히 대답한다. 집중해서 듣다 보니 궁금하거나 이해가 되지 않는 부분이 생기고, 자연스럽게 질문으로 이어진다. 이런 작은 차이가 큰 결과의 차이로 이어지게 되는 것이다. 그 아이들이 머리가 좋아서 수업 내용을 잘 기억하는 것이 아니고 집중해서 들었기 때문에 수업 내용을 잘 기억하는 것이다.

둘째, 국어 교과서가 지저분하다. 성적이 좋은 학생들은 교과서 여기저기에 필기가 되어 있다. 포스트잇을 이용해 보충 설명까지 적어놓는다. 같은 수업을 들은 학생들인데도 교과서 필기 내용에 많은 차이가 난다. 수업을 들으면서 선생님이 필기하라는 내용은 물론이고 그에 대한 설명까지 나중에 본인이 이해할 수 있도록 필기하고 정리해둔다.

선생님이 중요하다고 강조한 내용은 자신만의 기호나 색깔펜으로 꼭 표시해둔다. 필기가 잘 된 교과서는 그 어떤 자습서나 시험대비 교재보다 훌륭한 학습서가 된다. 그리고 성적이 좋은 학생들은 교과서에 필기해둔 내용을 다시 노트에 정리하기도 한다. 여기에 학교에서 배우지는 않았지만 자습서나 학원에서 배운 내용들을 함께 정리하며 심화 학습하기도 한다. 필기하면서 자연스럽게 공부가 되고, 내용에 대한 이해도 깊어지게 되는 것이다.

셋째, 국어를 평상시에 조금씩 공부한다. 학원을 다니거나 인터넷 강의를 듣지 않더라도 성적이 좋은 학생들은 평상시에 꾸준히 국어 공부를 한다. 우선 학교에서 내주는 과제를 하면서, 본인이 필기해둔 내용을 정리하면서, 쪽지시험 형태의 수행평가를 대비하기 위해서 등 숙제를 자연스럽게 공부와 연결시킨다.

특히 학원을 다니지 않는 학생들은 문제집을 사놓고 단원이 끝날 때마다 스스로 문제를 풀어본다. 나중에 시험 기간에 한 번에 푸는 것이 오히려 부담스럽기 때문이다. 그러다 보니 시험 기간에 벼락치기를 하지 않게 되고, 평상시 부족했던 부분에 오히려 집중할 수 있게 되는 것이다.

넷째, 국어 교과서를 분석하며 공부한다. 수업을 잘 듣고 필기를 잘 해두었기 때문에 교과서는 자습서가 되고, 시험대비 교재가 된다. 그래서인지 성적이 좋은 학생들은 교과서를 매우 꼼꼼히 읽어 오히려 읽는 속도가 느리다. 내용을 이해하면서 읽으려 하다 보니 이해가 되지 않는 부분을 찾게 되고 질문을 하게 된다. 수업 내용과 직접적인 연관이 없는 내용까지도 질문을 하게 된다. 이런 읽기를 한 번에 끝내는 것이 아니라 본인이 이해되었다고 생각할 때까지 반복한다. 교과서 읽기가 어느 정도 되었다고 생각할 때 문제 풀이로 넘어가게 되는 것이다.

다섯째, 국어 문제를 제대로 푼다. 성적이 좋은 학생들은 수업 듣기,

필기하기, 교과서 읽기 등이 제대로 이루어져야 문제 풀기로 넘어가는 경우가 많아서 문제를 많이 틀리지 않는다. 그래도 간혹 자신이 모르는 문제가 나오면 그 문제를 이해하기 위해 해설서를 읽고, 선생님에게 질문을 한다.

실수로 틀린 문제는 몰라서 틀린 문제보다 더 여러 번 반복학습을 한다. 똑같은 실수를 반복하지 않기 위해서다. 많은 문제를 풀기보다 한 문제라도 정확하게 풀기 위해 노력하고, 어떤 유형의 문제가 나와도 피하지 않고 풀어본다. 자신만의 오답노트를 만들어 정리해두는 학생들도 있다.

국어는 문학 영역만
잘하면 되는 건가요?

국어 과목에서 문학의 비중이 절대적이었던 예전과 다르게 요즘은 비문학이 중요한 문제로 대두되고 있다. 바로 이 비문학 지문에서 상위권 학생들의 성적이 좌우되고 있기 때문이다. 문학 이외에 우리가 신경 써야 할 영역들을 알아보자.

문학 외의 다른 영역도 중요하다

"국어는 문학이 중요하니까 문학만 잘하면 되지 않나요?"

"문학 말고 국어는 어느 부분이 중요한가요?"

"저는 문학이 약한 편인데 그럼 국어에서는 불리한 건가요?"

예전에 국어는 문학의 비중이 절대적이었다. 매 학기마다 시와 소설이 나왔고, 수필과 희곡에 해당하는 작품도 꼭 실려 있었다. 그래서 '국어' 하면 그냥 문학작품을 배우는 과목이라고 생각할 정도였다.

그렇다고 다른 영역이 없었던 것은 아니다. 문법도 매 학기마다 배우고 말하기·듣기·쓰기 영역에 해당하는 단원도 있었다. 그런데 우리 기억 속에 국어는 문학을 배우는 과목이라고 남는 이유는 문학작품을 배우는 시간이 다른 영역을 배우는 시간보다 많이 배정되어 있고 말하기나 듣기, 쓰기 영역은 시험 범위에서 빠지는 경우가 있었기 때문이다. 즉 수업은 했더라도 공부했다는 생각은 상대적으로 덜 하게 되는 것이다.

심지어 말하기나 듣기, 쓰기와 관련된 단원은 문학이나 문법처럼 중요한 단원을 위해 아예 수업을 하지 않는 경우도 있었다. 아직도 교과서의 구성을 보면 시와 소설이 빼놓지 않고 들어가 있고, 수업에서도 중심이 되기도 한다. *그러나 요즘은 그렇지 않다. 문학 외의 다른 영역도 매우 중요하다.*

특히 '비문학'이라 불리는 설명문이나 논설문에 해당하는 글이 학생들에게 중요한 이슈로 떠오르고 있다. 왜냐하면 수능에서 비문학 지문이 계속해서 어려워지고 있고, 상위권 학생들은 바로 이 비문학 지문에서 성적이 좌우되고 있기 때문이다. 문학 이외에 우리가 신경 써야 할 영역들을 알아보자.

문법, 여전히 중요하다

문법은 예전에도 중요했지만 지금까지도 중요한 영역이다. 중학교에서는 매 학기마다 문법에 해당하는 단원이 들어가 있다. 고등학교 국어를 잘하기 위해서는 중학교에서 배우는 문법이 기초가 되기 때문에 잘 이해해두어야 한다. 품사나 문장 성분, 문장의 구조 등 기본적인 문법 지식을 중학교 시기에 집중적으로 배우도록 되어 있다.

물론 문법적 지식이 없더라도 어느 정도의 이해력이 있으면 문제를 해결할 수도 있다. 그러나 용어에 대한 정확한 지식이 있으면 보다 빠르고 정확하게 문제를 해결할 수 있다.

이렇게 문법이 여전히 중요한 영역임에도 오히려 요즘 학생들은 문법이 시험 범위에 포함되면 외우는 것이 귀찮아서 아예 포기하는 학생들이 있다. 문법은 '국어 속의 수학' 같은 영역이다. 다른 영역은 읽고 이해하는 것을 바탕으로 하지만 문법은 수학처럼 원리를 이해하고 암기한 뒤 다양한 유형의 문제를 풀어보면 얼마든지 시험에서 점수를 올릴 수 있는 영역이기 때문이다. *외우는 것이 귀찮다고 문법을 포기한다는 것은 본인의 게으름의 문제가 아닐까 한다.*

비문학이 수능 등급을 좌우한다

예전에는 설명문, 논설문이 학기당 한 편씩 교과서에 실려 있었다. 요즘은 기사문, 칼럼, 신문 사설, 건의문, 보고문 등 다양한 형태로 교과서에 실려 있고 그 내용도 과학, 예술, 인문, 종교, 역사 등 매우 다양하다. 실제로 학교 수업에서는 그렇게 많은 비중을 차지하지 않고, 시험에서도 본문의 내용과 형식적 특성을 정리해두면 어느 정도 어렵지 않게 해결할 수 있는데 문제는 고등학교에서 비문학이 매우 중요해졌다는 것이다.

특히 수능 시험에서 매년 등급을 좌우하는 문제가 바로 비문학 관련 문제들이다. 중학교에서 문학 위주의 국어 공부를 하다가 고등학교에 진학한 학생들이 가장 힘들어하는 영역이기도 하다. 우선 내용 자체가 낯설고 분량이 많아 시간 내에 읽는 것부터 힘들어하는 학생들이 많다.

그래서 중학교 때부터 교과서에 나와 있는 다양한 형식의 설명문이나 논설문 관련 기초 이론들을 잘 익혀두고, 글을 읽으면서 문단별 중심 내용을 파악하는 연습을 하는 것이 좋다. 특히 중학교 3학년부터는 비문학 기초 교재나 고1 모의고사 기출 문제를 일주일에 1~2회 정도 풀어보는 것이 좋다.

고전 문학 때문에 고등학교 국어가 힘겹다

중학교 시기에 '문학'이라고 하면 현대 시와 현대 소설을 떠올린다. 그런데 고등학교 문학은 중학교 문학과 좀 다르다. 나름 중학교에서 문학과 관련된 공부를 많이 했다고 생각하는 학생들이 고등학교 문학을 힘들어하는 결정적인 이유는 바로 고전 문학 때문이다.

중학교에 나오는 고전 문학은 매우 한정적이다. 시조 몇 편과 고전 소설 한 편 정도를 공부하는 것이 대부분이다. 간혹 출판사에 따라 '서동요'라는 신라 시대 향가가 더러 실려 있는 경우도 있으나 해석 위주의 수업으로 끝난다. 이 정도의 고전 문학을 공부하던 중학생들에게 고등학교에서의 고전 문학은 완전히 생소함 그 자체다.

우선 읽기가 안 된다. 다음 고전 시가를 한 번 읽어보자.

믉ᄀ의 외로운 솔 혼자 어이 싁싁ᄒ고
비 미여라 비 미여라
머흔 구룸 혼(恨)티 마라 셰샹(世上)을 ᄀ리온다.
지국총(至匊恩) 지국총(至匊恩) 어ᄉ와(於思臥)
파랑셩(波浪聲)을 염(厭)티 마라 딘훤(塵喧)을 막ᄂ또다.

- 윤선도 '어부사시사(漁父四時詞)' 중 동사(動詞) 8 -

학생들의 반응은 "선생님, 이거 어떻게 읽어요?"다. 읽기가 이루어져야 내용을 파악을 하고, 내용을 파악해야 문제를 해결할 텐데 읽는 것부터가 어렵다.

고등학생들에게 고전 문학은 감상의 대상이 아니라 암기의 대상이 되어버렸다. 시험을 잘 보아야 하기 때문에 무조건 외우는 것이다. 그러나 모의고사에는 어떤 작품이 나올지 알 수 없기 때문에 무조건 외우는 것은 바람직한 해결책이 될 수 없다.

여기에서도 방법은 '다양한 읽기'만이 해결책이라는 것이다. 자꾸 보면 익숙해지는 법이다. 고전 문학작품만을 모아놓은 책들이 있다. 읽고 해석하는 정도만 되어도 고전 문학은 어렵지 않을 것이다.

말하기·듣기도 많이 중요해졌다

말하기·듣기는 주로 수행평가로 많이 평가하는 영역이다. 예전에는 수행평가 비중이 많지 않아서 아예 배우지 않고 패스하는 경우도 많았다. 시험 범위에 포함된다 하더라도 문항 수가 전체 문항 수에 비해 많지도 않고, 문제 유형도 거의 제한적이어서 힘들지 않다 보니 학생들이 다른 영역에 비해 상대적으로 소홀히 여기기도 한다.

그런데 요즘은 그렇지 않다. 말하기나 듣기도 많이 중요해졌다. 그 이유는 말하기·듣기가 수행평가의 중요한 요소이기 때문이다. 앞에서 이야기한 영역들은 지필고사에서 매우 중요한 영역들이다. 그러나 우리의 성적은 지필고사의 성적만 반영되는 것은 아니다. 지필고사에서 100점을 맞았어도 실제 성적표에는 다른 점수가 나오기도 하는데 바로 수행평가 점수가 포함되기 때문이다.

국어에서는 단원 속에 포함되어 있는 말하기·듣기 관련 단원들이 수행평가의 대상이 된다. 토론, 토의, 발표, 연설, 대화 등 다양한 형태의 말하기·듣기 단원들이 있다. 수행평가에서는 각 말하기·듣기 단원들의 특징과 주의할 점들을 잘 파악해서 수행평가에서 감점 요소가 없도록 하는 것이 중요하다.

기초가 부족한 중3인데
고등 국어 준비를 어떻게 하나요?

다른 과목들과 다르게 고등학교 국어는 중학교 3학년 겨울방학이 되어서야 준비하게 되는 경우가 많다. 국어에 있어 중학교 3학년의 겨울방학은 특히 중요하다. 혼자서 고등학교 국어 공부를 준비할 때 꼭 명심해야 하는 것들을 알아보자.

중학교 3학년 겨울방학, 정말 중요하다

중학교에 입학에서 처음 입어본 교복과 새로운 친구들, 교과목마다 달라지는 선생님들, 초등학교와는 다른 학교 행사 등으로 정신없이 1학년을 보내고 중학교의 꽃이라고 할 수 있는 중학교 2학년을 대한민국 모든 사람들이 알고 경계하는 '중2병'으로 보냈다. 그리고 중학교 3학년이 되어 조금 정신 차리고 공부 좀 해볼까 하는데 중간고사와 기말고사, 수행평가를 대비하다 보니 어느덧 중학교의 마지막 겨울방학이 되었다.

이 겨울방학이 끝나면 고등학생이 되는 것이다. 새로운 교복을 입고 새로운 생활이 시작될 것이라는 설렘도 잠시, 여기저기에서 이제 좋은 시절은 끝났다. "입시의 시작이다"라는 말들이 들리면서 문득 자신을 돌아보게 된다. 얼마 전까지 대학과 입시라는 단어는 먼 미래의 일이고 나와는 조금 상관없는 말이라 생각했는데 이젠 현실이 되었고, 설렘보다 두려움이 앞선다.

"중학교 때 국어 공부를 게을리 해서 기초가 부족해요. 무엇을 준비해야 할까요?"

"고등학교 국어는 어렵다는데 중학교 마지막 겨울방학을 어떻게 보내면 좋을까요?"

"중학교 3학년 겨울방학 동안 국어는 무엇을 준비하면 좋을까요?"

중학교 3학년 학생들의 겨울방학을 앞둔 심정이다. 중학교, 고등학교를 통틀어 가장 시간이 많으면서 가장 중요한 시기가 중학교 3학년의 겨울방학이다. 11월말에서 12월초에 기말고사가 끝나고 나면 실질적으로 3학년 학생들은 예비 고1이라고 생각하면 된다. 아니, 이미 여름방학, 빠르면 중학교 3학년 시작과 더불어 고등학교 과정을 본격적으로 준비하는 경우가 많다. 주로 수학과 영어를 중심으로 고등학교 과정을 준비하게 되는 것이다.

그런데 국어는 겨울방학이 되어서야 준비하게 되는 경우가 많다. 그래서 국어에 있어 중학교 3학년의 겨울방학은 특히 중요한 것이다. 학생들도 이 시기에 수학과 영어뿐만 아니라 국어도 무언가를 해야 한다는 것을 알고는 있는데, 그 방법을 잘 몰라서 가장 손쉬운 방법을 찾는

다. 그것이 바로 학원 수강이다. 여기저기 학원에서 예비 고1과정이라는 이름으로 겨울방학 특강이 있는데 고등학교 국어에 대해 잘 모르는 학생들에게는 가장 쉽고 보편적인 선택이 될 수밖에 없다.

그래도 혼자서 고등학교 입학을 앞두고 중학교 3학년 겨울방학을 알차게 보내고자 "어떻게, 어떤 교재로 국어를 공부하면 좋을까요?"라고 물어보는 학생들을 위한 답변이다.

기초가 부족하다면 중학교 국어로 기초 다지기

"기초가 부족한 중3인데 고등 국어 준비를 어떻게 해야 하나요?" 이런 질문을 하는 학생들은 주로 중학교 때 국어 공부를 제대로, 체계적으로 하지 않은 학생들이다. 나도 2학기 기말고사가 끝나고 나면 학생들이 묻지 않아도 수업시간에 앞으로 겨울방학과 고등학교에 진학해서 어떻게 공부를 해야 하는지를 많이 이야기해준다.

초등학교에서 중학교로, 중학교에서 고등학교로 진학하면서 학생들이 가장 어려움을 느끼는 과목이 오히려 국어라고 한다. 영어나 수학은 어렵다는 것을 어느 정도 알고 있고 그에 맞게 대비했는데, 국어는 대비도 안 한 상태에서 생각했던 것보다 많이 어렵기 때문이다.

특히 중학교에서 고등학교에 진학하게 되면 내신 국어도 어렵지만 모의고사를 보면서 많은 충격을 받게 된다. 그래서 성급한 마음에 다른 친구들이 공부하는 것처럼 고등학교 교재를 사고, 모의고사 기출 문제도 풀어보지만 지금 자신의 상태를 고려하지 않는다면 오히려 좌절감만 느끼게 될 수도 있다.

국어는 영어나 수학에 비해 많은 기초 실력이 필요한 과목은 아니다. *그러나 중학교 국어 성적이 정말 좋지 않았던 학생들, 국어 공부를 따로 해본 적이 없던 학생들, 읽기 실력이 부족한 학생들이라면 어설픈 고등학교 국어 선행학습보다 중학교 국어로 기초를 다지는 것이 중요하다.*

우리가 중학 시기에 배웠던 내용들은 결코 가벼운 내용들이 아니다. 우선 문법에 나오는 용어들이 고등학교 국어에 그대로 나온다. 음운, 형태소, 품사, 문장 성분, 안은문장, 이어진 문장, 파생어, 합성어, 자음동화, 구개음화, 사잇소리현상 등 지금 이런 용어를 보는 순간 '우리가 이런 걸 배웠나?' 하는 생각이 든다면 당장 중학교 문법 교재를 봐야 한다. 비교와 대조, 분석과 분류를 구별할 수 있는지. 역설과 반어의 차이점을 아는지, 귀납적 논증과 연역적 논증을 찾아낼 수 있는지 알아야 한다. 만약 이러한 용어 자체가 낯설게 느껴진다면 우선 중학교 국어를 복습하는 것이 좋다.

국어도 나름의 체계가 있다. 고등학교에서는 많은 작품과 글을 읽고 문제를 풀어야 하기 때문에 이런 기초적인 용어들에 대한 설명을 듣고 이해할 시간이 없다. *중학교에서 배운 용어나 개념들을 많이 알고 있을수록 고등학교에서는 매우 유리하다.*

모르는 것은 부끄러운 것이 아니다. 모르는 것을 아는 척 또는 감추는 것이 부끄러운 일이다. 나는 수업중에 모르는 것이 있으면 언제든 연락을 하라고 이야기하는데, 평소 질문을 잘 안하던 학생들이 문자로 조용히 자신의 부족한 점을 물어올 때 많이 기쁘다. 그리고 어려운 교재를 보며 힘들어하지 말고 우선 쉬운 교재로 부족한 부분을 채워 어느 정도 자신감을 회복한 후에 어려운 교재로 넘어가라고 조언해 준다.

주변의 수학선생님들도 선행학습보다 중요한 것이 복습이라고 이야기한다. 방학 때 이전 학기에서 배운 내용을 다시 한 번 풀어보고 다음 학기를 준비하는 것이 훨씬 더 효율적이라는 것이다. 국어도 마찬가지다. 자신의 수준에 맞는 교재를 선택해서 우선 우리가 놓쳤던 중학교 국어의 중요한 용어나 개념들을 먼저 익히자.

자신이 부족한 영역을 아는 것이 중요하다

중학교에서는 국어 속에 모든 것이 포함되어 있지만 고등학교 국어는 아니다. 학생들이 새로운 각오를 다지고 겨울방학 동안 고등학교 국어를 대비하기 위해 서점에 가면 많이 당황해한다. 그 이유는 교재의 종류가 너무 많기 때문이다. 중학교 때는 우리 학교 출판사에 해당하는 교재만 구입하면 되는데, 고등학교는 우선 내신 대비와 수능 대비로 크게 나뉜다.

내신 대비는 중학교와 많이 다르지 않아서 우리 학교 출판사에 맞춰 자습서나 평가 문제집을 선택하면 된다. 문제는 수능 대비 교재다. 모의고사 기출 문제집부터 여러 출판사의 비슷하면서도 다른 교재들이 책장을 가득 채우고 있어서 책 이름만 보다가 무엇을 선택해야 할지 몰라 고르지도 못하고 돌아온다고 한다.

고등학교 교재의 또 하나의 중요한 특징은 교재가 매우 세분화되어 있다는 것이다. 문학, 비문학, 문법, 화법과 작문, 어휘 등 이렇게 나뉘어 있는 것은 기본이고, 문학의 경우 현대 문학과 고전 문학으로 나뉘기도 하고 현대 시, 현대 소설로 나뉘어 교재가 있다. 학교의 출판사를 모르는 경우가 많으니 내신 대비 교재보다 고등학교 국어에서 다루어지는 성취기준을 소개하는 통합 국어 교재를 선택해서 어떤 내용들을 배우는지 예습하는 정도가 좋겠다.

구체적인 작품은 다르겠지만 성취기준을 통해 평가의 중요한 포인트를 예습하는 효과가 있을 것이다. *그리고 모의고사 기출문제집을 풀어보는 것을 적극 추천한다.* 다양한 읽기도 가능하고, 중학교에는 없던 새로운 문제 유형들에 익숙해지는 데 많은 도움이 된다. 모의고사 기출 문제를 풀면서 자신이 특히 어느 부분에 약한지를 파악하는 것이 좋다.

대부분의 학생들이 어려워하는 부분은 비문학이나 고전 문학 쪽이다. 겨울방학 동안 자신의 취약한 부분을 알고 고등학교에 진학한다면 그 부분을 좀더 집중적으로 공부할 수 있어서 내신이나 모의고사를 준비하는 데 많은 도움이 될 것이다.

성취기준은 무엇이고
왜 필요한 건가요?

성취기준이란 각 교과목에서 학생들이 학습을 통해 성취해야 할 지식, 기능, 태도의 측성을 진술한 것으로 교사가 무엇을 가르치고 평가해야 하는지에 관한 실질적인 지침이다. 이 성취기준을 파악한다면 국어 공부에 방향성이 생겨 훨씬 쉽게 공부할 수 있다.

다양한 국어 교과서마다 배우는 내용도 다르다?

"학교마다 국어 교과서가 달라요? 그럼 배우는 내용도 다른가요?"

"성취기준이라는 것이 무엇인가요? 국어 공부하고 무슨 연관이 있나요?"

"성취기준을 무엇을 통해 알 수 있나요?"

지금의 학부모들이 학생들의 국어 공부하는 모습을 보면서 가장 놀라는 부분은 바로 국어 교과서다. 일단 교과서 자체가 글자로만 빼곡하던 예전에 비해 크기도 커지고 다양한 색감과 사진들로 구성되어 있는 것을 보면서 놀라기도 하지만 국어 교과서가 학교마다 다르다는 것에 더욱 놀라워한다. 다양한 교과서의 출판사로 인해 이런 질문을 자주 받는다.

새 학기가 되어 학생들에게 교재를 알려주면 학생들은 서점 갈 시간도 부족해 주로 어머님들이 교재를 대신 구입하는 경우가 많다. 특히 중학교 1학년 학생들의 학부모들은 서점에 가면 너무 다양한 국어 교재 때문에 당황해하는 경우가 많다고 한다. 그래서 재차 교재를 확인하거나 잘못 구입하는 경우도 있다.

그럴 때마다 교과서가 학교마다 다르니 꼭 학생이 다니는 학교 교과서의 출판사를 확인한 후 교재를 구입하라고 알려준다. 이러다 보니 "학교마다 국어 교과서가 다르면 배우는 내용이 완전히 다르냐, 어느 출판사의 교과서가 더 좋은 것이냐, 우리 학교 출판사의 국어 교과서는 내용이 좀 어려운 것 같다" 등 여러 가지를 물어본다.

이렇게 국정 교과서가 아닌 검인증 교과서로 바뀌면서 사교육의 모습도 많이 바뀌었다. 평소 수업은 물론 시험 기간에는 영어뿐만 아니라 국어도 학교별 또는 출판사별 수업을 실시하고 있다는 것이다. 왜냐하면 교과서가 다르면 배우는 내용이 다르기 때문이다.

예를 들어 어느 학교는 1학기에 배운 문법을 다른 학교는 2학기에 배우기도 하고, 어느 학교는 1학년 때 배운 작품을 다른 학교에서는 2학년 때 배우기도 하는 것이다.

그러나 우리가 겉으로 배우는 작품이나 글이 다르다고 해서 전혀 다른 내용을 배우는 것은 아니다. *'어떤 작품이나 글을 배웠느냐'*도 중요하지만 '그 작품이나 글을 통해 무엇을 배우느냐'가 좀더 중요한데, 그 기준이 되는 것이 바로 성취기준이다.

성취기준이란 무엇인가?

성취기준이란 각 교과목에서 학생들이 학습을 통해 성취해야 할 지식, 기능, 태도의 측성을 진술한 것으로 교사가 무엇을 가르치고 평가해야 하는지에 관한 실질적인 지침이다. 그래서 각 출판사마다 이 성취기준에 맞추어 단원을 구성하고, 학습 목표를 설정하며, 성취기준에 적당한 글감들을 선택한다. 그렇기 때문에 학생들이 국어 교과서를 통해 배우는 작품은 저마다 달라도 같은 학년에서 공부해야 하는 지식은 같은 것이라고 볼 수 있다.

초등학교에서 중학교, 고등학교까지 매우 체계적으로 성취기준이 연결되어 있다. 예를 들어 문학 관련 성취기준을 보면 초등학교 저학년에서는 동요, 동시, 동화를 배우도록 되어 있지만 중학교에서는 노래, 시, 이야기, 소설, 극, 교술 등 좀더 다양한 갈래로 나누어 학습을 하도록 되어 있다. 그리고 중학교에서는 표현법이나 작품 속 서술자나 화자 중심의 작품 감상이 주된 내용이라면, 고등학교에서는 문학사의 흐름이나 작품의 다양한 사회 문화적 가치 중심으로 공부하도록 구성되어 있다.

정리하면 초등학교 국어는 주로 문학에 대한 흥미나 활동 위주로 되어 있고, 중학교는 문학에서 학생들이 알아야 하는 중요한 이론들 중심으로 되어 있다. 그리고 고등학교는 좀더 심화 학습하는 내용들로 구성되어 있다고 보면 된다. 다른 영역도 마찬가지다.

그렇다면 이런 성취기준이 학생들이 국어 공부를 하는 것과 무슨 연관이 있을까? 사실 학생들은 성취기준이란 것 자체를 잘 모른다. 알고 있다 하더라도 크게 중요하지 않게 생각한다. 그리고 학생들이 성취기준을 확인하는 것도 어렵다.

요즘 일부 출판사의 경우 성취기준과 그에 대한 간략한 해설, 그리고 출판사마다 어떤 단원이 있고 그 단원에 어떤 작품들이 있는지까지 부록으로 실어 알려주기도 하지만 학생들은 크게 관심을 갖지 않는다. 그렇게 세세하게 다른 학교의 단원이나 작품까지 알 필요도 없다.

성취기준이 평가의 기준이다

성취기준을 알면 공부의 방향성이 생겨 훨씬 쉽게 정확하게 공부할 수 있다. 우리가 국어 공부를 할 때 꼭 확인해야 하는 것 중의 하나가 학습 목표다. 출판사들은 교과서를 만들면서 성취기준을 바로 학습 목표에 스며들게 한다. 똑같은 작품을 배워도 '어느 학습 목표를 가지고 있느냐'에 따라 공부의 포인트가 달라진다.

'소나기'라는 작품은 중학교 국어 교과서에 오랫동안 실린 작품이다. 이 작품을 가지고 일반적으로는 소설의 가장 기초가 되는 소설의 3요소, 즉 인물, 사건, 배경에 대해 배우는 경우가 많다. 그러나 '비유'나 '상징'이라는 표현법을 학습 목표로 하는 단원에 '소나기'라는 작품이 실리게 되면 작품 속에 등장하는 소녀의 죽음을 암시하는 복선이나 비유적인 표현들에 좀더 집중해야 하는 것이다.

즉 어떤 단원을 공부할 때에는 우선 단원의 학습 목표를 확인해 그 단원에서 중요한 학습의 포인트가 무엇인지 파악하고 단원에 실려 있는 작품이나 글을 읽어야 한다. 그리고 내용을 정리할 때에는 학습 목표에서 파악한 포인트에 맞추어 내용을 정리하면 시험을 대비하는 데 많은 도움을 받을 수 있다. 이것이 바로 우리가 성취기준을 알아야 하는 이유이기도 하다.

직접적으로 성취기준을 파악할 필요는 없지만 학습 목표를 통해 이 단원에서 무엇을 배우고 선생님들이 어떤 것을 평가할지를 아는 것은 매우 중요하다. 다시 한 번 더 성취기준의 의미를 읽어보자. '성취기준이란 각 교과목에서 학생들이 학습을 통해 성취해야 할 지식, 기능, 태도의 측성을 진술한 것으로 교사가 무엇을 가르치고 평가해야 하는지에 관한 실질적인 지침이다.'

분명 가르치고 평가해야 하는 실질적 지침이 평가기준이라고 되어 있다. 국어 공부를 하다가 "도대체 이 작품을 왜 배우는지 모르겠다, 어떤 것이 문제로 나올지 잘 모르겠다"고 푸념하는 학생들이 있다면, 지금 당장 단원의 학습 목표를 큰 소리로 읽어보기 바란다.

예습과 복습 중
어느 것이 더 효과적인가요?

공부를 할 때 예습과 복습이 중요하다는 것은 모두 알고 있는 사실이다. 그렇다면 예습과 복습 중 어느 것이 더 효과적일까? 결론적으로 말하면, 더 좋은 것은 없다. 자신에게 어떤 공부 방법이 더 잘 맞느냐가 중요하다.

예습과 복습 중에 더 좋은 것은 없다

"국어는 예습을 어떻게 하면 되나요?"

"국어 복습을 하고 싶은데 어떤 식으로 하면 좋을까요?"

"국어는 예습과 복습 중에 무엇이 더 좋을까요?"

국어 공부를 열심히 하려는 학생들이 자주 하는 질문이다. 어느 과목이나 공부를 하면서 예습과 복습이 중요하다는 것은 모두 알고 있는 사실이다. 몰라서 안 하는 것이 아니라 방법을 몰라서, 또는 시간이 없어서 등의 이유로 못하는 경우가 많다. 때로는 알면서도 귀찮다는 이유로 안 하는 경우도 있는 것 같다. 예습과 복습의 중요성을 잘 알고 있고 방법도 알고 있는데 귀찮아서 안 하는 것은 어쩔 수 없지만 하고 싶은데 방법을 모르는 학생들을 보면 안타깝다.

예습과 복습 중 어느 것이 더 효과적일까? 그것은 아이들에게 "엄마가 좋아? 아빠가 좋아?"라고 묻는 것과도 같다. *결론적으로 말하면, 더 좋은 것은 없다. 자신에게 어떤 것이 더 잘 맞느냐가 좀더 중요하다고 생각한다.*

물론 예습과 복습을 둘 다 병행하는 것이 가장 이상적인 공부 방법이겠지만 요즘 학생들은 바쁘다. 학교 숙제나 학원 숙제를 하기에도 벅차고, 영어나 수학 공부를 하기에도 벅차다.

나 스스로 국어 공부가 덜 중요하다고 생각하는 것은 아니지만 이런 치열한 스케줄 속에 국어까지 예습과 복습을 둘 다 병행할 만큼의 시간이 요즘 학생들에게 없을 것이라는 생각이 든다. 그러나 아직도 어디선가 묵묵히 스스로 자기주도 학습의 한 방법으로 예습과 복습을 하고자 하는 학생들, 의욕은 넘치지만 그 방법을 모르는 학생들에게 작은 도움이 되었으면 좋겠다.

예습! 미리 많이 공부하지 않아도 된다

우선 예습부터 알아보자. *국어의 예습은 크게 내신 기간 동안의 예습과 방학 기간 동안의 예습으로 나누어볼 수 있다.*

우선 내신 기간 동안의 국어 예습은 말 그대로 학기중에 하는 예습으로, 주로 다음 단원에 대해 미리 공부하는 정도의 예습을 말한다. 국어는 한 학기당 5~6개 정도의 대단원으로 구성되어 있고, 단원 순서대로 수업이 진행되는 경우가 많기 때문에 다음 단원에 대한 예습이 가능하다.

문학 단원의 경우 교과서에 실려 있는 작품을 읽어보는 것은 기본이고, 작품에 대한 이해도를 높이기 위해 작가에 대해 알아보는 것을 적극 추천해본다. 그냥 작품만 읽어보는 것보다 작가에 대해서 어느 정도 알고 감상을 하게 되면 작품을 오래 기억할 수 있고, 제목이나 작품의 주제, 소재의 의미를 이해하는 데도 많은 도움을 받을 수 있다.

문법 단원의 경우에는 설명을 필요로 하기 때문에 혼자 예습하는 것이 생각보다 어려울 수도 있지만 자습서나 문법 관련 교재가 있다면 용어에 대한 개념을 읽어보고 교과서에 나오는 다양한 활동 문제를 한 번씩 풀어보는 것이 좋다. 수업 시간에 자신이 풀어본 문제의 답이 맞는지 확인하게 되면 저절로 수업에 집중하게 되는 또다른 효과도 있다.

설명문이나 논설문의 경우 교과서에 실린 본문을 읽고 주요 내용을 요약해보는데, 글 전체를 요약하는 것이 벅찰 경우 문단별로 요약을 해보거나 문단 내에 핵심어나 중심 문장이라고 생각되는 곳에 밑줄을 그어두는 것도 좋은 방법이다. 그리고 미리 읽어 보다가 모르는 단어가 나오면 수업 시간에 질문을 하는 것도 좋지만 먼저 스스로 찾아 교과서에 적어두면 오래 기억하고 수업 내용을 이해하는 데도 훨씬 더 좋을 것이다.

단원에 따라 본문 없이 활동 문제 위주의 단원이 있는 경우도 있다. 주로 말하기·듣기 관련 단원들인데 이런 경우는 가볍게 학습 목표를 읽으며 배울 내용을 확인하는 정도로도 충분하다.

방학 기간 동안의 예습은 거의 선행학습에 가까운 예습이 되는데 다음 학기에 배울 내용을 한 번에 예습하는 경우가 많다. 학기중에 국어를 따로 공부할 시간이 없거나 국어가 부족한 학생들이 상대적으로 시간이 충분한 방학 기간에 주로 학원을 이용하여 국어를 미리 예습하려는 것이다.

그러나 방학의 경우 한 학기 분량의 내용을 배우려면 한 단원을 거의 2~3시간 만에 끝내야 하기 때문에 중요한 개념만 확인하는 정도의 수업이 이루어진다. *그러므로 방학 동안 국어를 마스터하겠다는 욕심보다는 '각 단원에서 중요한 내용이 무엇인지 미리 알아본다'라는 마음가짐으로 예습하는 것이 좋다.* 문법은 방학 때 용어를 외워두어도 학기중에 기억이 나지 않을 수 있으니 나중에 보아도 기억을 떠올릴 수 있도록 자신이 이해할 수 있는 용어로 따로 정리해두면 좋다.

성적이 좋은 학생들은 방학 기간을 이용해 다음 학기의 내용을 미리 예습하는 것을 권한다. 하지만 성적이 좋지 않은 학생들은 방학 기간을 이용해 예습을 했더라도 학기중에 주말을 이용해 다음 단원에 대한 예습을 꾸준히 병행할 것을 추천해본다.

복습은 필수다

예습과 복습이 둘 다 중요하지만 많은 선생님들이 좀더 추천하는 방법은 복습이 아닐까 한다. 학생들도 예습보다는 복습이 현실적으로 학습에 좀더 도움이 된다고 이야기한다. 그러나 실제로 복습을 성실하게 실천하는 학생들이 많지는 않다. 그 이유로는 예습과 마찬가지로 제대로 복습을 하는 방법을 잘 모르기 때문이기도 하지만 솔직히 말하면 귀찮아서 안 하는 경우가 더 많다. 그 대표적인 예로 과제를 잘 해오지 않는다.

학원에서 학생들을 오랫동안 가르쳐오면서 나에게는 여러 가지 변화가 생겼는데 그 중 하나가 언제부터인가 과제를 내주지 않는 것이다. 학생들도 처음에는 과제를 내주지 않는다고 하면 반신반의하지만 곧 익숙해진다. 과제를 내주지 않는 대신, 수업 시간에 정해진 시간 동안 집중해서 문제를 풀도록 한다.

이렇게 수업을 하면 그만큼 설명하는 시간이 줄어들 수 있지만 내가 학생들에게 구구절절 설명하는 것을 조금 줄이고 직접 고민해서 문제를 풀게 하는 것이 조금이라도 학생들에게 도움이 된다는 것을 그간의 경험을 통해 깨달았다. 내게 이런 변화가 생긴 것은 학생들이 과제를 잘 해오지 않는 것 때문이었다.

과제를 해오더라도 대충 풀어오거나, 심지어 문제도 보지 않고 그냥 찍어오는 경우도 있었다. 과제로 100문제를 내주어도 그 중 학생들이 제대로 고민해가면서 풀어오는 문제는 10문제도 되지 않는 것 같았다. 복습이 중요하다는 것을 알면서도 과제를 해오지 않는 것은 엄청난 아이러니다.

'과제는 과제이고 복습은 복습이다'라고 나누어 생각하는 학생들이 많다. 시간이 부족한 상황에서 과제와 복습을 별개라고 나누어 생각하면 둘 다 놓칠 수 있다.

간혹 "선생님, 저는 저만의 복습 방법이 있어요"라고 이야기하는 학생들은 오히려 과제를 잘해오는 편이다. *복습의 기본은 과제를 잘하는 것이다.* 그것이 학교 과제이든, 학원 과제이든 과제 자체가 복습의 하나라고 생각하고 성실하게 잘하는 것이 중요하다.

복습은 일주일을 넘어서는 안 된다. 나는 문제 풀이 과제를 내주지는 않지만 일주일 동안 각자 학교에서 배운 내용을 주말에 노트 정리를 할 것을 권유하고, 일주일에 한 번씩 노트 검사를 한다. 형식과 분량은 자유다. 이 노트 검사의 핵심은 어찌 되었든 그 주에 배운 내용을 한 번쯤은 다시 한 번 살펴보라는 데 있다. 배운 것이 없어도 수업 시간에 무엇을 했는지라도 간략하게 적어오라고 하면 '선생님께서 영상을 보여 주셨음.' '학생들의 발표가 수없이 있었음.'이라도 적어온다. 이렇게 일주일 동안의 수업 시간을 떠올리는 것만으로도 복습이 된다.

복습은 흔적을 남겨야 한다. 앞에서 내가 실시하고 있는 노트 정리든, 가장 일반적으로 하는 문제 풀이든 복습은 '내가 복습을 했구나'를 확인할 수 있는 흔적이 있어야 한다. 예습은 그냥 본문을 눈으로 읽어도 예습이라고 할 수 있지만 복습은 그렇지 않다. 하다못해 본문

을 읽는 복습을 했다면 본문에 중요한 표시라도 해야 하는 것이다. 그리고 달력이나 본인의 스케줄러에 복습한 내용을 일기처럼 표시해 두면 더욱 좋다. '본문 3번 읽음.' '1단원 평가문제를 15문제 풀었는데 3문제 틀림' 등 이런 식으로 표시해두면 다음 번 복습할 때 무엇을 해야 할지가 떠오르게 된다.

예습이든 복습이든 자신과의 싸움이다. 자신에게 맞는 방법을 만들 어서 자신에게 도움이 되도록 실천하는 것이 최고의 학습 방법이다.

비문학에서 중요한 내용을
어떻게 빨리 파악하나요?

학교 수업만으로는 비문학 독해 실력이 키워지지 않기 때문에 개인적인 노력이 뒷받침되어야 한다. 꾸준한 문제 풀이가 그 해답이다. 바로바로 성적이 올라가지 않더라도 포기하거나 실망하지 말고 계속 이어가야 한다.

누구나 어려워하는 비문학

"저는 비문학 문제가 유난히 어려워요."

"비문학 문제를 풀 때 시간이 많이 부족해요."

"비문학 지문을 읽을 때 내용 파악이 너무 힘들어요."

모의고사를 보거나 수능 시험이 끝난 뒤에 학생들은 저마다 어려웠던 부분을 이야기한다. 시가 어렵다는 학생, 고전 문학이 어렵다는 학생, 문법이 어렵다는 학생 등 제각기 다양하다. 그런데 고등학생이라면 누구나 공통적으로 어려워하는 부분이 있다. 그것은 바로 비문학 부분이다.

학생들이 국어 공부를 하면서 어려워하는 요소들이 있다. *그것은 바로 긴 지문, 낯선 지문, 어려운 어휘, 내용 파악 문제다. 비문학은 이 요소들을 모두 갖추고 있다.* 특히 해마다 수능 시험이 끝나고 나면 어려운 비문학 지문 때문에 등급이 달라지기도 한다. 그래서 수능 준비를 하는 학생들에게 비문학은 넘어야 할 산과 같은 존재이다. 중학교 때까지는 설명문이나 논설문 정도의 글을 학기당 한두 편 정도 배우는 것이 전부다.

주로 갈래에 대한 특징, 설명 방법이나 논증 방식 위주로 공부를 하기 때문에 충분히 읽고 독해하는 방법을 배울 시간은 부족하다. 개인적으로 신문 사설이나 칼럼 같은 다양한 글을 꾸준히 읽어온 학생들이라면 그나마 읽는 능력이라도 키울 수 있었겠지만, 독서도 문학 작품 위주로 해온 중학생들이 고등학교에 올라와서 만나게 된 비문학 지문은 충격 그 자체인 듯하다.

어떤 학생은 "왜 국어 시간에 과학이나 예술 지문이 나오느냐"고 질문하기도 한다. 고등학교에 올라와서도 학교 수업만으로는 비문학 독해 실력이 키워지지 않기 때문에 개인적인 노력이 뒷받침되어야 한다. 별다른 비법은 없다. 꾸준한 문제 풀이만이 그 해답이다. 바로바로 성적이 올라가지 않더라도 포기하거나 실망하지 말고 계속 이어가야 한다.

지피지기면 백전백승이다

"지피지기면 백전백승"은 '적을 알고 나 자신을 알면 백 번을 싸워도 백 번 이길 수 있다'는 뜻이다. 원래는 "지피지기(知彼知己)면 백전불태(百戰不殆)"다. 상대편과 나의 약점과 강점을 충분히 알고 승산이 있을 때 싸움에 임하면 이길 수 있다는 말이다. 여기서 '적'에 해당하는 것은 비문학 지문과 시험 유형이 되고, '나'에 해당하는 것은 자신이 가지고 있는 능력이다.

그럼 비문학 지문과 시험 출제 경향에 대해 알아보자. *2017학년도 수능을 전후로 비문학 지문의 길이가 많이 길어졌다.* 지문의 길이가 평균 1,100자에서 1,700자 정도로 늘어났는데 1,900자 이상의 지문도 출제되고 있다. *지문의 길이만 길어진 것이 아니라 내용도 더욱 심화되는 추세에 있다.* 그래서 제한된 시간 내에 시험 문제를 푸는 일이 그만큼 어려워져서 비문학의 난도가 높아졌다고 할 수 있는 것이다. 정해진 시간 내에 긴 지문을 제대로 독해하고 문제까지 풀어낼 수 있는 능력을 평가해 국어 영역의 변별력을 높이고자 한 것으로 보아야 한다.

비문학에서 가장 눈여겨보아야 할 점은 바로 융합형 지문이다. 비문학이 어려운 이유 중의 하나가 바로 지문의 내용에 있다. 중학교 때까지 문학 위주의 공부를 해온 학생들에게 국어 영역 시험에서 다양한 분야의 낯선 지문은 그 자체만으로도 어려움이다. 과학, 예술, 인문, 사회, 기술 등의 지문은 특히 배경 지식이 부족하거나 읽기 능력이 부족한 학생들에게는 읽고 내용을 파악하는 것조차 힘든 일인 것이다.

이렇게 한 분야의 지문이 나오는 것만으로도 어려운데, 최근 평가원 모의고사나 수능에서 과학과 예술이 융합되거나 기술과 예술의 융합, 사회 영역 안에서 경제와 법이 융합되는 등 융합적 성격을 띤 지문이 꾸준히 출제되고 있다. 앞으로도 이러한 성격의 지문이 지속적으로 출제될 가능성이 매우 높다.

최근 비문학 문제의 또 하나의 추세는 수능에서 지문의 길이가 길어지면서 지문의 수가 4개에서 3개로 줄고 그 대신 지문에 딸린 문항 수가 늘어났다는 점이다. 문항 수가 늘어나면서 지문에서 근거를 찾아 바로 적용해 풀 수 있는 문제 외에 지문에 생략된 내용을 추론해 이를 바탕으로 해결할 수 있는 복잡한 사고를 바탕으로 하는 문제가 출제되고 있다는 점이다. 비문학의 이러한 최근의 변화가 학생들로 하여금 비문학을 어렵게 느끼도록 만들고 있으며, 수능의 난이도까지 좌우하게 된 것이다.

긴 지문에 어떻게 대처하면 좋을까?

가장 중요한 것은 긴 지문에도 흔들리지 않는 독해력을 키우는 것이다. 비문학 지문의 길이가 길어지고 내용도 심화되는 것이 추세라면, 이런 추세에 맞추어 대비를 해야 하는 것은 당연한 것이다. 지문이 길면 읽다가 지쳐서 앞서 읽은 내용까지도 기억하지 못해 문제를 풀지도 못하는 학생들이 종종 있다.

어떤 글을 읽더라도 문단별 중심 내용과 글 전체의 주제를 빨리 파악하는 것이 중요한데 이러한 능력을 키우기 위해서는 무조건 많이 읽어야 한다. 신문 기사, 칼럼, 과학이나 예술 등 전문 분야의 기초적인 이론을 소개하는 책 등 다양한 분야의 글들을 시간을 정해놓고 읽으며, 중심 내용을 정리하는 연습이 필요하다.

또한 기출 문제나 EBS 교재에 있는 문제들을 통해 꾸준히 연습해야 한다. 신유형의 문제들이 나오고 있다 해도 문제 유형에 변화가 있을 뿐이지 평가하고자 하는 내용에는 큰 변화가 없다. 기출 문제들을 통해 문제 해결 능력을 키우고, EBS 수능 연계 교재에 있는 문제들을 통해 수능에 출제될 가능성이 있는 제재를 연습해본다는 마음가짐으로 꾸준한 학습이 뒷받침되어야 한다.

비문학은 꾸준함만이 가장 중요한 학습비법이다. 특히 자신이 좋아하는 영역과 자신이 어려워하는 영역이 나올 때의 체감 난이도의 변화가 크기 때문에 흔들리지 않고 문제를 풀 수 있도록 골고루 다양한 영역의 글 읽기가 필요하다.

읽는 능력이 부족하거나 읽는 속도가 느린 학생들은 먼저 문제를 읽어보는 것도 좋은 방법이다. 지문과 관련해 어떤 문제가 출제되었는지 확인하면, 지문을 읽을 때 문제 해결의 단서가 되는 내용이 나올 경우 좀더 주의를 집중해서 읽게 된다.

글을 잘 쓰고 말을 잘하는 것도
국어에 도움이 되나요?

요즘 학생들은 다재다능하다. 여러 가지 재능 중에 글을 잘 쓰거나 말을 잘하는 재능이 있는 학생들이 있다. 이 학생들은 국어 성적이 좋다. 글쓰기와 말하기는 국어 공부에 영향을 끼치며, 좋은 국어 성적을 낼 수 있게 도와주기 때문이다.

다양한 재능이 국어에 도움이 되나요?

"제가 글쓰기를 잘하는 것도 국어를 잘하는 거라고 할 수 있나요?"

"저는 말 하는 것을 좋아하는데 국어에 도움이 되나요?"

"글쓰기도 싫고 말하는 것도 싫은데 국어에 도움이 안 되겠지요?"

요즘 학생들은 다재다능하다. 어렸을 때부터 여러 가지 교육을 받아서인지 악기 하나 정도는 다룰 줄 알고, 잘하는 운동도 하나씩 있는 것 같다. 그림이나 노래에 소질이 있는 학생들도 많다. 그런 여러 가지 재능 중에 글을 잘 쓰거나 말을 잘하는 재능을 가진 학생들도 있다.

아무래도 국어라는 과목이 글을 쓰고 자신의 생각을 표현하는 활동이 많아서인지 글을 잘 쓰는 것과 말을 잘하는 것이 국어에 도움이 되는지를 물어보는 학생들이 있다. 국어를 통해 글을 쓰는 방법과 말하기에서 필요한 여러 가지 내용들을 배우기는 하지만 글을 잘 쓰고 말을 잘하는 것이 국어 공부나 성적에 영향을 끼친다는 내용이 나와 있지는 않다. 그렇지만 오랫동안 학생들을 가르친 경험을 바탕으로 이야기하자면 어느 정도는 관계가 있는 것 같다.

글쓰기와 국어 공부의 관계

글쓰기는 국어 공부에 아주 많은 영향을 끼친다. 수행평가에서 글을 써야 하는 활동이 많아졌다. 국어뿐만 아니라 다른 과목에서도 독후감이라든지 논술 등 주제에 맞게 자신의 생각이나 느낌을 표현하는 수행평가가 많아지면서 글을 잘 쓰는 것이 학교 생활에 있어서 아주 중요한 능력이 되고 있다. 그래서인지 초등학교 때부터 책을 읽고 여러 가지 활동을 하는 학원을 다니거나 학습지를 하는 학생들이 많아졌다.

그런데 학생들 중에는 이런 교육을 받지 않았더라도 다른 학생들보다 선천적으로 글에 대한 감각이 있는 학생들이 있다. 같은 주제에 대한 글을 써도 참신하게 자신의 생각을 펼칠 줄 아는 능력을 가지고 있어서 수행평가에서 아주 좋은 점수를 받는 경우가 많다. 국어 시험에서는 글을 쓰는 능력을 발휘할 만한 문제가 없지만, 글쓰기에 대한 관심은 좋은 글을 읽는 것에 대한 관심으로 이어져 결국 국어 공부를 하는 데 중요한 원동력이 되어 시험에서도 좋은 성적을 받을 수 있게 된다.

실제로 글을 잘 쓰는 학생들은 책을 많이 읽는 경우가 많다. 책을 많이 읽다 보면 어휘력이나 독해력이 좋아져서 국어에도 많은 도움이 되는 것이다. 아직은 논리적인 글쓰기가 부족한 경우가 대부분이지만 독서와 좀더 체계적인 글쓰기 연습을 꾸준히 한다면 논술이나 자기소개서 등 입시와 관련된 부분에서도 많은 도움을 받을 수 있을 것이다.

글쓰기에 소질이 없어서 걱정하는 학생들은 우선 좋은 책을 많이 읽을 것을 권한다. 교과서나 선생님들이 추천해주는 검증받은 책들을 읽으면서 좋은 글이란 어떤 것인지 파악하고, 조금씩 자신의 생각을 표현하는 연습을 해보길 바란다.

말하기와 국어 공부의 관계

말하기 또한 국어와 관련된 영역이라 할 수 있다. *국어에 듣기·말하기 영역이 있는데 다양한 성취기준이 있어 학교 수업중에 여러 가지 활동을 하도록 되어 있다.*

발표하기, 토의하기, 토론하기, 면담하기 등이 있는데 이런 단원들은 실제로 학교 수업 중에 학생들의 활동을 통해 이루어지며 수행평가를 통해 성적과 연결되기도 한다. 학생들 대부분이 친구들과 대화를 나누는 것에는 어려움이 없지만, 많은 사람들 앞에서 자신의 생각을 발표하는 것에는 어려움을 겪는 경우가 많다.

예전에 특목고 입시를 준비하면서 다른 학생들 앞에서 자신을 소개하고 질문에 대한 답을 하도록 모의 면접을 연습한 적이 있는데, 성적이 좋은 학생들임에도 3분 동안 질문에 대답을 하는 것도 힘들어하는 학생들이 많았다.

편안한 상태에서 개인적인 대화를 나누는 것과 많은 사람 앞에서 자신의 생각을 표현하는 것이 많이 다르다는 것을 학생들도 어느 정도는 알고 있을 것이다. 그런 측면에서 말하기를 잘하는 것, 특히 여러 사람 앞에서도 당황하지 않고 자신의 생각을 잘 표현할 줄 안다는 것은 국어뿐만 아니라 여러 가지 활동이 중요시되는 교육 과정 속에서 아주 좋은 능력이라고 할 수 있다.

말하기가 부족한 학생들은 소리 내어 책을 읽는 것부터 연습해보자. 말하기는 무엇보다도 자신감이 중요하다. 듣는 사람들과 시선을 맞추며 자신의 생각을 표현할 수 있도록 연습하면 얼마든지 극복할 수 있다.

내신과 모의고사를
다 잘하려면 어떻게 해야 하나요?

고등학교 입학을 앞두고 내신 시험과 전국연합학력평가를 전부 다 잘하고 싶은데 공부할 시간도 없고, 공부 방법도 잘 모르겠다고 이야기하는 학생들이 많다. 내신은 중학교와 똑같이 준비하되 시간과 노력은 많이 필요하다는 원칙을 기억하면 된다.

내신과 모의고사라는 2마리 토끼

"내신과 모의고사를 모두 다 잘하려면 어떻게 공부해야 하나요?"

"내신도 모의고사도 중요한데 어떤 것부터 해야 하나요?"

"내신을 준비하느라 모의고사는 준비할 시간이 없어요."

"모의고사는 범위가 없는데 어떻게 준비해야 하나요?"

중학교 3학년 학생들이 많이 하는 질문이기도 하고, 고등학교 1학년 학생들도 답답한 마음에 물어보는 질문이기도 하다.

중학교에서는 오로지 내신에만 집중하면 되는 시기인데, 특히 국어는 수행평가와 지필 시험만 잘 대비하면 큰 어려움이 없다. *그러나 고등학교 입학을 앞두고 주변 고등학생들이나 선생님들로부터 고등학교 국어는 매우 어렵다는 이야기를 듣고 긴장하기 시작한다.* 그래서 국어 성적이 좋지 않은 학생들, 국어 기초가 부족한 학생들, 국어를 시험 기간에만 공부했던 학생들은 고등학교에 입학하기 전의 마지막 겨울 방학을 어떻게 보내느냐가 매우 중요하다.

고등학교 1학년 학생들도 마찬가지다. 기대와 설렘을 가지고 입학을 했으나 중학교 때와는 비교도 할 수 없을 만큼 중요해진 4회의 내신 시험만으로도 힘든데 중간 중간 전국연합학력평가를 보아야 한다. 이 시험은 따로 시험 범위도 없고, 중학교에서는 전혀 듣지도 보지도 못했던 지문과 문제 유형이 나온다. 내신 시험과 전국연합학력평가, 이 2가지 모두 다 잘하고 싶은데 시간도 방법도 잘 모르겠다고 이야기하는 학생들이 많다.

내신과 모의고사

내신은 중학교와 똑같이 준비하되 시간과 노력은 많이 필요하다는 원칙을 기억하면 된다. 중학교 때는 시험 2주전부터 교과서 몇 번 읽어보고, 문제집이나 학원에서 나누어준 문제들을 풀어보면 어느 정도 시험 대비가 되지만, 고등학교에서는 그 정도 준비만으로는 안 된다. 자신이 치르는 시험 하나하나가 대입에 영향을 끼친다는 입시생의

마음으로 내신 시험을 봐야 한다면, 2주 정도의 시험공부로 좋은 성적과 좋은 등급이 나오기를 기대하는 것은 무리다.

전체적인 시험 대비 기간을 늘리는 것과 함께 영어나 수학에만 치우치지 않도록 국어 공부 시간도 많이 확보해두는 것이 좋다. 고등 국어는 중학 국어에 비해 공부할 양도 많아지고, 많이 어려워진다. 수업 시간에 수업 내용을 잘 들어야 하는 것은 기본이고, 필기를 무조건 확보해두어야 한다. 국어 기초가 부족한 학생들은 학교 출판사와 같은 자습서를 준비해두어 본문 내용을 이해하는 데 도움을 받도록 한다.

모의고사는 3, 6, 9, 11월에 평가가 있는데 고등학교 1학년 첫 모의고사는 입학한지 얼마 되지 않아 치르기 때문에 정신없이 치르게 되고, 그러다 보니 제 실력을 발휘하지 못하는 경우가 많다. 특히 국어 시험을 치르고 나서 매우 어렵다는 반응들을 많이 보인다. 거의 전부가 낯선 지문이고, 내신 시험에서 접해보지 못한 유형의 문제들이기 때문이다.

모의고사에서는 낯선 지문과 새로운 문제 유형에 익숙해지는 것이 우선 중요한 관건인데, 학교생활과 내신 시험 대비를 하면서 모의고사를 준비한다는 것이 결코 쉬운 일이 아니다. 그래도 내신에만 의존해서 대입을 준비한다는 것은 불안하기 때문에 수능을 준비하는 마음가짐으로 모의고사도 틈틈이 준비해야 한다.

가장 효율적인 방법은 기출문제를 꾸준히 풀어보는 것이다. 앞서 말한 바와 같이 모의고사는 낯선 지문과 문제 유형에 빨리 익숙해지는 것이 중요하지만, 우선 시간 내에 문제 전체를 풀어내는 것도 매우

중요하다. 80분간 45문항을 풀어야 한다는 것이 생각만큼 쉬운 일이 아니다.

집중력이 부족한 학생들은 한두 개 지문은 그냥 포기하는 경우도 많다. 이런 문제점을 전반적으로 해결하면서 자신에게 취약한 영역이 어디인지 파악하기 위한 가장 좋은 방법이 기출문제를 꾸준히 풀어보는 것이다. 적어도 일주일에 한 회 정도는 풀어야 하며, 풀고 난 후에는 해설을 이용해 틀린 문제에 대한 오답 노트와 작품에 대한 해설을 정리해두어야 한다.

내신과 모의고사를 병행하기

내신과 모의고사 둘 다 중요하고 어려운 상황에서 모두 잘하려면 어떻게 해야 할까? 다음과 같이 몇 가지 기본 규칙을 정해놓고 공부하는 것만으로도 큰 변화가 생길 수 있다.

첫째, 1년간 학습 계획을 세우자. 중학교 때는 시험 기간을 중심으로 학습 계획을 세웠다면, 고등학교에서는 1년을 기간으로 학습 계획을 세우는 것이 필요하다. 내신 시험이 4회, 모의고사가 4회, 방학기간을 제외하면 평균적으로 거의 매달 시험이 있는 셈이기 때문에 시험 기간이 따로 없다. 공부할 과목도 많고, 과목마다 공부할 양도 많아서 무작정 공부하는 것으로는 해결이 되지 않는다.

학교 학사 일정을 미리 참고해 내신 기간과 1년간 모의고사 일정을 확보해놓고, 내신 대비 시작일과 모의고사를 대비하기 위해 기출 문제를 꾸준히 풀 수 있는 시간을 정해놓는 것이 필요하다.

둘째, 중학교 3학년부터 시작하자. 이제 대입은 고등학교 입학과 시작하는 것이 아니라 중학교부터 대입 준비가 시작되는 것이나 다름이 없다. 영어나 수학의 경우 초등학교 때부터 준비하는 경우도 있다. 국어의 경우 고등학교 입학해서 빠르면 중학교 3학년 겨울방학부터 준비하는 경우가 많은데, 중학교 3학년 때부터 모의고사 기출 문제를 풀어두면 좋다.

모의고사에 나오는 낯선 지문과 문제 유형에 익숙해지기 위해서는 충분한 시간과 충분한 연습이 필요한데, 중학교 3학년 때부터 기출문제를 조금씩 풀어두면 고등학교 1학년 때도 기출문제 푸는 습관을 유지할 수 있어서 좋다. 기출문제는 주로 3월 학력평가 위주로 풀어보는 것이 좋다. 중학교 범위가 조금 포함되어 있고, 그나마 문제가 쉬운 편에 속하기 때문에 충분히 풀 수 있는 문제들이다. 처음에는 전체 45문항이 어려울 수 있으니 15문항씩 3회 정도로 나누어 풀다가 어느 정도 자신감이 생기면 반으로 나누어 풀고, 이것도 어느 정도 적응이 되면 전체를 풀어보도록 하자.

셋째, 집중하는 시간을 늘리자. 중학교 수업시간은 45분, 고등학교 수업시간은 50분, 모의고사에서 국어 시간은 80분이다. 중학교 수업시간과 비교하면 모의고사에서 국어 시험 시간이 거의 2배에 가깝다. 모의고사를 힘들어하는 학생들 대부분은 이 시간에 적응하는 것 자체가 힘들다고 이야기한다. 30분 정도만 지나도 집중력이 떨어져

서 지문을 읽거나 문제를 읽어도 무슨 내용인지 제대로 이해할 수가 없다고 한다.

연습할 때부터 실전과 같은 상황을 만들어놓고 연습하는 것이 효과적이다. 모의고사 기출문제를 풀 때에는 80분이라는 시간을 지켜 풀도록 하고, 평소 국어 내신 대비 공부를 할 때도 80분에서 90분 정도의 시간을 확보해두고 공부를 하도록 한다. 처음에는 무척 힘들지만 공부가 안 되더라도 책상에 앉아 있는 시간 자체를 조금씩 늘려나가면 그만큼 집중하는 시간도 늘어나게 된다.

앉아 있다고 공부가 되는 것은 아니므로 스톱워치 등을 이용해서 앉아 있는 시간과는 별도로 집중해서 공부하는 시간을 따로 체크해두는 것도 좋은 방법이다. 이렇게 해야 고등학교 수업 50분간은 기본이고, 모의고사 80분도 온전히 잘 활용하게 되는 것이다.

넷째, 내신과 모의고사의 뿌리는 하나인 것을 알자. 내신과 모의고사 병행을 힘들어 하는 학생들 대부분은 내신과 모의고사는 별개라는 생각을 가지고 있다. 물론 평가가 다르기 때문에 이 둘을 똑같다고 말할 수는 없다. 그러나 내신과 모의고사가 완전히 다른 종류의 공부는 아니라는 것이다.

수능 시험의 기본은 학교 수업 내용에 기반을 두고 있다. 해마다 수능을 치르고 나면 학교 수업만으로는 수능을 대비할 수 없다는 평가가 나오고 있지만, 그렇다고 학교 수업과는 전혀 다른 내용이 나온다는 이야기는 없다.

중학교 시기에 배우는 국어에 대한 기초 개념들, 고등학교 1학년 국어의 내용, 고등학교 2학년 때 배우는 문학과 독서, 화법과 작문, 문법, 이 내용들을 잘 이해하는 것이 수능의 기초가 된다. 내신 대비를 통해 모의고사에 필요한 기본 개념들을 익히고, 모의고사를 통해 어휘력과 독해력을 기르면 둘 다 함께 대비하는 것이 된다.

중학 국어와 고등 국어의
차이는 무엇인가요?

고등학교 입학을 앞둔 중학생들에게 고등학교 생활은 막연하고 불안하다. 고등학교에 가면 대입을 준비해야 하기 때문에 모든 과목이 어려워질 것이라는 생각 때문이다. 하지만 실제는 다르다. 오히려 고등학교 1학년까지는 중학교 국어가 그대로 연결된다.

고등학교 국어가 궁금하다

"고등 국어는 중학 국어보다 많이 어려운가요?"

"고등 국어에서는 무엇을 배우나요?"

"중학 국어가 부족해도 고등 국어를 공부하는 데 어려움이 없을까요, 괜찮을까요?"

중학교 학생들에게 고등학교 생활은 막연한 불안감의 대상이다. 고등학생이 되면 대입을 준비해야 하기 때문에 모든 교과목이 어려워지고, 공부할 양도 많아질 것이라고 알고 있다.

하지만 중학교 때는 영어와 수학 중심의 학습이 이루어지기 때문에 국어를 포함한 다른 교과목이 고등학교에서는 어떻게 달라지고 어떻게 준비해야 하는지를 정확하게 잘 모른다. 그래서 고등학교 입학을 앞둔 중학교 3학년생들이 이러한 질문을 많이 한다. 중학교 국어와 고등학교 국어가 어떤 점이 다른지 구체적으로 알아보자.

고등학생이 되었다고 커다란 변화가 생기는 것은 아니다. *오히려 고등학교 1학년 때까지는 우리가 중학교에서 배운 국어가 그대로 연결된 다고 보면 된다.* 듣기·말하기, 읽기, 쓰기, 문법, 문학, 이 5개의 영역으로 나뉘어 중학 국어의 내용을 보다 심화 학습하는 것이다. 고등학교 1학년 국어의 영역별 성취기준을 보면 다음과 같다.

듣기·말하기

- 사회·문화성
- 토론, 협상, 대화
- 의사소통 과정의 점검과 조정
- 담화 관습의 성찰

읽기

- 사회적 상호 작용
- 인문·사회·과학·예술 분야의 다양한 화제
- 한 편의 글과 매체
- 관점이나 의도 평가

- 창의적 읽기
- 읽기 과정의 점검 및 조정

쓰기

- 문제 해결 과정
- 정서를 표현하는 글
- 설득하는 글
- 쓰기 과정의 점검 및 조정과 고쳐쓰기
- 책임감 있게 글쓰기

문법

- 국어의 변화
- 음운의 변동
- 한글 맞춤법의 원리
- 문법 요소

문학

- 작품의 유기성
- 서정, 서사, 극, 교술
- 갈래의 특성
- 문학사의 흐름
- 다양한 사회·문화적 가치

• 문학의 주체적 수용과 생활화

이 중 몇 가지 성취기준은 중학교와 같다. 문학의 경우 중학교와 마찬가지로 시, 소설, 수필, 희곡(시나리오)을 중심으로 공부하는 것이 같으며, 작품을 사회·문화적 배경을 중심으로 감상하는 접근법도 크게 달라지지 않는다. 문법도 중학교 때 공부한 음운을 바탕으로 음운의 변동을 공부하게 된다. 이렇듯 전혀 새로운 내용을 배우는 것이 아니라 중학교 국어 시간에 공부한 내용을 기본으로 삼아 좀더 심화·확장된 내용을 학습하게 되는 것이다.

그렇기 때문에 중학교 국어의 내용을 잘 이해하고 기억하고 있다면 고등학교 국어에 대해 두려워하거나 걱정할 필요가 없다. 중학교 국어가 부족한 학생이라면 고등학교에 입학하기 전, 중학교 국어 시간에 공부한 내용들을 다시 한 번 살펴보며 기본 개념들을 복습해두는 것이 좋다.

중학 국어와는 다른 고등 국어의 특징

이런 공통점을 바탕으로 중학 국어와는 다른 고등 국어의 특징을 알아보자. 크게 3가지로 정리할 수 있다.

첫째, 고등 국어는 과목이 다양해진다. 중학교에서는 '국어'라는 이름의 한 과목으로만 배웠지만, 고등학교에서는 국어 과목을 '국어, 문학, 독서, 언어와 매체, 화법과 작문'으로 나누어 배우게 된다. 고등학교 1학년 때까지는 보통 '국어'만 배우게 되고, 2학년이 되면 '문학,

독서, 언어와 매체, 화법과 작문'을 공부하게 되는 것이다.

과목명이 매우 낯설게 느껴지겠지만 사실상 우리가 중학교 때 배웠던 것들을 좀더 심화한 것뿐이다. 문학은 문학, 읽기는 독서, 문법은 언어와 매체, 듣기·말하기와 쓰기는 화법과 작문으로 바뀐 것이라고 생각하면 된다.

둘째, 교과서에 없는 작품이나 글이 시험문제에 출제된다. 이 부분이야말로 중학교 학생들이 가장 두려워하는 변화일 것이다. 이미 중학교 내신 시험에서도 교과서 외 지문이 출제되기도 하지만 이는 일부의 학교에서 문학과 관련된 단원을 중심으로 출제가 되고 있는 정도다. 그러나 고등학교에서는 모의고사뿐만 아니라 일반 내신 시험에서도 낯선 지문이 자주 출제된다. EBS 교재에 있는 작품이나 글이 출제되기도 한다.

그렇기 때문에 중학교 때처럼 교과서 위주의 공부만으로는 중학교에서의 국어 성적을 받을 수 없다. 내신 시험이나 모의고사를 대비하기 위해서라도 교과서에 없는 다양한 작품과 글을 읽어두어야 하는 것이다.

셋째, 내신과 수능을 모두 대비해야 한다. 누구나 알고 있겠지만 고등학교 공부가 어려운 것은 내신뿐만 아니라 수능도 준비해야 하기 때문이다. 내신만으로도 대학을 갈 수도 있고, 내신을 준비하기 위해 학교 수업을 열심히 듣는 것이 수능의 기본이라고 한다. 하지만 예측할 수 없는 대입 제도 앞에서 내신만 준비하는 것은 학년이 올라갈수록 오히려 불안감만 더 커질 수 있다.

학교 시험과 달리 수능은 80분간 45개의 문항을 풀어야 하는 고난도 상황이며, 다루어지는 문제도 일단 시험범위라는 것이 없고, 어느 지문과 어떤 유형의 문제가 출제될지 예측하는 것이 거의 불가능하기 때문에 내신보다 좀더 꾸준한 대비가 필요하다. 내신과 별도로 학습계획을 세워 실천하는 학습태도가 중요하다.

국어는 암기가 중요한가요,
이해가 중요한가요?

공부를 할 때 이해와 암기는 모두 필요한 요소다. 다른 과목들처럼 국어도 마찬가지다. 국어는 암기보다 이해가 중요한 과목이라는 인식이 강하지만 국어도 어느 정도 암기가 필요한 과목임을 명심해야 한다.

이해와 암기, 모두 중요하다

"국어도 암기를 해야 하나요?"

"국어는 그냥 본문만 읽고 이해하면 되는 것 아닌가요?"

"문법은 무조건 다 외워야 하나요?"

국어뿐만 아니라 다른 과목도 공부를 하다 보면 학생들이 고민하는 것 중의 하나가 '이해해야 하는 것'과 '암기해야 하는 것'의 구분이다. 이해될 때까지 계속 교과서만 읽는 학생들이 있고, 교과서 전체를 외우려고 하는 학생들이 있다, 공부에 대한 경험이 부족한 학생들은 시험 전날까지 정리만 하다가 정작 중요한 내용은 외우지도 못하고 시험을 치르기도 한다.

주로 '암기 과목' 하면 대표적으로 떠오르는 것이 사회, 역사 관련 과목이다. 수학이나 과학은 이해가 중요한 과목이라고 생각한다. 그러나 어느 과목도 이해만 해야 하거나, 암기만 해야 하거나 하는 과목은 없다. 사회나 역사 같은 과목도 어느 정도 흐름을 이해하고 난 뒤 암기를 해야 하고, 수학이나 과학 같은 과목도 이해를 하고 난 뒤에는 중요한 공식이나 용어를 암기해야 하는 것이다. 공부를 하는 데 있어서 이해와 암기는 모두 필요한 요소이며, 이 2가지를 어떻게 균형감 있게 병행하느냐가 중요한 관건이다.

국어도 마찬가지다. '이해가 중요한 과목이냐? 암기가 중요한 과목이냐?'라고 했을 때 *대체로 국어는 암기보다 이해가 중요한 과목이라는 인식이 강하지만 국어도 어느 정도 암기가 필요한 과목이기도 하다.*

이해에 대한 학생들의 착각

거의 모든 학생들이 국어는 암기보다 이해가 중요한 과목이라고 말한다. 그냥 교과서를 몇 번 읽으면서 본문 내용을 이해하면 어느 정도 국어 공부는 되는 것이라고 하면서 국어에는 암기할 것이 없다고 말한다. 가끔 시험 기간에 자료를 주고 외워야 한다고 하면, 국어에 왜 암기가 필요하냐는 반응을 보이기도 한다.

그렇다. *국어는 교과서 내용에 대한 이해가 전적으로 필요한 과목이다.* 특히 문학작품의 경우 작품에 대한 전반적인 이해가 없으면 문제에서 잘못된 답을 고르기가 쉽다. 그리고 한 번 잘못 이해한 내용을 바로 잡기도 어렵기 때문에 처음 작품을 공부할 때 선생님의 설명을 잘 듣고 이해하는 것이 무엇보다 중요하다.

문제는 학생들이 생각하는 '이해'의 범위다. 평상시에는 국어 공부를 거의 하지 않던 학생들이 시험 기간이 임박해 국어 공부를 하려고 하면 제일 먼저 교과서를 찾아 읽는다. 교과서를 한두 번 정도 읽으면 학생들은 어느 정도 내용을 이해했다고 생각해 급한 마음에 문제 풀기로 넘어간다. 그러나 생각보다 틀리는 문제가 많고, 해설을 보아도 왜 틀렸는지 이해가 안 되거나, 심지어 교과서에 나오는 내용을 제대로 모르고 있는 경우도 있다.

교과서를 몇 번 읽었다고 내용을 이해했다는 착각을 해서는 안 된다. 교과서를 읽었다고 이야기하는 학생들에게 글의 줄거리를 물어보면 대답을 못하는 경우가 많다. 줄거리 외에도 글에 대한 주제를 이야기해보라고 하거나, 제목에 대한 의미를 물어보면 거의 대답을 못한다.

읽은 것과 이해한 것은 다르다. 국어는 본문을 읽어야 하는 과목이다 보니 읽은 것과 이해한 것에 대한 착각이 많은 편이다. 이해가 중요한 과목이라고 하면서 정작 그 중요한 이해를 하지 않은 채 문제를 풀어보니 틀리는 문제도 많고, 이해가 안 되는 문제도 많은 것이다. 분명히 교과서를 읽었는데도 틀리는 문제가 많거나 지문에 나오는 내용 중에 생소하게 느껴지는 내용이 있다면, 아직 교과서를 제대로 이해하지 못했다고 생각해 다시 교과서를 읽어야 한다.

나는 문제를 풀기 전에 반드시 교과서 본문을 한 번씩 읽고 나서 문제를 풀라고 한다. 그리고 틀린 문제는 교과서의 어느 부분에 해당하는 내용인지를 꼭 확인하라고 한다. 그렇게 해서라도 교과서를 자주 읽고 내용을 이해하도록 하기 위해서이다.

교과서는 적어도 5번 이상 읽어야 한다. 전체적인 내용의 흐름을 파악하고 세부적인 내용들을 이해하려면 5번 정도는 읽어야 가능하다. 읽으면서 조금이라도 궁금증이 생기는 부분이 없어야 하며, 다 읽고 난 뒤에는 자습서를 보지 않아도 내용에 대한 줄거리, 주제, 제목의 의미 정도는 스스로 이야기할 수 있어야 비로소 "이해했다"라고 이야기할 수 있는 것이다.

국어에서 암기해야 할 것들

시험 기간에 자료를 주고 외우라고 하면, 학생들은 국어에서도 암기가 필요하냐며 잘 외우지 않는다. 그나마 문법 단원은 어느 정도 암기가 필요한 영역이라고 생각하는 것 같지만 외울 것이 많다 보니 제대로 외우지 않고 그냥 시험을 보는 경우가 많다.

문법은 다른 영역과 달리 본문에 해당하는 지문도 거의 없고, 용어와 용어에 대한 설명, 다양한 활동 문제가 나온다. 그래서 수학 공부하듯이 원리를 이해하고 난 뒤에는 반드시 외워야 한다. 활동 문제에 나와 있는 예문과 그에 대한 답까지 외워야 한다. 문법이 어렵다고 이야기하는 학생들은 외우는 것이 귀찮거나 힘든 학생들이 대부분이다. 문법은 꼭 암기가 필요한 영역임을 다시 한 번 생각하자.

문법 외에 다른 영역은 암기해야 할 부분이 그리 거창한 것이 아니다. 단원명과 글의 제목, 글의 갈래, 성격, 중심 소재, 주제 정도다. 특히 단원명이나 글의 제목을 소홀히 여기는 학생들이 많아서 시험이 얼마 안 남았는데도 자신의 시험 범위에 해당하는 단원명이나 글의 제목을 모르는 경우가 많다. 단원명을 통해 학습 목표를 생각하고, 글의 제목을 통해 중심 내용을 떠올릴 수 있다.

그 밖에도 수업중에 선생님이 설명한 중요한 표현법이 쓰인 문장이나 어려운 단어의 의미도 외우는 것이 좋다. 외운 것을 직접 쓰는 문제가 나오지는 않지만 국어는 모든 내용들이 유기적이어서 시험 문제를 풀 때 자신이 암기한 내용들을 떠올리며 문제를 해결할 수 있는 힌트를 얻을 수도 있는 것이다.

갈래별 특징도 암기해두면 좋다. 시와 소설은 매 학기마다 반복되기 때문에 구성요소나 운율의 종류, 소설의 구성 단계 등 기초적인 이론들은 외워두는 것이 국어 공부를 하는 데 도움이 많이 된다. 수필의 특징, 고전소설과 현대 소설의 차이점, 희곡과 시나리오의 공통점과 차이점 등은 시험에 나올 확률도 높다. 그러므로 귀찮고 힘들더라도 암기를 해두면 시험 성적에도 도움이 된다.

문제를 무조건
많이 푸는 것이 도움이 되나요?

무조건 문제를 많이 푸는 것은 국어 공부에 도움이 되지 않는다. 내용은 이해하지 않은 채 문제만 반복적으로 풀어나가는 것은 국어 성적은 올릴 수 있어도 국어 실력을 높이는 데는 도움이 되지 않는다.

문제 풀기에 지친 학생들

"국어도 문제를 많이 풀어야 하나요?"

"저는 문제를 조금 풀면 불안해요."

"국어는 어느 정도 문제를 풀어야 적당한가요?"

시험 기간이 되면 문제를 풀다가 지친 학생들이 많이 하는 질문이다. 시험 기간에만 집중적으로 공부를 하게 되면서 불안한 마음을 달래기 위해 무조건 문제를 많이 풀어야 한다는 생각을 가지고 있는 학생들이 많다.

영어나 수학에 비해 상대적으로 공부시간이 부족한 국어는 주로 시험 일주일 전에 공부를 시작하는 학생들이 많은데 학원이나 인터넷 강의 학습 자료, 평가 문제집, 기출 문제 사이트 등에 있는 문제를 풀어보는 것이 일반적이다.

시험이 끝난 학생들의 가방을 보면 여러 과목의 문제 프린트가 뒤엉켜 있는 것을 볼 수 있다. 어떤 학생들은 자신의 가방에 어떤 문제 프린트가 있는지도 잘 몰라서 받았던 프린트를 또 받아가는 경우도 있다. 문제에 파묻혀 끊임없이 풀고 채점하기를 반복하고 있는 것이다. *이렇게 문제를 무조건 많이 푸는 것이 정말 공부에 도움이 될까?*

기계처럼 문제를 풀지 말자

결론적으로 말하면, 국어는 무조건 많은 문제를 푸는 것이 도움이 되지 않는다. 물론 전혀 문제를 풀지 않는 것보다는 문제를 많이 풀어보는 것이 더 나을 수는 있다. 그러나 내용은 이해하지 않은 채 계속해서 문제만 반복적으로 풀어보는 것은 국어 성적은 올릴 수 있어도 국어 실력을 높이는 데는 많은 도움이 되지 않으며 문제 푸는 요령만 생길 뿐이다.

나도 예전에는 시험 기간이 되면 경쟁하듯 학생들에게 많은 문제들을 나누어주었다. 한 번에 100문제, 200문제가 담긴 프린트를 학생들에게 과제로 나누어주고 풀어오라고 했다.

시험 보기 전날까지 다른 학교 기출문제들을 나누어주며 끊임없이 새로운 문제들을 찾아 풀고 채점하기를 반복했다. 문제 양은 많고 수업 시간은 부족하다 보니 설명은 어려운 문제들 위주로만 하게 되고, 대부분의 문제는 답만 불러줄 수밖에 없었다. 그러다 점점 다음과 같은 문제점들을 발견하게 되었다.

- 문제를 풀어오라고 숙제를 내 주어도 전혀 풀어오지 않는 학생들
- 앞부분만 풀고 대부분 찍어오는 학생들
- 프린트 자체를 잃어버리는 학생들
- 같은 문제가 나와도 틀리는 학생들
- 풀어본 문제에서 조금만 변형된 문제가 나와도 못 푸는 학생들
- 교과서 내용은 모르고 문제 풀기에만 집착하는 학생들
- 시험 전날까지 문제를 풀면서 오히려 불안해하는 학생들

이렇게 기계처럼 문제 풀기의 무한반복으로는 반짝하고 국어 성적을 올릴 수는 있겠지만 근본적인 국어 실력을 높일 수는 없겠다는 생각을 하게 되었다. 그래서 숙제를 적게 내주고, 가급적 수업시간에 문제를 풀게 했다. 채점도 수업 시간 내에 하도록 했고, 반드시 확인을 받도록 했다.

그만큼 문제 양은 줄어들었지만 대부분의 학생들이 문제를 풀고 자신이 틀린 문제를 확인한 후에 돌아갈 수 있었다. 버려지는 문제들이 적어지고, 모르는 문제는 수업 시간에 바로 질문하고 설명을 들을

수 있기 때문에 한 문제를 풀더라도 제대로 푸는 것이 가능해졌다.

시험 전날에는 문제를 나누어주지 않고 교과서를 집중해서 읽어보도록 했다. 교과서에 필기가 안 되어 있는 학생들은 자습서나 요약, 정리가 되어 있는 프린트를 주어 대신 읽도록 했다. 그렇지 않아도 시험을 앞두고 무척 긴장해있는 상태에서 새로운 문제를 보면 더 불안해할 수 있기 때문에 차라리 익숙한 교과서 내용을 보면서 긴장감을 줄일 수 있도록 한 것이다.

이렇게 수업방식을 바꾸니 그 전에 문제를 많이 풀었을 때보다 학생들의 성적이 많이 올랐다. 특히 국어 성적이 많이 좋지 않았던 학생들의 성적이 향상되는 것이 눈에 보였다.

제대로 문제 풀기

문제 풀기를 통해 학습법을 익히는 학생들도 많아졌다.

- 문제를 풀기 전에 반드시 교과서를 한 번 이상 정독(精讀)하기
- 한 문제라도 건너뛰지 말고 모두 풀어보기
- 객관식 문제만 나오더라도 주관식과 서술형 문제도 풀어보기
- 채점하고 나서 틀린 문제는 왜 틀렸는지 꼭 체크하고 이해하기
- 문제 풀고 나서 교과서 다시 한 번 읽어보기
- 며칠 후 틀린 문제는 반드시 다시 풀어보기

- 다시 틀린 문제는 중요 표시를 하고 이해할 때까지 복습하기
- 시험 전날에 틀린 문제들 위주로 다시 살펴보기

제대로 공부할 줄 몰랐던 학생들이 문제 풀이 방법만 조금 바꿨을 뿐인데 성적이 오르면서 자신감도 갖게 되었다.

물론 국어 성적에 따라 문제 푸는 양이나 방법은 조금씩 다를 수 있다. 그리고 많은 문제를 풀어보는 것이 오히려 도움이 되는 학생들도 있다. *그러나 문제는 제대로 푸는 것이 중요하다.* 답을 채점하면서 '2번'이라는 정답 숫자가 중요한 것이 아니라 '2번'에 있는 내용이 어떤 내용이어서 정답인지 정도는 확인하고 넘어가야 한다.

한자를 배우는 것이
국어 공부에 도움이 되나요?

국어 공부를 하다 보면 생각보다 용어들이 어렵다고 말한다. 국어 교과서 본문에 한자어가 많이 나오기 때문이다. 하지만 한자어를 포함해 어휘력에 대한 전반적인 학습을 철저히 한다면 이런 문제는 해결된다.

국어 속 어려운 한자어들

"국어에 나오는 용어들이 어려워요."

"한자로 된 말들이 많이 나오는데 한자 공부를 해야 할까요?"

"한자 실력과 어휘력은 어떤 관계가 있나요?"

국어를 공부하다 보면 생각보다 용어들이 어렵다는 이야기를 많이 한다. 분명 우리말인데 읽을 수는 있는데 도대체 무슨 말인지 모르겠다는 것이다.

시(詩)와 관련된 몇 가지 용어들을 보자. 운율(韻律), 내재율(內在

律), 외형률(外形律), 상징(象徵), 은유(隱喩), 반어(反語), 역설(逆說) 등은 우리가 국어 시간에 시를 배우면서 기본적으로 자주 접하게 되는 용어들인데 모두 한자어(漢字語)다.

소설(小說)의 경우를 보자. 갈등(葛藤), 시점(視點), 허구성(虛構性), 개연성(蓋然性), 구어체(口語體), 문어체(文語體), 암시(暗示), 복선(伏線) 등의 한자어가 자주 등장한다. 소설과 관련된 기본적인 용어들이 대부분 한자어로 되어 있다.

이런 용어만이 아니다. 국어 본문을 읽다 보면 한자어나 한자성어가 나오는 경우가 많다. 특히 고전 문학의 경우 한자어가 많이 나와서 읽고 그 의미를 해석하는 것조차 힘들어 하는 학생들이 많고, 논설문 같은 비문학 지문에도 어려운 한자어가 나와서 의미를 파악하고 문제를 풀 때 많이 어려워하는 것이 현실이다. 그러다 보니 학생들 중에는 한자를 따로 공부해야 하는지를 물어보는 경우가 있다.

한자 공부를 따로 할 필요는 없다

한자어는 한자를 바탕으로 만들어진 우리말의 범위에 속한다. 그래서 한자만 나오는 경우는 거의 없고, 한자가 함께 나오는 경우가 있으나 한자가 중요한 것은 아니다. *가끔 한자를 많이 아는 학생들이 함께 나오는 한자를 보며 빨리 읽는 경우가 있지만 읽을 줄 안다고 해서 바로 해석이 가능한 것은 아니다.* 그래도 한자를 알면 그 의미를 이해하는 데는 많은 도움이 되는 듯하다.

그래서 예전에 비해 한자를 접할 기회가 많지 않은 학생들은 국어를 공부하면서 한자를 따로 공부해야 할지를 고민하고 질문하는 것이다. 그 질문에 대한 나의 답은 "따로 한자 공부를 할 필요는 없다"는 것이다. 학생들이 국어 때문에 한자를 따로 공부할 시간도 부족하고, 국어에서 정작 필요한 것은 한자 실력이 아니라 어휘력 그 자체이기 때문이다.

요즘 교재들 중에는 지문에 나오는 어려운 단어들에 대해 그 의미를 풀이해놓은 경우가 많다. 지문 바로 옆이나 해설 쪽에 있는데 한자어의 경우 한자가 함께 적혀 있고, 더 친절한 교재의 경우 한자의 음(音)과 훈(訓)도 함께 적어놓는 경우도 있다.

특히 한자성어의 경우 한자 하나하나에 대한 음(音)과 훈(訓)을 적어놓아서 그 의미를 파악하는 데 도움을 주기도 한다. 이때에도 한자는 그 의미를 파악하는 데 도움을 받을 정도만 알아두면 되는 것이다.

한자를 포함한 어휘력에 신경 써야 한다

학생들이 신경 써야 할 것은 한자를 알아야 하는지, 한자를 따로 공부해야 하는지가 아니다. 중요한 것은 한자어를 포함해 어휘력에 대한 전반적인 학습이다.

앞에서도 말한 바와 같이 국어는 국어와 관련된 용어, 본문에 나오는 어려운 한자어들, 한자성어 등 학년이 올라갈수록 어휘가 점점 어려워진다. 그런데 학생들은 읽기만 하고 그 의미를 제대로 파악하지 않은 채 그냥 넘어가거나 문맥상 그 의미를 추측만 하고 따로 정리하지 않는 경우가 많다.

한자를 몰라도 내가 공부하고 있는 부분의 어려운 어휘들의 정확한 의미를 알아두면 얼마든지 한자어나 한자성어 관련 문제도 해결할 수 있다. 어휘력이 곧 국어 실력의 기본이 됨을 기억하면서 새로운 어휘가 나올 때마다 관심을 갖고 정리해두는 습관을 갖도록 하자.

수행평가의 독후감,
어떻게 쓰면 좋을까요?

국어가 아닌 다른 과목의 수행평가 방식 중 하나로 독후감을 쓰는 경우가 많아졌다. 국어 시간에 문학작품을 읽을 때만 독후감을 쓴다는 생각에서 벗어나야 한다. 이제 독후감은 적극적으로 평가 방식에 맞게 준비해야 하는 활동이 되었다.

수행평가가 중요해졌다

"요즘 독후감을 쓰는 수행평가가 많아요."

"독후감을 써야 하는데 어떤 내용들을 쓰면 좋을까요?"

"독후감을 쓰는 양식이 따로 있나요?"

수행평가 때문에 힘들어하는 학생들이 있다. 지필고사를 잘 봐도 나중에 수행평가 점수가 합산이 되면서 성적에 변화가 생기는 경우가 많아졌다. 예전에 단순히 수업 태도나 노트 정리쯤으로 평가하던 수행평가가 아니다.

수행평가가 확대되면서 과목의 특성에 맞는 여러 가지 수행평가 방식이 나오고 있다. 학생들은 지필고사도 신경을 써서 준비하지만 수행평가도 점수가 높은 편이어서 소홀히 할 수가 없는 상황이다. 그래서 학생들은 공부하는 틈틈이 밤새 수행평가 준비를 하거나 모둠끼리 어렵게 시간을 맞추어 의견을 조율해가며 준비를 하기도 한다.

수행평가에서 가장 중요한 것은 선생님이 이야기한 조건들을 잘 지키는 것이다. 자료를 제출하는 날짜와 자료의 형식, 분량은 기본이고 날짜를 나누어서 수행평가를 치를 경우에는 조금 부족하더라도 먼저 평가를 받아서 추가 점수를 받는 것도 중요하다. 평소 학습태도가 수행평가에 반영되는 경우도 있으니 수업 시간중 수업 태도를 바르게 하고, 교과서 정리와 노트 정리를 잘하며, 선생님이 나누어준 프린트도 잘 모아두도록 한다.

독후감은 국어 시간에만 쓰는 것이 아니다

그런데 요즘 수행평가 방식 중의 하나로 독후감을 쓰는 경우가 많아졌다. 국어만이 아니라 다른 과목에서도 과목 관련 책을 읽고 독후감을 제출하라는 수행평가가 많아졌다는 것이다.

독후감은 국어 과목에 해당하는 활동이라고 생각했는데, 국어가 아닌 다른 과목에서도 독후감을 쓸 일이 많아지면서 학생들이 독후감에 대한 관심이 많아지기도 했다. 그래서 수업중에 학교에서 지정해줄 책을 보여주면서 어떻게 하면 독후감을 잘 쓸 수 있을까를 물어보는 질문들을 한다.

우선 독후감과 관련된 수행평가가 국어 아닌 다른 과목에서도 이루어지고 있다는 것은 좋은 방향이다. 책을 잘 읽지 않는 학생들이나 좋아하는 분야만 읽는 독서 편식을 하는 학생들에게 강제성은 있지만 여러 분야의 책을 읽을 수 있는 기회를 준다. 선생님들이 해당 과목과 관련된 우수한 도서를 선정하기 때문에 학생들은 미처 몰랐던 책을 알게 되고, 배경 지식을 얻게 되며, 간접 경험도 하게 된다.

또 하나는 자신이 읽고 싶은 책을 읽을 때에는 대부분 독후감을 쓰지 않는다는 것이다. 그냥 책을 읽고 나서 덮어버린다. 하지만 억지로라도 독후감 활동을 하게 되면 내용을 정리하기 위해 생각을 하게 되고, 그것을 글로 표현하기 위해 다시 생각을 해야 하기 때문에 사고력이나 문장력이 좋아진다.

독후감은 국어 시간에만 또는 문학작품만 읽고서 하는 활동이라는 생각에서 벗어나야 한다. 독후감은 이제 적극적으로 평가 방식에 맞게 준비해야 하는 활동이 되었다.

독후감을 어떻게 쓰면 좋을까?

누구나 알고 있겠지만 독후감의 큰 틀은 예나 지금이나 줄거리와 감상이다. 그런데 요즘 학생들은 책을 읽고 내용을 정리하는 것 자체를 너무 힘들어해서 줄거리를 단 몇 줄로 끝내버리는 경우가 많다.

줄거리는 내용에 대한 요약·정리다. 즉 책에 나와 있는 내용을 바탕으로 작성해야 하기 때문에 그 성격이 객관적이어야 한다. 가끔 줄거리 중간 중간에 자신의 느낌이나 추측, 생각을 넣는 경우가 있는데 이러면 나중에 적게 될 감상 부분의 내용과 겹칠 수도 있다.

줄거리를 적을 때에는 전체 내용이 골고루 담길 수 있도록 각 부분별 내용을 미리 정리해본 뒤 균형을 맞추어 적도록 하고, 분량이 너무 적은 것 같으면 책에서 인상 깊은 장면이나 구절, 인물의 대사 등을 내용에 맞게 첨부하는 것도 좋다. 아예 독후감 양식에 인상 깊은 구절이나 장면을 적으라는 형식이 나와 있는 경우도 있으니 겹치지 않도록 잘 살펴본 뒤 적도록 한다.

감상은 책에 대한 자신의 생각이나 느낌을 기본으로 하는데, 이때 작가가 이 작품을 왜 썼을까를 한 번 쯤 생각해보고 그와 공감하거나 아니면 그 생각과 반대의 입장에서 적는 것도 좋다. 단, 왜 그렇게 생각했는지 근거를 제시해야 한다.

자신의 느낌을 적는 것이라고 해서 성의 없이 간단하게 적는 학생들이 많다. '감동적이었다.' '나에게 많은 영향을 준 것 같다.' 등이 느낌의 전부다. 왜 감동적이었는지, 어떤 영향을 받았는지 구체적으로 적어야 한다. 이때 길게 쓰기 위해 겹치는 내용이 있거나 똑같은 표현이 반복되지 않는지 검토해보아야 하고, 줄거리의 내용과도 비교해보아야 한다.

어차피 수행평가로 평가를 받아야 하는 독후감이라면 선생님이 읽을 때 내가 받은 감동이나 생각에 대해서 어느 정도 이해가 되도록 쓰는 것이 좋은 점수를 받는 데 유리할 것이다.

과목 선생님이 나누어준 양식이 있다면 그 양식과 분량에 맞추어서 쓰도록 하고, 날짜도 지켜서 제출하도록 한다. 컴퓨터로 작성을 하는 경우도 있지만 손글씨로 작성을 해야 한다면 최대한 깨끗하게 알아볼 수 있도록 쓰는 것도 사소하지만 꼭 지켜야 할 기본 사항임을 명심하자.

국어와 관련된 지식을 많이 아는 것도 중요하지만

공부를 하다가 자연스럽게 생기는 학습 방법과

궁금증들을 해결해나가는 것이 효율적인 학습을 위해 중요하다.

국어는 국어만의 학습법이 필요하다. 그리고 갈래에 따른 학습법도 필요하다. 같은 문학이어도 시와 소설은 그 성격과 특징이 다른 갈래이다. 그렇기 때문에 공부를 할 때에도 그 성격과 특징에 맞게 공부하는 것이 매우 중요하다. 학생들은 어느 갈래를 공부하더라도 똑같은 방법으로 공부하면서 놓치게 되는 것들이 있다. 학생들이 가장 어려워하는 시부터 말하기·듣기까지 갈래별 학습법을 알고 나면 학년이 바뀌어도 국어 기초 능력이 탄탄해져서 성적은 물론 공부에 대한 자신감도 생기게 될 것이다.

4장

갈래에 따른 최강의

국어 학습법

시

화자를 찾는 것이
시 해석의 핵심이다

학생들이 국어 공부를 할수록 어려워하는 영역이 '시'다. 시는 함축적이고 상징적인 의미의 시어들이 있기 때문에 책을 잘 읽지 않는 학생들에게는 시를 읽고 감상하고 문제까지 풀어야 하는 것이 결코 쉬운 일이 아니다.

시가 어렵다?

중학교 1학년 학생들에게 "국어 공부를 하면서 가장 쉬운 부분이 어디냐"고 물어보면 "시"라고 대답하는 학생들이 많다. 그 이유가 무엇이냐고 물어보면 "짧으니까요"라고 대답한다. 요즘은 많이 안 하지만 백일장에서 주제를 주고 '시' 또는 '수필'을 쓰라고 하면 대부분의 학생들은 '시'를 쓴다. 왜? "짧으니까요."

그런데 국어를 공부하면 할수록 학생들의 반응은 달라진다. *특히 고등학생이 되면 "시가 가장 어렵다"고 이야기한다.* 모의고사에서 시가 나오면 아예 문제 풀기를 포기하는 학생들도 있다.

소설은 지문이 길어도 읽으면 어느 정도 내용이 파악되는데, 시는 아무리 읽어도 무슨 말인지 모르겠다는 것이다. 그렇게 이해가 안 되는 시가 한 편이 아니라 두 편, 세 편씩 한 지문 안에 묶여 나오니 시는 감상의 대상이 아니라 '두려움'의 대상이 되어버렸다.

중학교까지는 시 공부가 어렵지 않다. 교과서에 나오는 작품에 대해 선생님의 설명을 바탕으로 이해하고, 아무리 공부해도 이해가 되지 않는 부분은 그냥 외워버리면 어느 정도 문제를 풀 수는 있다.

그러나 고등학교에서는 그럴 수가 없다. 물론 학교 시험은 중학교와 마찬가지로 공부하면 된다. 문제는 교과서에서 배우지 않는 작품들이 나온다는 것이다. 특히 모의고사에서는 자신이 아는 작품이 나오길 기대하기 어렵다. 어쩌다 아는 작품이 나오는 것이 오히려 반갑고 신기할 정도다.

학교 시험에서도, 모의고사에서도 시는 빼놓지 않고 나오는 중요한 영역이다. 우리가 중학교부터 고등학교까지 6년 동안 꾸준히 공부한 시를 왜 어려워하는 것일까? 시는 어려운 걸까? 아니다. 어렵지 않다.

시의 기본인 시의 3요소를 알자

중학교에 입학해서 1학년 동안 배우는 내용들은 중학교 공부의 기초만 되는 것은 아니다. 나아가 고등학교 공부의 기초가 되기도 한다. 그런데 학생들은 이 기초를 쉽게 생각하고 쉽게 잊어버린다.

시에 있어서도 우리가 알아야 할 기본이 있는데 바로 그 기본이 시 감상의 기본이 된다. *우선 가장 기본이 되는 것은 시의 3요소다.*

지금 당장 시의 3요소가 무엇이냐고 물어보면 과연 얼마나 많은 학생들이 대답을 할 수 있을까? 시의 3요소는 '운율, 심상, 주제'다. 우리가 어떤 시를 공부할 때 이 3가지만 파악해도 어느 정도 작품에 대한 파악은 이루어졌다고 할 수 있다.

운율은 시에서 음악적 요소에 해당한다. 다른 문학의 갈래와 가장 다른 점이기도 하다. 그래서 작품에 대한 운율의 특징을 물어보는 문제가 많이 출제된다.

운율에서 가장 중요한 것은 '반복'이다. 작품 속에서 반복되는 요소를 찾아보는 것이다. 시어가 반복이 될 수도 있고, 글자 수가 반복될 수도 있고, 일정한 위치에 특정 음운이 반복될 수도 있다. 아니면 의성어나 의태어가 사용될 수도 있다. 이러한 요소들이 보이면 이것이 그 작품의 운율을 형성하는 데 중요한 요소라고 파악하면 된다.

심상은 회화적 요소에 해당한다. 회화적 요소라고 하면 학생들은 '영어회화'의 '회화'를 떠올리는데, 시에서 말하는 '회화적'이라는 말은 그림으로 생각하면 된다. 즉 심상이란 어떤 시를 읽고 우리 마음 속에 떠오르는 감각적 영상을 말한다. 작품 속에서 두드러지게 나타나는 감각적 표현들을 찾으면 되는 것이다. 색이 많이 표현되어 있는지, 소리가 많이 표현되어 있는지, 촉감이 많이 표현되어 있는지를 찾아 감상하면 주된 심상을 찾을 수 있다.

주제는 의미적 요소다. 주제란 글에서 나타내고자 하는 중심생각을 말하는데, 국어에서 배우는 모든 글에서 빼놓을 수 없는 요소가 바로 주제다. 우리가 어떤 글을 읽고 감상하는 궁극적인 이유는 바로 주제를 파악하기 위해서이다. 그래서 국어에서는 주제를 직접적으로 물어보거나 주제를 알아야 해결할 수 있는 문제들이 많이 출제된다.

여기까지가 시의 3요소다. 어떤 작품을 감상하더라도 시의 3요소는 꼭 정리해두어야 한다.

시도 이야기다. '화자'를 중심으로 해석하자. 처음 시를 가르칠 때 시속에 나오는 '나'가 누구냐고 물어보면 시인이라고 대답하는 학생들도 있고 주인공이라고 대답하는 학생들도 있다.

시 속에 나오는 '나'는 '화자'라고 한다. 모든 시에는 화자가 있다. '나'라는 표현으로 드러나는 경우도 있고, 화자가 드러나지 않는 경우도 있다. 화자는 시인 자신일 수도 있고, 때론 사람이 아닌 사물일 수도 있다. 이렇게 모든 시에는 '화자'가 있다. 시는 바로 이 화자를 중심으로 전개되는 이야기이다.

우리는 시를 일종의 노래라고 말한다. 우리가 부르는 노래는 어떤 이야기를 바탕으로 만들어지는 경우가 많다. 시도 시인이 어떤 상황 속에서 느낀 자신의 생각이나 느낌을 운율이 있는 언어로 압축해 표현한 문학작품에 화자라는 대리인을 내세워 전달하는 것이다.

그래서 우리는 시를 감상할 때 소설 속의 주인공을 찾는 것만큼이나 화자를 찾는 것이 중요하고, 화자가 어떤 상황 속에 있는지, 그 상황 속에서 어떤 감정을 느끼고 있는지를 찾는 것이 시 해석의 핵심이라고 할 수 있다. 실제로 시험 문제에는 바로 이 화자의 상황이나 화자의 정서, 태도를 물어보는 문제가 많이 출제되고 있다.

- '화자'를 찾는다.
- '화자'가 처한 시간적·공간적 배경을 파악한다.
- '화자'가 바라보는(기다리는) 대상을 파악한다.
- '화자'가 대상을 대하는 태도나 감정을 파악한다.
- '화자'가 처한 상황 속에서 어떤 감정을 느끼는지 파악한다.

이렇게 화자를 중심으로 감상을 하면 좀더 쉽게 작품을 감상할 수 있다. *단, 이때 자신의 감정을 이입해서는 안 된다.* 학생들 중에는 작품 속 화자의 감정이 아닌 작품 속 상황에 대한 자신의 감정을 화자의 감정으로 착각해 문제를 푸는 경우도 있으니 조심해야 한다.

시어의 함축적 의미, 너무 어렵게 여기지 마라

시어의 함축적 의미는 우리가 시를 공부하면서 가장 어려워하는 이유이면서 시를 공부할 때 가장 중요한 부분이기도 하다. 그래서 시 문제에서 시어의 함축적 의미를 물어보는 문제는 항상 출제된다.

시는 다른 문학과 달리 많은 이야기를 압축해서 표현한다. 그래서 시어 하나하나에 많은 의미를 포함하고 있다. 그 시어 속에 포함되어 있는 의미를 '함축적 의미'라고 하는 것이다.

그런데 학생들은 이 함축적 의미에 너무 신경을 쓰다 보니 시에 쓰인 모든 시어에 함축적 의미가 담겨 있을 거라고 생각한다. 또한 그 의미도 매우 심오하고 어려운 의미일 것이라는 선입견에 사로잡혀 시를 제대로 읽지도 못하는 경우가 많다.

'빼앗긴 들에도 봄은 오는가'는 이상화 시인의 시 제목이다. 여기서 '빼앗긴 들'과 '봄'은 각각 무슨 의미일까? 이 시는 일제강점기를 배경으로 하는 작품이다. 그래서 '빼앗긴 들'은 빼앗긴 조국을 의미하고, '봄'은 독립을 의미한다고 볼 수 있다. 일제 강점기를 배경으로 하는 작품들 중에는 '봄'이라는 계절을 통해 독립을 나타내는 경우가 많고, 반대로 '겨울'이나 '밤'을 통해 암울한 시대적 상황을 나타내는 경우가 많다. 너무 깊이 있게 해석하려고 하면 오히려 시 해석이 어려워진다.

우선 시를 소리 내어 읽으며 시의 전체적인 분위기를 느끼고, 시어들을 긍정적인 느낌의 시어와 부정적인 느낌의 시어로 나눈다. 특히 제목에 해당하는 시어가 시 속에 나타나면 중심 소재이거나 주제를 나타내는 시어일 수 있으므로 좀더 주의 깊게 읽으며 긍정적 의미인지, 부정적 의미인지 생각해보는 것이 좋다.

깡쌤의 한마디

요즘은 수업 시간에 배운 작품의 의미를 다른 작품에 적용하는 문제가 많이 출제되고 있다. 즉 '보기'에 낯선 작품들이 나오는 것이다. 내가 아무리 작품의 의미, 함축적 의미, 비유적 표현의 원관념을 알고 있어도 그것을 다른 작품에 적용하지 못하면 문제를 틀리거나 답을 찍어야 하는 상황이 발생하는 것이다.

그래서 교과서 위주의 공부만으로는 안 된다. 다른 학교 교과서에 실려 있는 작품들이나 해당 학년에서 권장하고 있는 시 작품들을 읽어보는 것이 좋다. 시를 읽을 때에는 눈으로 읽지 말고 소리 내어 읽으면 시의 분위기를 느끼는 데 도움이 된다.

공부하기에도 바쁘고 읽어야 할 책도 많은데 시까지 읽어야 하냐고 하소연할 수도 있다. 그리고 시는 워낙 작품이 많아서 도대체 어떤 시를 읽어야 할지 막막할 수도 있다. 교과서에 실려 있는 시 작품과 같은 시대의 작품이나 시인과 시 정신이 비슷한 시인의 작품, 주제가 비슷한 작품들을 우선적으로 읽고, 고등학생의 경우 출제율이 높은 작품들 위주로 읽는 것도 이런 문제들을 해결하는 데 도움이 될 것이다.

인물, 사건, 배경을
중심으로 파악하라

시와 더불어 우리가 '국어' 하면 떠오르는 대표적 갈래다. 소설은 알아야 할 요소도 많고, 시험 문제도 다양하게 출제되고 있어서 이미 알고 있는 작품이라도 쉽게 생각하고 대비해서는 안 된다. 많이 알고, 많이 읽어야 한다. 소설을 어떻게 공부해야 좋을까?

소설은 언제나 어렵다

학생들에게 소설은 항상 어려움의 대상이다. 우선 소설은 알아야 하는 개념들이 많은 편이라 어렵게 느껴진다. 소설의 특성, 소설의 3요소, 서술자, 시점, 복선 등 작품에 따라 시대적 상황과 소재의 의미까지 한 편의 소설을 제대로 감상하기 위해 알아두어야 할 것들이 너무나 많다.

학생들이 가장 부담스러워 하는 것은 소설의 분량이다. 소설을 많이 읽고 싶어도 분량이 너무 길어서 읽기가 너무 힘들다는 학생들이 많

다. 게다가 요즘 학생들은 자신이 좋아하는 분야의 책이 아니면 책 읽는 것 자체를 힘들어하고 책을 읽을 시간이 없다고 이야기한다. 그나마 교과서에 실려 있거나 학교 추천 작품 정도는 읽으려고 노력한다.

학생들이 즐겨 읽는 소설들이 교과서에 실려 있으면 좀더 재미있게 공부할 수 있을 테지만 안타깝게도 우리 교과서에 실려 있는 작품들은 그런 작품들과는 거리가 멀다. 힘들게 읽고 나서도 도대체 무슨 이야기인지 모르겠다는 학생들도 많다.

그래서 학생들에게 소설은 항상 어렵다. 모의고사에서도 지문이 길게 출제되어 모르는 작품의 경우 의미를 파악하는 데 시간이 오래 걸린다는 학생들이 많다. 그런데 소설을 이렇게 힘들게 공부해야 하는 것일까?

소설 구성의 3요소에 주목하라

누구나 다 알고 있겠지만 소설은 이야기다. 소설은 작가가 현실 세계에 있음직한 일을 꾸며낸 이야기다. 학생들은 여기에서 작가가 꾸며낸 이야기라는 점에 주목한다. 이러한 특성을 소설의 허구성이라고 한다.

그런데 중요한 것은 그냥 꾸며낸 이야기가 아니라 '있음직한' 이야기라는 점이다. 이것을 '개연성'이라고 하는데, 학생들이 원하는 판타지 소설이 우리 교과서에 실릴 수 없는 것은 바로 이 '개연성'이 부족하기 때문이고, 교과서에 실린 작품들은 허구성과 더불어 개연성이 있는 작품이기 때문이다. 그래서 더욱더 우리는 소설 구성의 3요소에 주목해야 하는 것이다.

소설 구성의 3요소는 바로 '인물, 사건, 배경'이다. 한 편의 소설을 감상하면서 우리는 주인공이 누구인지, 시간적 배경이 언제이고 공간적 배경이 어디인지, 어떤 사건이 일어나는지를 우선적으로 파악해야 한다.

인물의 경우 주인공과 더불어 주인공과 대립 관계에 있는 인물, 주인공과 주변 인물들과의 관계를 파악하는 것이 중요하고, 인물들의 성격이나 심리까지 파악하는 것이 인물에 해당하는 내용이다. 인물들의 성격이나 심리는 직접적으로 제시되는 경우도 있으나 대화나 행동을 통해 간접적으로 제시하고 그것을 파악하라는 문제가 더 많이 출제되고 있다. 그러므로 지문에 나타나 있는 상황 속에서 인물의 대화나 행동을 잘 분석하는 것이 중요하다.

배경의 경우 시간적·공간적 배경뿐만 아니라 특정 시대를 배경으로 하는 경우 그 시대의 사회·문화적 배경을 파악해 등장인물의 행동에 담긴 의미, 소재의 의미를 파악하는 것이 중요하다.

사건의 경우 이야기를 이끌어가는 중요한 원동력이므로 사건의 발단부터 사건의 마무리까지 그 전개 과정을 구성 단계에 따라 살피는 것이 중요하다. 특히 사건은 인물들 간의 갈등과 밀접한 연관이 있으므로 사건의 중심이 되는 갈등의 원인이 무엇이고, 갈등의 종류가 무엇에 해당하는지 파악해야 한다.

서술자를 알면 시점이 보인다

시에서는 작품 속에 나오는 '나'를 '화자'라 하고, 소설에서는 작품 속에 나오는 '나'를 '서술자'라고 하는데 학생들은 '주인공'이라고 말하는 경우가 많다. 소설을 감상하기 위해서는 '서술자'를 파악하는 것이 중요하다. 서술자가 누구냐에 따라 소설의 시점이 결정되기 때문이다.

시점에는 1인칭 주인공 시점, 1인칭 관찰자 시점, 작가 관찰자 시점, 전지적 작가 시점이 있다. 시험 문제에서 시점을 물어보는 문제가 출제되는 것은 아니지만 시점을 알아야 해결할 수 있는 문제들이 많기 때문에 소설 작품을 공부할 때는 반드시 작품의 시점을 알아두는 것이 좋다.

특히 1인칭 주인공 시점과 전지적 작가 시점의 경우 우리가 가장 궁금해하는 주인공의 심리가 직접적으로 드러날 수 있지만, 1인칭 관찰자 시점과 작가 관찰자 시점의 경우 주인공의 심리가 말이나 행동을 통해 간접적으로 드러나기 때문에 대화나 행동에 담긴 의미를 물어보는 문제가 자주 출제된다. 시점을 알고 작품을 감상하는 것도 중요하지만 낯선 작품이라도 서술 방식을 보며 작품의 시점을 파악하는 연습을 해두면 문제를 푸는 데 많은 도움을 받을 수 있다.

문학 감상 방법 4가지가 작품 감상의 열쇠

소설뿐만 아니라 문학작품을 감상하는 4가지 관점이 있다. 작품 자체에 중점을 두는 내재적 관점과 작품 외적인 것에 중점을 두는 외재적 관점이 있는데, 외재적 관점은 무엇에 중점을 두느냐에 따라 다시 3가지로 나뉜다. 작가와 관련지어 감상하는 표현론적 관점이 있고, 시대 상황과 관련지어 감상하는 반영론적 관점이 있고, 독자에게 끼치는 영향과 관련지어 감상하는 효용론적 관점이 있다. 이 관점들이 중요한 이유는 문학작품을 감상하는 관점을 보면 하나의 문학작품을 감상할 때 알아야 할 것들을 알 수 있기 때문이다.

첫째, 내재적 관점을 통해서는 문학작품에 쓰인 문학적 표현 기법들을 알아두어야 한다는 것을 알 수 있다. 표현법을 비롯해 소재에 담긴 의미, 암시와 복선 등 작품에 쓰인 문학적 장치들의 기능과 그 의미를 정리해두어야 한다.

둘째, 표현론적 관점을 통해서는 작가에 대한 이해도가 필요하다는 점을 알 수 있다. 우리가 작품을 감상할 때 작가가 누구인지도 모를 때가 많은데, 시험 문제에 작가에 대한 설명을 보기로 제시하고 작가의 가치관이나 작품 세계와 관련된 부분을 찾으라는 문제가 자주 출제되고 있다. 작품을 공부할 때 작가에 대한 기본 정보나 작품세계에 대해 알아두면 많은 도움을 받을 수 있다.

셋째, 반영론적 관점을 통해서는 작품에 나타난 특정 시대에 대한 이해가 필요하다는 점을 알 수 있다. 그래서 작품 속에 나타난 인물들의

대화나 행동을 통해서 그 시대의 가치관을 파악하고, 낯선 소재들을 통해 시대의 생활상을 파악하는 연습이 필요하다.

넷째, 효용론적 관점을 통해서는 작품이 독자들에게 어떤 영향을 미쳤는가를 알 수 있다. 이 관점의 경우는 독자에 따라 반응이 주관적이기 때문에 긍정적 영향이나 부정적 영향을 보기로 제시해 문제를 출제하게 된다. 보기를 잘 읽고 문제를 해결하는 것이 중요하다.

특정 시대를 배경으로 하는 소설 읽기

교과서에 실린 작품들은 특정 시대를 배경으로 하는 작품들이 많다. 조선 시대, 일제 강점기, 해방 직후, 6·25 전쟁, 1960~1970년대 등이다. 비슷한 시기에 해당하는 대표적인 작품들을 읽고 그 시대의 특징, 작품의 의미, 인물의 상징성, 소재의 의미 등을 정리해두면 좋다. 시간이 된다면 작품 전체를 읽는 것이 가장 좋은 방법이지만 작품의 줄거리나 주요 장면, 핵심내용 등을 정리해놓은 자료들이라도 읽어두는 것도 나쁘지 않은 방법이다.

어느 특정 시대에 해당하는 작품만 읽지 말고, 골고루 읽어서 시대 상황에 대한 이해도를 높이는 것도 필요하다. 작품을 읽고 나서는 인물간의 관계도, 주제, 소재, 시점 등을 본인이 잘 알아볼 수 있도록 정리해두는 것도 잊지 말자.

깡쌤의 한마디

학생들이 소설을 공부하면서 가장 많이 하는 질문 중의 하나가 "작품 전체를 읽어야 하느냐"이다. 물론 시간과 여건이 허락한다면 작품 전체를 읽어보는 것이 가장 좋은 방법이라는 것을 학생들도 잘 알고 있다. 그런데 문제는 공부할 것이 많은 학생들에게, 특히 책 읽기를 힘들어하는 학생들에게 그 많은 소설 작품을 모두 읽으라고 하는 것은 무리라는 것이다.

우리 교과서에 실린 작품들은 특정 시대를 배경으로 하는 작품들이 많다. 조선 시대, 일제 강점기, 해방 직후, 6·25 전쟁, 1960~1970년대 등이다. 비슷한 시기에 해당하는 대표적인 작품들을 읽고 그 시대의 특징, 작품의 의미, 인물의 상징성, 소재의 의미 등을 정리해두면 좋다. 시간이 된다면 작품 전체를 읽는 것이 가장 좋은 방법이지만 작품의 줄거리나 주요 장면, 핵심내용 등을 정리해놓은 자료들이라도 읽어두는 것이 나쁘지 않은 방법이다.

어느 특정 시대에 해당하는 작품만 읽지 말고 골고루 읽어서 시대 상황에 대한 이해도를 높이는 것도 필요하다. 작품을 읽고 나서는 인물 간의 관계도, 주제, 소재, 시점 등을 본인이 잘 알아볼 수 있도록 정리해두는 것도 잊지 말자.

이해하고 암기하면
문법은 어렵지 않다

문법을 어려워하는 학생들이 많다. 정말 문법이 어려워서일까? 아니다. 문법은 어쩔 수 없이 암기가 필요하다. 그런데 외우는 것이 귀찮아 그냥 눈으로만 읽고 넘어가면 문법을 잘할 수 없다. 기본 원리를 이해하고 암기하면 문법은 절대 어렵지 않다.

문법은 용어에 담긴 원리를 이해해야 한다

국어를 본격적으로 공부하다 보면 자신이 어느 부분을 어려워하는지, 어느 부분이 약한지 파악된다. 문학을 어려워하는 학생도 있고, 비문학을 어려워하는 학생도 있는데 학생들이 공통적으로 어려워하는 영역이 있다. 그것은 바로 문법이다.

시험 범위에 문법이 포함되면 공부도 하기 전에 문법을 포기하는 학생들도 있다. "문법이 왜 어렵냐"고 물어보면 "외울게 너무 많아서"라고 대답한다. "외우면 되지 않느냐"라고 이야기하면 "외우는 것이 너무 귀찮다"고 이야기한다. 그리고 나에게 이렇게 물어본다. "문법을 쉽게 공부할 수 있는 방법은 없나요?"

선생님으로서 학생들이 좀더 쉽게, 재미있게 공부할 수 있도록 도와주는 것은 당연한 일이다. 그래서 문법을 가르치는 동안은 목소리도 좀더 크게, 설명도 재미있게, 쉽게 외울 수 있는 여러 가지 방법들을 알려주려고 노력한다. 그러나 설명할 때뿐이다. 다음 수업 시간에 지난 시간에 배운 것을 물어보면 용어조차 기억 못하는 학생들이 많다.

그래서 나는 용어에 담긴 의미를 우선 설명하고 이해시킨다. 다음 시간에 그 용어를 들어도 용어의 의미를 통해 원리를 떠올릴 수 있도록 하는 것이다. 마치 우리가 어떤 친구의 이름을 들으면 그 친구의 모습이 떠오르는 것과 비슷한 원리이다.

예를 들어 음운의 변동 중에 '음절끝소리 규칙'이라는 것이 있다. '음절끝소리 규칙'이란 음절의 끝소리에서 발음이 되는 자음은 7개뿐이라는 것인데, 학생들은 음절의 끝소리가 어디인지도 모른 채 그냥 외우기에 바쁘다. 나는 수업 시간에 '음절끝소리 규칙'에서 음절의 끝소리가 받침을 말하며 '표기'가 아닌 '발음'과 관련된 음운의 변동이라는 것을 강조한다. 그러면 학생들은 '음절끝소리 규칙'이라는 용어를 보는 순간 받침에 주목하게 된다.

'자음 동화'도 마찬가지다. 학생들에게 자음과 관련된 현상이니 모음은 보지 않아도 된다고 이야기하고, '동화'의 의미를 알려준다. 학생들이 한자어에 많이 약해 '동화'의 의미가 '서로 비슷해지거나 같아지는 것'이라는 것을 생각보다 모르기 때문이다. 의미를 설명한 뒤 '자음 동화'란 서로 성질이 다른 자음끼리 만나 성질이 비슷한 자음으로 바뀌어 발음되는 현상이라고 설명하면 용어와 그 원리를 오래 기억하게 된다.

마치 수학 공식을 외울 때 공식이 만들어진 원리를 이해하고 외우는 것과 마찬가지다. 그래서 나는 문법을 '국어 속의 수학'이라고 생각한다.

문법은 무엇보다 용어의 개념과 원리를 이해하는 것이 중요하다. 그런데 용어가 단순하다고 해서 이해하지 않고 무조건 외우려고 하면 단기간에는 효과가 있을지 모르나 지식으로 만들 수는 없다.

문법에도 체계가 있다

학생들이 이렇게 어려워하는 문법이 수능에서도 항상 나오고 있고, 심지어 요즘 인기가 있는 공무원 시험에서도 문법 비중이 높은 편이다. 그런데 이 중요한 문법 공부의 시작은 중학교다. 우리가 중학교 시기에 배우는 문법이 수능과 공무원 시험의 기본이 되는 것이다. 그러므로 중학교 때 배우는 문법을 절대 소홀히 해서는 안 되는 것이다.

우리가 중학교에서 배우는 문법은 매우 체계적으로 구성되어 있다. *문법에서 가장 작은 단위인 음운으로부터 시작해 형태소, 단어, 문장*

까지 학년별로 성취기준이 마련되어 있다.

중학교 1학년에서는 언어의 기본적인 특성, 음운의 체계와 특성, 품사의 종류 등을 공부한다. 중학교 2학년에서는 문장 성분, 어휘의 체계와 구조, 단어의 정확한 발음과 표기 등을 공부한다. 중학교 3학년에서는 한글의 창제 원리, 담화의 종류와 특성 등을 공부한다. 고등학교에서는 문법 요소, 한글 맞춤법의 원리, 국어의 변화 등을 공부한다.

앞에서 설명했던 '음운의 변동'의 경우, 1학년 때 음운을 배웠는데 그 개념을 기억하지 못하면 그 다음에 배우는 음운의 변동을 이해하기 힘들어지는 것이다. 그리고 문법에서 중요한 품사와 문장 성분도 중학교 과정중에 배우는데, 이 내용을 이해하지 못하면 고등학교에서 많이 다루는 문장의 확대에서 이어진 문장이나 안은 문장을 구분하는 것이 매우 힘들어진다.

자신이 지금 배우는 문법 내용은 한 번 공부하고 시험 보면 끝나는 것이 아니라 다음 학년에서 배우는 내용과 연결되어 있고, 더 나아가 고등학교 문법과 수능시험에까지 연결되어 있는 매우 체계적인 영역이라는 점을 명심해야 한다. 그래야 문법에 자신감을 가질 수 있다.

기본 문제부터 응용 문제까지 다양한 문제 풀이가 중요하다. 문법은 '국어 속의 수학' 같은 영역이다. 수학 공부의 기본 원리를 생각해 보자. 우선 공식을 이해하고 암기한다. 그 다음 공식을 적용할 수 있는 기본 문제를 풀어본다. 그리고 다양한 활용 문제를 통해 실력을 향상시킨다. 문법도 마찬가지다.

교과서에 나와 있는 용어와 원리를 이해하고 암기한다. 그리고 교과서에 나와 있는 다양한 활동 문제를 풀고, 교과서에 나와 있는 예문들을 완벽하게 분석한다. 그 다음 자습서나 평가문제집에 나와 있는 다양한 문제를 풀어봐야 한다.

그런데 학생들의 공부 방법은 순서가 잘못되어 있는 경우가 많다. *학생들이 저지르는 첫 번째 실수는 교과서 예문을 제대로 보지 않는다는 것이다.*

출판사에 따라 조금씩 다르지만 거의 모든 교과서에는 문법 단원에 다양한 활동 문제가 제시되어 있다. 대부분 개념을 이해할 수 있는 정도의 쉬운 문제들이다. 그래서 그런지 학생들은 이 문제를 풀어보지 않고, 처음부터 문제집에 나와 있는 어려운 문제들을 풀려고 한다.

실제로 학교 시험 문제는 교과서 내에 있는 예문들을 바탕으로 출제되는 경우가 많다. *나는 시험 기간에는 학생들에게 교과서에 나와 있는 예문들과 활동 문제의 답을 모두 외우라고 말한다.* 선생님들이 좀더 다양한 문제들을 부교재로 나누어주는 경우가 있다. 이 부교재는 시험 출제 1순위가 된다. 부교재를 잘 모아두는 것은 기본이고, 문제의 답은 그때 그때 선생님을 통해 확인해두면 시험 기간 동안 아주 좋은 자료가 된다.

교과서 활동 문제에 대한 공부가 어느 정도 이루어진 다음에는 다양한 문제들을 풀어보는 것이 좋다. 문법은 얼마든지 새로운 유형의 문제가 출제될 수 있다. 전혀 풀어보지 않은 문제 유형이거나 교과서에 없는 예시가 시험 문제로 출제되면 학생들은 매우 당황스러워 한다. 이런

상황에 대비하기 위해서라도 다양한 문제 풀이는 필요하다.

문장 성분에 대한 시험 문제를 대비하기 위해 교과서에 나오는 예문들을 가지고 분석하는 연습을 열심히 시켰는데, 정작 학교 시험 문제는 문장 성분을 제시하고 그에 알맞은 문장을 만들어보라는 주관식 문제가 나와서 나도 학생들도 많이 당황했던 적이 아직도 기억에 남아 있다. 새로운 문제 유형을 예측할 수는 없지만 어떤 문제가 나와도 당황하지 않도록 연습해둔다면 얼마든지 해결할 수 있는 힘을 기를 수 있다.

문법 문제는 객관식, 주관식, 서술형 등 다양한 형태의 시험 문제가 출제된다. 이런 다양한 문제 형식에 대비하기 위해서 주관식이나 서술형 문제도 직접 풀며 내용을 익혀두는 것이 중요하다. *특히 낯선 문법 용어는 눈으로만 읽지 말고, 소리내어 반복적으로 읽으며 그 용어에 익숙해지도록 한다.*

고등학생의 경우 중학교에서의 문법 공부가 충분치 않아 내신 대비나 모의고사에서 어려움을 겪는다면 무조건 어려운 문제를 풀면서 자신감을 잃는 것보다 중학교 문법 교재로 기본 개념을 익혀 기초 실력을 쌓는 것이 더 효과적인 공부가 될 수 있다.

깡쌤의 한마디

문법 문제는 객관식, 주관식, 서술형 등 다양한 형식의 시험 문제가 출제된다. 이런 다양한 문제 형식에 대비하기 위해서 교과서 문제 풀기는 기본이고, 주관식이나 서술형 문제도 직접 풀며 내용을 익혀두는 것이 중요하다. 특히 낯선 문법 용어는 눈으로만 읽지 말고, 소리 내어 반복적으로 읽고 쓰며 그 용어에 익숙해지도록 해야 한다.

문법 문제는 형식만 다양한 것이 아니라 예문의 범위도 넓어서 항상 교과서 내에서만 문제가 나올 것이라고 예측하는 것도 위험하다. 어떤 예문으로 문제가 나와도 풀 수 있기 위해서는 평소 조금이라도 이해가 안 되는 개념이나 문제를 절대로 그냥 넘겨서는 안 된다. '설마 이런 문제가 나오겠어'라는 방심은 언제나 금기사항이다.

고등학생의 경우 중학교에서의 문법 공부가 충분치 않아 내신 대비나 모의고사에서 어려움을 겪고 있다면, 무조건 어려운 문제를 풀면서 자신감을 잃는 것은 좋지 않다. 중학교 문법 교재로 기본 개념을 익혀 기초 실력을 쌓는 것이 오히려 더 효과적인 공부가 될 수 있다.

작은 정보까지
놓치지 마라

설명문은 비문학의 대표적인 글로 여러 정보가 실려 있다. 전체적인 내용을 파악하는 것도 중요하지만 문단별 세부적인 정보와 문단 간의 관계를 파악하는 것도 중요하다. 정해진 시간 내에 이런 정보를 정확하게 파악하고 문제를 해결하는 연습을 하자.

설명문은 단순히 설명만 하는 글이 아니다

국어에서 비문학은 크게 설명문과 논설문으로 나뉜다. 학생들은 주장과 근거를 분석해야 하는 논설문보다 어떤 사실이나 정보에 대해 쉽게 설명하는 설명문을 좀더 쉽게 생각한다.

실제로 논설문은 적절한 근거를 바탕으로 해 자신의 주장이 타당함을 증명하는 글이기 때문에 독자에 대한 배려가 부족하다. 사용하는 어휘부터가 설명문보다 어렵다. 반면 설명문은 독자의 이해를 목적으로 하는 글이기 때문에 논설문에 비해 사용하는 어휘도 어렵지 않고, 여러 가지 예를 제시해 논설문보다 쉽게 읽힌다는 느낌을 받을 수 있다.

그러나 설명문이 점점 어려워지고 있다. *모의고사에 출제되고 있는 비문학 관련 지문들을 보면 인문, 예술, 사회, 역사 등 분야가 다양하다.* 특히 과학과 관련된 지문들은 내용 자체가 점점 어려워지면서 학생들에게 두려움의 대상이 되기도 한다.

내용 또한 단순한 정보를 전달하는 것이 아니라 복잡한 원리를 설명하거나 두 대상에 대한 비교와 대조, 하나의 현상에 대한 자세한 분석, 시대에 따른 변천사 등 그 내용이 예전에 비해 다양해지면서 어려워지고 있다.

중학교 시기에는 설명문의 개념과 특성, 설명 방법 등 기본적인 내용들과 내용을 요약하는 연습을 하는 정도의 수업이 이루어지고 있지만 설명문을 포함해 비문학 관련 글을 많이 읽지 못하고 있다. 비문학이야말로 꾸준함이 열쇠이기 때문에 다양한 글을 꾸준히 읽으면서 내용을 파악하는 연습만이 점점 어려워지고 있는 설명문을 대비할 수 있는 방법이 될 것이다.

설명 방식을 통해 보다 빠르고 쉽게 내용을 파악하자. 설명문을 공부하면서 꼭 알아야 하는 것이 설명 방식이다. 설명 방식에는 정의, 비교, 대조, 분석, 분류, 예시 등이 있다.

글을 읽어 나가면서 내용에 따라 어떤 설명 방식이 사용되었는지를 알면 내용을 파악하는 데 도움을 받을 수 있고, 문제에서도 글에서 사용된 설명 방식이 무엇인지를 묻는 문제가 자주 출제되기 때문에 문제 풀이에도 도움이 된다. 그런데 실제로 학생들이 설명문을 읽는 모습을 보면 설명 방식을 의식하지 않고 그냥 읽다가 설명 방식을 물어보는 문제가 있으면 다시 지문을 확인하는 것을 볼 수 있다.

우리가 지문을 통해 알 수 있는 설명 방식의 표현들을 알아두자. 우선 설명문의 정의는 '독자의 이해를 목적으로 하는 글'이다. 설명 방식은 글의 앞부분에 어떤 개념을 설명하는 부분에 많이 사용된다. 글의 주제와 관련된 용어나 중심 화제의 개념을 파악할 때 중요한 것이 설명 방식이다.

예시는 설명문에서 자주 쓰이는 설명 방식으로 '예를 들어, 예를 들자면, 대표적인 예이다' 등의 표현으로 나타난다. 예시는 중심 내용은 아니지만 예를 들어 설명한다는 것은 쉽게 설명해 이해시키고자 하는 중요한 내용이라는 증거이기 때문에 무엇에 대한 예시인지 파악하면 중심 내용을 파악하는 데 도움을 받을 수 있다.

비교와 대조는 대상이 2개 이상일 때 자주 사용하는 설명 방식이다. 따로 쓰이기도 하지만 두 대상의 공통점과 차이점을 같이 설명하는 경우가 많아 어떤 점이 공통점인지, 어떤 점이 차이점인지 잘 구분해 지문에 '비교, 대조'라고 표시해두면 문제를 해결하는 데 도움을 받을 수 있다.

분류와 분석은 나눈다는 공통점은 있지만 나누는 방식이 다르다. 분류는 일정한 기준을 가지고 종류별로 나누어 설명하는 방식이고, 분석은 대상을 구성하고 있는 구성 요소로 나누어 설명하는 방식이다. 분류는 나누어진 종류를 파악하는 것도 중요하지만 나누는 기준이 무엇인지 함께 파악하는 것이 좋다. 분석은 구성 요소로 나눈 뒤 그에 대한 자세한 설명이 이어지는 경우가 많다. 무엇이 대상이었고, 몇 개의 구성요소로 나누었는지 내용의 흐름을 놓치지 않는 것이 중요하다.

문단별로 중심 내용을 파악하자

설명문을 포함한 비문학을 공부하면서 학생들이 가장 어려워하는 부분이 중심 내용을 파악하는 것이다. *비문학은 누가 좀더 빠르고 정확하게 내용을 파악하느냐가 매우 중요하다.*

학생들 중에는 내용을 파악하기 위해 너무 꼼꼼히 읽다가 시간이 부족한 학생들도 있고, 대충 읽고 문제를 풀었다가 내용이 생각나지 않아 다시 읽는 학생들도 있다. 그리고 처음부터 문제를 보고 문제에 해당하는 내용만 골라 읽는 학생들도 있는데, 설명문에서는 그런 방법이 좋지 않다.

설명문에서 가장 많이 나오는 문제 유형은 '다음 중 이 글의 내용과 일치하지 않는 것은?' 또는 '일치하는 것은?' 같은 문제다. 즉 글에 나와 있는 정보를 확인하는 문제가 많이 나오기 때문에 문제를 보고 지문을 읽더라도 결국 처음부터 끝까지 읽어야 해결할 수 있는 것이다. 그래서 아예 처음부터 정확하게 읽고 문제를 푸는 것이 좋다.

한 번에 글 전체의 중심 내용을 파악하는 것은 어려운 일이므로 문단별로 중심 내용을 파악하는 것이 좋다. 각 문단에서 핵심어나 중심 문장이라고 생각되는 부분, 또는 앞에서 설명한 설명 방식이 쓰인 부분에 밑줄을 긋고 그 내용들을 바탕으로 문단 간의 관계를 파악하면 보다 쉽게 글 전체의 중심 내용을 파악할 수 있다.

설명문의 도입 부분에는 주로 중심 화제를 제시하고, 가운데 부분에서 본격적인 설명이 이루어지며, 끝부분에는 요약과 마무리 및 앞으로의 전망 등이 나타난다는 부분별 특징을 함께 알아두는 것도 내용을 파악하는 데 도움을 받을 수 있다.

또한 설명문의 제목을 눈여겨보아야 한다. '만 원 권 지폐에 담긴 물리학' '우주 엘리베이터' '시대를 넘나드는 전통의 곡선' 등 설명문의 제목을 통해 설명 대상을 짐작할 수 있기 때문이다.

깡쌤의 한마디

설명문은 처음부분부터 끝부분까지 정확하게 읽는 것이 무엇보다 중요하다. 그러나 설명문이 학생들이 즐겨 읽는 글의 종류가 아니고, 다루는 내용이 본인이 잘 모르거나 관심 없는 분야들이기 때문에 읽는 도중에 집중력이 떨어지는 경우가 많다. 어렵게 간신히 읽어 내려가도 문제를 풀려고 하면 문제에 해당하는 정보를 본문에서 찾아내지 못해 실수를 하는 경우도 많다.

이러한 어려움을 극복하기 위해 글을 읽는 동안 설명하고자 하는 대상을 파악하고, 대상과 관련된 정보가 나타난 곳에 표시를 하면서 읽어나가는 것이 좋다. 문제를 풀 때도 보기에 나와 있는 용어가 본문에 나와 있는 용어와 일치한다고 해서 맞는 내용이라며 성급하게 판단하지 말고, 마지막 표현까지 정확하게 본문과 일치하는지 파악하는 집중력을 연습해두어야 한다.

그렇게 하기 위해 평소에도 설명문에 해당하는 글을 꾸준히 읽는 연습이 필요하다. 신문기사나 모의고사 기출 문제, 학년에 맞게 편집된 비문학 독해 교재들의 지문들을 읽는 것이 좋은데, 처음에는 문제풀이보다 지문을 정확하게 읽고 분석하는 연습을 하고 어느 정도 읽기에 자신감이 생기면 문제풀이도 함께 병행하는 것이 좋다.

주장은 기본이고
근거까지 파악하라

논설문은 설명문과 더불어 비문학의 대표적 갈래다. 논설문에서의 핵심은 주장과 근거를 파악하는 것이다. 주장의 타당성을 입증하기 위해 어떤 논증 방법을 사용했는지 파악하는 것도 중요하다. 논설문을 읽고 분석하는 것은 논술 쓰기에도 큰 도움이 된다.

재미없는 글이 아니라 어려운 글이다

학생들은 기본적으로 설명문이나 논설문을 포함한 비문학 글 읽기를 매우 힘들어 한다. 소설에 비해 분량은 많지 않지만 재미나 감동을 느낄 수 없고, 내용을 분석하며 읽어야 하기 때문에 집중하며 읽을 수가 없다고 한다. 게다가 힘들게 읽어도 무슨 내용인지 정리가 잘 안 된 상태에서 문제까지 풀어야 한다는 것이 힘들다고 학생들은 이야기한다.

수학이 어려워서 '수·포·자'라는 말이 생겨났는데, '국·포·자'라는

312

말도 학생들 사이에서 생겨났다고 한다. 국어가 어려워 국어를 포기하는 학생들이 적지 않다는 것이고, 국어가 어려워진 데는 비문학이 크게 한몫 하고 있음을 짐작할 수 있다.

학생들은 단순히 비문학에 해당하는 글이 "재미없어서 못 읽겠어요"라고 이야기하지만 재미가 없는 것이 아니라 어려운 것이다. 특히 논설문은 설명문에 비해 읽고 내용을 파악하기가 어렵다.

논설문이란 어떤 주제에 관해 자기의 생각이나 주장을 체계적으로 밝혀 쓴 글이다. 글쓴이가 가장 중요하게 생각하는 것은 자신의 주장에 타당한 근거를 제시해 독자를 설득하는 것이다. 그래서 설명문에 비해 독자에 대한 배려가 부족하다.

우선 논설문에 사용되는 어휘가 어렵다. 학생들이 한자어에 많이 취약한 편인데, 논설문에는 설명문처럼 쉽게 풀어서 설명하지 않고 자신의 생각을 좀더 명확하게 표현하기 위해 한자어나 전문어가 많이 사용된다.

논설문에서 다루는 내용 자체도 어렵다. 일반적으로 논설문은 어떤 문제 상황에 대한 해결 방안이나 어떤 대상에 대한 상반된 입장의 대립 상황에서 자신의 입장을 주장하는 등 학생들이 쉽게 읽고 공감할 수 있는 내용들이 아니어서 더욱 어렵게 느껴지는 것이다.

논설문은 논리성을 바탕으로 한 치밀한 글이어서 어렵다. 내용 자체의 어려움도 있지만 자신의 주장을 체계적으로 나타내기 위해 여러 가지 근거를 논리적으로 구성하게 된다. 독자의 입장에서는 단순히 글을 읽는 것이 아니라 글을 세밀하게 분석하면서 주장과 근거를 구

분하고, 전체적으로는 글쓴이가 말하고자 하는 바를 파악해야 하기 때문에 다양한 글 읽기가 부족한 학생들에게는 어렵게 느껴질 수밖에 없다.

논설문의 구성에 따라 내용을 분석하자

논설문은 서론, 본론, 결론으로 구성되어 있다는 것을 중학생이라면 누구나 알 것이다. 각각의 역할을 다시 한 번 살펴보면서 어떻게 읽어야 하는지 알아보자.

논설문의 서론은 문제를 제기하고 글을 쓰게 된 동기와 목적을 제시하는 부분이다. 학생들은 글의 앞부분에는 중요한 내용이 없을 것이라고 생각하고 가볍게 읽고 넘어가는 경우가 많은데, 논설문의 경우는 그렇지 않다. 글쓴이가 글을 쓰게 된 중요한 동기와 문제 상황이 제시되어 있기 때문에 이것을 반드시 파악하면서 이에 대한 글쓴이의 입장이 무엇인지 짐작해보아야 한다.

논설문의 본론은 논설문에서 가장 중요한 근거와 이를 바탕으로 한 주장이 나오는 부분이다. 그래서 학생들도 본론 부분은 신경을 써서 읽으려 노력한다. 그런데 문제는 주장이 무엇인지만 파악하려 한다는 것이다. 글쓴이의 주장은 글의 주제와 밀접한 관련이 있고, 시험 문제에서도 자주 출제되기 때문인데 주장만큼이나 중요한 것이 바로 근거 찾기다.

주장 자체는 주관적 성격이 강하지만 뒷받침하는 근거는 타당성을 얻기 위해 권위 있는 사람의 말을 인용하거나, 권위 있는 기관의 통계 자료를 인용하는 등 객관적 자료를 사용하는 경우가 많다. 주장만큼이나 근거에 해당하는 내용을 물어보는 시험 문제도 자주 출제되기 때문에 본론 부분을 읽을 때는 집중해서 읽으며 근거를 찾아 표시해두는 것을 잊지 말아야 한다.

논설문의 결론은 본론의 내용을 요약·정리하거나 주장을 다시 한 번 강조하는 부분이다. 본론에서 미처 찾지 못한 글쓴이의 주장을 결론 부분에서 확인하며 글쓴이의 입장을 정리해보아야 한다.

이러한 서론, 본론, 결론의 흐름에 따라 각 부분의 역할에 맞게 주요 내용을 읽어나가면서 전체적인 글쓴이의 관점이나 글을 쓴 의도를 파악해보자. 그러면 논설문도 어렵지 않게 내용을 파악할 수 있다.

논설문의 논증방식을 알아두자

학생들은 논설문을 공부하기 위해 알아두어야 하는 용어들을 정확하게 이해하지 못한 상태에서 공부를 하는 경우가 많다. 설명문에 비해 논설문에서 사용되는 용어들이 어렵고 낯선 것은 사실이다. 그래서 논설문을 읽고 문제를 풀기 위해서는 논설문과 관련된 용어들을 정확하게 알아두는 것이 무엇보다 중요하다.

논설문에서 가장 많이 나오는 문제 유형 중의 하나가 논설문에서 쓰인 논증 방식을 물어보는 문제다. 그런데 '논증'이 무엇인지를 모르는 학생들이 많다.

논증이란 설득을 목적으로 하는 논설문 같은 글에서 글쓴이가 옳고 그름을 논리적 근거를 들어 밝히는 것을 말한다. 즉 논리적으로 증명하는 것을 논증이라고 생각하면 된다. 논증의 가장 대표적인 방법에는 '연역 추론'과 '귀납 추론'이 있다.

여기에서 '추론'이라는 용어에 대해서도 학생들은 궁금해할 것이다. 추론이란 어떤 판단을 근거로 삼아 다른 판단을 이끌어내는 것, 또는 이미 알고 있는 전제로부터 결론을 이끌어내는 과정을 말한다.

여기에서 다시 '전제'라는 용어가 눈에 들어올 것이다. 전제란 어떤 판단이나 결론을 이끌어내는 자료를 '전제'라고 한다.

첫째, 연역 추론은 이미 알려진 일반적인 사실이나 원리를 전제로 해 개별적인 사실이나 특수한 원리를 이끌어내는 추론 방식이다. 이러한 연역 추론의 가장 대표적인 방법이 '대전제-소전제-결론'의 형식을 가지고 있는 삼단 논법이다.

모든 사람은 죽는다. - 대전제
홍길동은 사람이다. - 소전제
그러므로 홍길동은 죽는다. - 결론

둘째, 귀납 추론은 개별적이고 구체적인 사례로부터 공통적으로 나타난 현상을 바탕으로 일반적 원리를 이끌어내는 추론 방식이다.

여우는 새끼를 낳는다.

호랑이도 새끼를 낳는다.

여우와 호랑이는 포유류다.

따라서 포유류는 새끼를 낳는다.

글에 쓰인 추론 방식을 알면 중심 내용을 파악하거나 글쓴이의 주장을 파악하는 데 도움이 된다. *그러나 추론 방식을 아는 것 이상으로 중요한 것은 논설문과 관련된 용어들을 정확하게 아는 것이다.* 논증, 추론, 전제, 근거, 명제, 논거, 논제, 논점 등 이러한 용어들이 무엇을 의미하는지 정확하게 알아두지 않으면 아무리 글을 읽어도 문제에서 요구하는 답을 쉽게 찾을 수 없다.

깡쌤의 한마디

논설문의 제목을 확인하면 글쓴이의 입장을 짐작할 수 있다. '종이책의 밝은 미래'라는 제목을 분석하면 '종이책'이 이 글의 중심 화제라는 것을 알수 있고, '종이책의 미래가 어떨 것인가'가 이 글의 논제라는 것을 알 수있다. 그리고 '밝은'이라는 표현을 통해 종이책에 대한 글쓴이의 입장이 '긍정적'이라는 것도 알 수 있다. 이렇게 제목만 가지고도 어느 정도 글쓴이의 입장을 짐작할 수 있기 때문에 글을 읽어나가면서 그에 대한 근거가무엇인지에 좀더 집중할 수 있을 것이다.

글쓴이의 주장과 근거, 논증 방식에 대한 문제는 기본적으로 출제되고, 더나아가 글쓴이와 같은 입장의 내용이나 반대 입장에 해당하는 내용을 찾으라는 문제, 또는 글쓴이의 주장에 활용할 수 있는 근거를 찾으라는 응용문제들도 출제되고 있다. 그러므로 보기에 제시된 내용들을 꼼꼼하게읽고 ○이나 ×로 표시해가면서 문제를 해결하는 것이 좋다.

각각의 특성에
주목하라

수필과 극문학은 자주 배우는 갈래는 아니지만 소홀히 해서는 안 되는 갈래이기도 하다. 수필
과 극문학은 각각의 형식적 특성과 문제로 출제되는 지문의 내용만 파악해도 어느 정도 문제를
해결할 수 있다.

수필은 개성의 문학이다

일기, 편지, 감상문, 기행문, 수기 등이 수필에 속하는 글의 종류이
다. 수필은 이렇게 여러 가지 형식으로 다양한 작품이 교과서에 실려
있다. 소설이나 시의 경우 중요한 작품이 여러 개의 교과서에 실리기
도 하지만 수필은 교과서마다 실려 있는 작품이 다르다. 그러나 어떤
작품으로 수필을 배우더라도 수필은 다음의 2가지 포인트만 잘 기억
하면 된다.

첫째, 수필의 특성이다. '수필은 형식이 무형식이다'라는 특성이 있

다. 이 표현을 그대로 해석하면 '형식이 없는 것이 형식이다'라는 말인데, 이 표현 때문에 수필은 형식이 없는 것이라고 오해하는 학생들이 있다. 형식이 없는 것이 아니라 다른 문학에 비해 '형식이 자유롭다'라고 해야 한다. 수필도 '처음, 중간, 끝', 이렇게 3가지 부분으로 이루어져 있는 것이 보편적이다.

'수필은 비전문적이다'라는 특성도 있다. 수필은 누구나 쓸 수 있다는 뜻이다. 이 특성은 수필에 해당하는 글의 종류들만 봐도 쉽게 이해할 수 있다. 일기, 편지, 감상문, 기행문 등은 우리가 일상생활 중에 우리의 생각이나 감정을 자유롭게 표현하는 글들로 우리도 마음만 먹으면 얼마든지 쓸 수 있는 글들이기 때문이다.

'수필은 신변잡기적이다'라는 특성도 있다. 처음 들으면 어려운 말 같지만 내 주변의 그 어떠한 것이라도 기록할 수 있다는 뜻이다. 즉 소재에 제한이 없다는 것이다. 교과서에 실린 수필들 중에는 이미 우리가 알고 있는 유명한 사람들의 감동적인 이야기가 실려 있어서 아무 이야기나 쓰면 안 된다고 생각할 수 있으나 수필은 내가 겪은 경험이라면 그 어떠한 내용이라도 소재가 될 수 있다.

'수필은 1인칭의 문학이다'라는 특성도 있다. 수필 속에 나오는 '나'는 소설 속에 나오는 '나'와 자주 비교가 된다. 소설 속에 나오는 '나'는 서술자로 주인공이 되기도 하고 관찰자가 되기도 하는데, 근본적으로 허구적 인물이다. 그러나 수필 속에 나오는 '나'는 글쓴이 자신으로 실제 인물이다. 우리가 1인칭 주인공 시점의 소설을 읽으면 마치 주인공이 된 것처럼 주인공의 처지와 심리에 공감하듯, 수필은 글쓴이 자신이 직접 자신이 겪은 일과 그에 대한 생각이나 느낌을 솔직하게 기록한 글이기 때문에 좀더 고백적이고 주관적인 성격이 강한 갈래다.

'수필은 개성이 강한 문학이다'라는 특성은 수필에서 가장 중요한 특성이다. 개성이란 우리가 저마다 가지고 있는 개별적 특성을 말하는데 수필은 나의 습관이나 경험, 생각, 가치관 등을 솔직하게 기록하는 글이기 때문에 다른 문학에 비해 글쓴이의 개성이 직접적으로 잘 드러나는 갈래가 된다.

시험 문제에는 이러한 수필의 특성을 직접적으로 물어보는 경우가 많기 때문에 대표적인 특성은 암기해두는 것이 좋다. 특히 글에 따라 개성을 나타내는 방식이 달라서 이것을 물어보는 문제가 자주 출제된다. 사물을 바라보는 관점, 표현 방식 등 어떤 점에서 개성이 나타나고 있는지를 정리해두는 것도 중요하다.

둘째, 수필의 교훈이다. 수필은 형식이 자유롭고 그 어떠한 소재라도 내용이 될 수 있다고 했지만, 우리 교과서에 실려 있는 수필들의 공통적인 성격이 있다. 그것은 바로 '교훈적'인 성격이다.

다양한 경험들이 실려 있지만 대부분 경험을 통해 글쓴이가 어떤 점을 깨달았는지, 어떤 변화가 생겼는지에 대한 이야기들이다. 교과서에 적합한, 그리고 학생들에게도 깨달음을 줄 수 있는 이야기들을 선택했기 때문이다. *수필의 특성을 물어보는 문제가 형식적 특성에 대한 문제라면 수필 속에 나타난 깨달음이나 글쓴이의 가치관을 물어보는 문제는 수필의 내용적 특성에 대한 문제라고 생각하면 된다.*

극문학이 뜨고 있다

극문학에는 연극의 대본인 희곡과 영화나 드라마의 대본인 시나리오, 이렇게 2가지가 있다. 예전에는 연극의 대본인 희곡이 실려 있는 경우가 많았지만, 요즘은 영화나 청소년 드라마의 시나리오가 교과서에 실려 있다. 그래서 시나리오를 읽는 대신 직접 영화나 드라마를 보면서 수업을 진행하는 경우도 있다. 학기마다 배우는 갈래도 아니고 대본 전체가 실려 있는 것도 아니어서 해당 영상을 한 번 보거나 수업중에 같이 읽어보는 정도로 수업을 진행하다 보니 극문학에 대한 중요한 특성을 모르는 학생들이 많다.

희곡을 중심으로 극문학의 특성을 살펴보면, 희곡은 내용적 특성과 형식적 특성으로 나누어진다. 내용적 특성은 소설과 마찬가지로 '인물, 사건, 배경'이 구성 요소이며, 갈등과 대립의 문학이고, 허구의 문학이라는 것이다. 그래서 인물간의 관계, 인물의 심리 변화, 갈등의 원인과 결과에 따른 사건 진행, 시간적·공간적·사회적 배경 등을 정리해 두어야 시험에 대비할 수 있다. 형식적 특성은 대사와 지시문, 해설로 구성되어 있고, 현재진행형의 문학이며, 서술자가 없이 배우들의 연기로 표현되는 것이다.

그런데 요즘 희곡이나 시나리오가 단독 지문으로 출제되지는 않지만 모의고사나 내신 시험에서 소설과 함께 복합지문으로 출제되거나, 시나 소설의 내용을 희곡이나 시나리오로 바꾸었을 때 생기는 변화를 물어보는 문제가 출제되고 있다. 이러한 문제들을 해결하기 위해서는 희곡이나 시나리오가 가지고 있는 근본적인 특성들을 이해하고 있어야 한다.

대사와 지시문이 함께 섞여 있어 내용에 집중하기가 어려울 수도 있지만 머릿속으로 그 장면을 상상하면서 읽거나 소리 내어 연기하듯 읽는다면 오히려 소설보다 더 재미있게 내용을 이해할 수도 있다. 시나 소설의 내용을 희곡이나 시나리오로 바꾸더라도 원래 작품이 가지고 있는 주제나 인물의 심리, 태도, 갈등 상황이 바뀌는 것은 아니라는 원칙을 기억하는 것도 중요하다.

깡쌤의 한마디

수필이나 극문학은 시나 소설에 비해 자주 배우거나 중요도가 높은 갈래는 아니다. 그러나 문학의 4가지 갈래에 포함되며, 요즘은 시와 소설 문제에 보기 지문이나 복합 지문으로 출제되는 경우도 있어서 절대 소홀히 해서는 안 되는 갈래이기도 하다. 가장 기본이 되는 각 갈래의 특성은 시험 문제에 자주 출제되기 때문에 아예 외워두는 것이 좋다.

수필의 경우 5가지 정도의 특성을 암기하고, 극문학은 희곡과 시나리오로 나누어 각각의 특성과 둘 사이의 공통점과 차이점을 함께 알아두면 여러 문제를 대비하는 데 많은 도움을 받을 수 있다.

극문학의 경우 소설과 더불어 특정 시대를 배경으로 하는 작품들이 교과서에 수록되는데, 소설과 마찬가지로 인물·배경·사건을 중심으로 내용을 정리해두는 것도 중요하다. 극문학의 경우 대본 형식으로 되어 있어서 다른 문학 갈래에 비해 집중하며 읽기가 어렵다는 학생들이 있는데, 이럴 때 그 장면이 무대 위에서 어떻게 펼쳐질지를 상상하며 읽는 것이 좋다.

요즘 학교에서는 본문을 읽는 것보다 교과서에 수록된 시나리오나 희곡을 영상으로 보여주며 읽기를 대신하는 경우도 있다. 그래도 시험에는 결국 지문 형태로 출제되기 때문에 영상을 통해 내용을 알고 있다고 해도 다시 교과서 본문을 읽으며 그 장면의 의미를 파악하고 중요한 내용들을 정리해두는 것이 필요하다.

그 시대를
이해하라

고전 문학은 그 자체만으로도 낯설다. 읽는 것부터 의미 파악, 갈래의 특성까지 공부할 내용도 많다. 옛 어휘에 익숙해지고 당시 시대 상황에 대한 이해를 바탕으로 낯선 고전 문학작품을 학습해야 한다.

고전 문학에는 어떤 것들이 있는가?

중학교에서 국어 공부를 하면서 만날 수 있는 고전 문학은 제한적이다. 주로 시조와 고전 소설이 나와 있는 경우가 전부다. 그리고 학생들이 쉽게 의미를 파악할 수 있도록 현대어에 가깝게 표현되어 있어서 중학교 시기에는 고전 문학을 그리 어렵게 생각하지 않는다. 문제는 고등학교에 진학해서다.

국어 내신은 물론이고 모의고사에서도 낯선 고전 문학작품들이 등장하기 시작한다. *우선 읽기라도 해야 의미를 파악하고 문제를 풀 수가*

있는데, 읽는 것부터가 어려워 무척 당황해하는 경우가 많다. 다음 두 시조를 비교해보자.

내 벗이 몇이나 하니 수석과 송죽이라.

동산에 달 오르니 그 더욱 반갑구나.

두어라 이 다섯밖에 또 더하여 무엇하리.

내 버디 몃치나 ᄒ니 수석과 송죽이라.

동산의 돌 오르니 긔 더욱 반갑고야.

두어라 이 다ᄉ 밧긔 또 더ᄒ야 머엇ᄒ리.

어떠한가? 이 두 시조는 윤선도의 '오우가'라는 작품으로 같은 작품이다. 위에 나와 있는 것은 중학교 국어 교과서에 실려 있는 표현이고, 아래에 나와 있는 것은 고등학교 문학 교과서나 국어 교과서에 나오는 표현이다. 같은 작품이지만 중학교 교과서는 읽고 해석하기 쉽게 되어 있다는 것을 알 수 있을 것이다.

이렇게 쉽게 공부하던 고전 문학이 고등학교에 올라오면 표현 자체도 어려워지고 그 종류와 작품도 다양해져서 비문학만큼이나 고전 문학을 어려워하는 학생들이 많다. 하지만 복합 지문이라고 해서 현대 시, 현대 소설 등과 묶여 나오는 경우가 많아지고 있기 때문에 쉽게 포기할 수도 없다.

그래서 중학교 시기에 공부하는 시조와 고전소설에 대한 기본 개념들을 잘 정리해두어야 한다. 이 외에도 다양한 고전 문학의 갈래가 있음을 알고 작품들을 통해 고전 문학을 많이 접해보는 것이 중요하다.

우리가 알아야 하는 고전 문학의 갈래에는 다음과 같은 것이 있다. 우선 시가 문학에는 고대 가요, 향가, 고려 가요, 경기체가, 시조(평시조, 사설시조, 연시조), 가사, 민요 등이 있다. 산문문학에는 설화, 가전체 소설, 고전 소설(애정 소설, 군담 소설, 영웅 소설, 판소리계 소설), 판소리, 가면극, 고전 수필 등이 있다. 각각의 갈래에 대한 개념과 시기, 형식적 특징, 주된 내용, 작가층, 문학사적 의미, 대표적인 작품 등을 잘 정리해서 배경지식으로 활용해 작품에 대한 감상을 폭넓게 할 수 있도록 하자.

고전 시가, 이렇게 정복하자

고전 문학의 갈래별 특징을 알고 있어도 학생들이 가장 어려워하는 부분은 고전 문학작품을 읽고 문제를 푸는 것이다. 고전 시가 학습법부터 알아보자.

고전 시가는 갈래가 다양한 만큼 다양한 조합으로 문제에 출제된다. 고전 시가와 다른 갈래의 복합 지문, 고전 시가 단독 지문, 고전 시가끼리의 복합 지문 등이 대표적인 조합이다. 특히 수능에서는 시조와 가사가 많이 출제되었기 때문에 고전 시가는 필수적으로 공부를 해야 하는 부분이다.

고전 시가에서 많이 출제 되는 문제 유형은 시어나 시구의 의미를 물어보는 문제, 표현 방법이나 시상 전개 방식을 물어보는 문제, 작품 간의 공통점이나 차이점을 물어보는 문제, 화자의 태도나 정서, 상황 파악을 물어보는 문제 등이다.

이런 문제들을 해결하기 위해서는 우선 작품을 제대로 읽어야 하는데, 고전 시가 학습에 있어 최대의 적은 '두려움'이다. 쉽게 읽히지 않는 것에 두려움을 느껴 무조건 어렵다고 생각하는 것부터 버려야 한다. 고전 시가이긴 하지만 '우리말로 된 우리 문학작품이다'라는 열린 마음으로 소리 내어 읽으며 전체적인 분위기를 느끼는 것이 중요하다.

그 다음 현대 시와 마찬가지로 고전 시가의 화자를 찾고 화자의 상황과 그에 대한 화자의 태도와 정서를 이해한다. 표현법은 현대 시에 비해 복잡하지 않아 임금을 '사랑하는 임'에 비유하는 등 자주 쓰이는 보편적인 표현들이 있는데 고전 시가 작품들을 많이 읽으면서 이런 표현들을 정리해두면 쉽게 해석할 수 있다.

너무 자세하게 분석하기보다는 갈래의 특성과 함께 작품의 전체적인 의미, 소재의 상징성, 화자의 처지 등을 중심으로 감상한다는 마음가짐으로 작품을 정리하자. 그래도 이해가 힘든 부분은 그냥 넘어가거나 포기하지 말고 선생님이나 자습서, 인터넷 강의 등 그때 그때 반드시 해결하도록 한다.

고전 시가는 갈래가 다양한 만큼 작품 수도 많지만 중요하게 다루어지는 작품들이 한정되어 있다. 그렇기 때문에 교과서에 실려 있거나 주요한 작품들 위주로만 공부를 해도 크게 문제되지 않는다.

고전 산문, 이렇게 정복하자

고전 산문의 갈래별 출제 비중을 보면 고전 소설의 비중이 가장 높다. 판소리와 고전 수필의 비중도 높은 편이다.

고전 소설의 경우 중학교 때 한두 편 정도 수업을 했기 때문에 다른 고전 산문에 비해 익숙하다. 하지만 가장 기본이라고 할 수 있는 고전 소설의 특징도 제대로 알지 못하고 있는 학생들이 많다. 전형적 인물, 일대기적 구성, 구어체 등 고전 소설의 특징과 관련된 용어가 어려워서 제대로 이해하지 못하고 시험을 위해 임시방편으로 외우기만 했던 학생들은 이런 기본적인 사항들을 완벽하게 이해하고 암기하는 것이 필요하다.

고전 수필이나 판소리는 고전 소설에 비해 많이 출제되지는 않는다. 하지만 오히려 그런 이유로 앞으로 출제될 가능성이 높다고 생각하고, 대표적인 작품들 위주로 내용과 그 특징을 정리해두고 공부하는 것이 좋다.

고전 산문은 기본적으로 현대 소설을 이해하고 감상하는 원리와 비슷하다는 점을 기억하자. 현대 소설에서 인물, 사건, 배경, 시점, 갈등, 소재 등 기본적으로 작품에 대해 알아두어야 하는 것과 마찬가지로, 고전 소설도 이러한 요소들을 중점으로 내용을 파악하면 되는 것이다. 단, 고전 소설은 전지적 작가 시점이 대부분이어서 시점을 묻기보다는 서술상의 특징을 물어보는 문제가 자주 출제된다는 것을 알아두자.

고전 산문의 갈래가 중학교 때보다 많아 공부를 하려고 해도 어떤 작품들을 먼저 공부해야 할지 막막할 수 있다. 공부할 작품이 많은 듯해도 출제될 만한 작품들이 한정되어 있기 때문에 교과서에 수록된 작품과 EBS, 모의고사에 출제된 작품들, 필수 고전 산문 작품들 위주로 꼼꼼하게 공부해두는 것이 좋다.

현대 소설에 비해 고전 산문은 대표적인 주제가 몇 가지로 한정적인데 대표적인 것이 권선징악, 사랑, 영웅담, 사회 고발, 풍자 등이다. 주제가 같은 작품들은 서사 구조와 어휘, 상징적 소재의 의미 등이 비슷하기 때문에 이런 작품들을 모아서 함께 학습하는 것이 효율적이다.

문제 유형이 해마다 조금씩 달라지고는 있지만 평가하고자 하는 내용은 크게 달라지지 않고 있기 때문에 교재에 있는 대표 유형 문제나 기출 문제를 통해 출제 유형을 충분히 익혀두어야 한다. 그리고 학생들이 고전 문학을 어려워하는 결정적인 이유가 현재는 사용하지 않는 고어(古語)들이 많이 나오기 때문인데, 이러한 어휘의 의미를 알지 못하면 작품을 읽고 의미를 파악하는 것이 어려워지고 결국 문제를 제대로 풀 수 없게 된다.

문제를 풀면서 낯선 어휘나 한자어를 바로바로 정리해 두고 자주 나오는 표현 위주로 외워두는 것이 좋다. 문제를 풀 때 모르는 어휘가 나오더라도 당황하지 말고 앞뒤 문맥에 따라 그 의미를 유추해서 푸는 연습을 하면 실제 시험에서 당황하는 것을 많이 줄일 수 있다.

깡쌤의 한마디

중학교 때 고전문학을 많이 접해보지 않던 학생들이 고등학교에 올라가서 처음 고전문학에 대한 문제를 풀 때 "제대로 읽기만 해도 좋겠다"는 말을 많이 한다. 지문에 나와 있는 작품을 읽어야 문제를 풀 수 있는데, 읽는 것조차 힘들어서 문제를 풀 수가 없다는 것이다.

내신 대비는 교과서에 나오는 작품을 억지로 외워서라도 시험을 볼 수 있다. 하지만 모의고사에서는 어떤 작품이 나올지 예측을 할 수 없기 때문에 모의고사에 고전문학 작품이 나오지 않기를 기도하는 학생들의 모습이 안쓰러울 때가 있다.

이런 고전문학 작품에 대한 두려움도 결국은 평소 자주 읽는 것만이 그 해결책이다. 고등학교 문법에서 배우게 되는 중세 국어에 대한 지식을 바탕으로 우선은 고어 읽기에 도전을 하고 작품에서 자주 나타나는 표현이나 고어들을 정리해 그 의미를 알아두어야 한다. 시대별로 작품이 나뉘어 있어서 공부할 작품들이 많아 보이지만 출제율이 높은 작품들, 각 갈래별 대표적 작품들, 주제가 비슷한 작품들을 묶어 각각의 주제와 특징 및 중요한 표현 등을 정리하며 알아두면 좋다.

수행평가와
활동문제에 집중하자

듣기·말하기 영역과 쓰기 영역은 공부를 하려고 해도 무엇을 공부해야 할지 몰라 막막하다. 주로 수행평가로 평가하는 경우가 많고, 교과서를 읽으려고 해도 본문이 없어서 읽고 정리하는 것도 어렵다.

듣기·말하기, 쓰기도 하나의 영역이다

예전에 중학 국어가 '국어'와 '생활 국어'로 나뉜 적이 있었다. '국어'에서는 주로 문학과 문법, 설명문, 논설문 등을 배웠고, '생활 국어'에서는 말하기, 듣기, 쓰기 등을 배웠다. 그래서 '생활 국어'에 담겨 있는 단원들은 지필 고사보다는 수행평가의 대상이 되었는데 수행평가 점수가 그리 높지 않아서 학생들은 말하기, 듣기, 쓰기 영역에 대해 많은 부담을 갖지는 않았다.

그러나 지금은 다르다. '국어'라는 하나의 교과서 안에 하나의 단원으

332

로 듣기·말하기와 쓰기가 존재한다. 여전히 수행평가로 평가하는 경우가 많지만 수행평가 점수가 높아서 학생들에게는 문학이나 문법 단원만큼이나 중요한 영역이 되었다. 지필 평가보다 수행평가 점수가 더 낮아서 걱정을 하는 학생들도 있다.

듣기·말하기와 쓰기 영역은 교과서가 개정될 때마다 시대에 맞게 다양한 형태로 단원이 구성된다. 발표하기, 연설, 토의, 토론, 대화 등의 단원들은 같은 듣기·말하기라도 종류에 따라 그 특성이 다름을 배우고 실제 생활에서 활용할 수 있도록 구성되어 있는 것이다.

예전에는 단순히 종이 위에 적는 글쓰기만을 쓰기라고 생각하고 배웠다. 하지만 개정된 교과서에서는 종이를 벗어난 인터넷이나 휴대폰 등 다양한 매체에 따라 쓰기의 특성이 달라짐을 배우도록 구성되어 있다.

이러한 변화 속에서 듣기·말하기와 쓰기도 우리가 소홀히 할 수 없는 영역이라는 것을 알 수 있다. 지필 고사와 수행평가를 모두 대비하기 위해서 우리가 이 두 영역을 어떻게 대비할 것인가를 알아보자.

듣기·말하기, 어떻게 공부할 것인가?

듣기·말하기 영역은 '듣기·말하기의 본질, 담화의 목적과 유형, 담화와 매체, 듣기·말하기의 참여자, 듣기·말하기의 방법, 듣기·말하기의 태도', 이렇게 6가지의 핵심 개념으로 나뉜다.

이러한 핵심 개념을 배우기 위해 우리 교과서에는 다양한 단원이 구성되어 있다. 듣기·말하기 관련 주요 성취기준을 알아보자.

- 목적에 맞게 질문을 준비해 면담한다.
- 토의에서 의견을 교환해 합리적으로 문제를 해결한다.
- 매체 자료의 효과를 판단하며 듣는다.
- 듣기·말하기가 의미 공유의 과정임을 안다.
- 토론에서 타당한 근거를 들어 반박한다.
- 설득 전략을 비판적으로 분석하며 듣는다.

면담, 토의, 토론, 설득 전략 등 우리가 실제 생활에서도 얼마든지 활용할 수 있는 내용들이다. 출판사에 따라 조금씩 다르지만 각각의 성취기준을 잘 반영한 학습 목표를 설정하고 그에 따른 다양한 활동 문제를 통해 학생들이 필요한 지식과 활동을 실제로 경험해볼 수 있도록 구성하고 있다.

그래서 지필 고사를 대비하기 위해 공부를 할 때에는 우선 학습 목표를 통해 이 단원에서 알아야 하는 개념이 토의인지, 토론인지 꼭 확인해야 한다. 그 다음 교과서를 읽으며 개념에 대한 설명이 나오는 부분은 꼭 표시를 해서 정리해두어야 한다. 일반적으로 개념에 대한 정의, 특성, 과정, 주의할 점 등이 나오는데 이러한 내용은 시험 문제 출제 1순위이기 때문이다.

그 다음은 활동문제를 꼼꼼하게 읽어보아야 한다. 수업 시간에 활동문제를 풀어보지는 않아도 활동문제 자체가 중요한 과정이나 주의할 점 등을 담고 있는 경우가 많고, 활동문제의 다양한 상황들이 시험 문제로 활용되는 경우가 많기 때문이다.

수행평가로 평가될 경우에는 교과서에 나와 있는 주의할 점 등을 잘 고려해 선생님이 제시한 기준에 맞게 자신의 역량을 최대한 발휘해 준비하는 것이 최선의 방법이라고 생각한다.

쓰기, 어떻게 공부할 것인가?

쓰기 영역은 '쓰기의 본질, 글의 목적과 유형, 쓰기의 참여자, 쓰기의 방법, 쓰기의 태도', 이렇게 6가지 핵심 개념으로 나뉜다. 쓰기 영역도 듣기·말하기와 마찬가지로 다양한 성취기준이 마련되어 있는데 중요한 몇 가지를 살펴보자.

- 다양한 매체에서 내용을 선정해 통일성을 갖춘 글을 쓴다.
- 자신의 삶과 경험을 바탕으로 해 독자에게 감동이나 즐거움을 주는 글을 쓴다.
- 고쳐쓰기의 일반 원리를 고려해 글을 고쳐 쓴다.
- 대상의 특성에 맞는 설명 방법을 사용해 글을 쓴다.
- 주장하는 내용에 맞게 타당하고 풍부한 근거를 들어 글을 쓴다.
- 쓰기 윤리를 지키며 글을 쓰는 태도를 지닌다.

우리가 읽기의 대상으로 알고 있는 수필이나 주장하는 글, 설명하는 글 등을 단순히 읽기만 하는 것이 아니라 그 특징에 맞게 직접 쓰면서 중요한 특징들을 다시 한 번 학습할 수 있도록 구성되어 있다. 또한 요즘 문제가 되고 있는 표절이나 악의적인 댓글에 대한 예방으로 쓰기 윤리도 시대에 맞게 성취 기준으로 구성되어 있다.

쓰기도 마찬가지로 우선 단원의 학습 목표를 통해 어떤 내용을 배우게 될지를 확인하고, 고쳐 쓰기의 일반적 원리나 설명 방법 등 단원에서 알아야 하는 중요한 설명이 나오는 부분을 꼭 찾아서 정리해 둔다. 활동문제에서는 쓰기를 할 수 있도록 과정에 맞게 여러 가지 문제가 제시되어 있는데, 수업 시간에 직접 써보지는 않더라도 문제들을 꼼꼼하게 살펴보도록 한다. 수행평가로 제시될 경우에는 각각의 단원에서 배운 과정과 특징에 맞게 선생님이 제시한 주제나 분량을 지켜 쓰기 활동을 하도록 한다.

깡쌤의 한마디

듣기·말하기와 쓰기 단원을 공부할 때에는 2가지 측면을 항상 생각해야 한다. 한 측면으로만 치우치지 않도록 형식적인 것과 내용적인 것, 이 2가지를 모두 잘 정리해야 한다.

첫 번째는 형식적 측면이다. 토론을 공부했다면 토론과 관련된 특성들, 예를 들어 토론의 개념, 종류, 절차, 주의할 점 등을 반드시 정리해서 알아두어야 한다.

두 번째는 내용적 측면이다. 대부분의 교과서는 듣기·말하기, 쓰기와 관련된 단원에 이론을 쉽게 이해할 수 있도록 대화 상황이나 대표적인 글을 지문으로 담아놓는다. 예를 들어 협상하기를 학습하는 단원에는 '서희와 소손녕의 담판'이 교과서에 실려 있는 경우가 많다. 이때 협상의 과정뿐만 아니라 협상의 내용도 시험에 출제되는 중요한 내용이므로 다른 단원과 마찬가지로 본문에 나와 있는 내용을 협상의 과정에 따라 잘 정리해두어야 한다.

국어는 오랜 시간에 걸쳐 공부해야 하는 과목이다. 중학교 1학년부터 고등학교 3학년까지 같은 국어를 반복적으로 공부하는 것 같지만 아니다. 학년에 따라 배우는 학습 포인트와 작품이 다르기 때문에 그에 맞는 학습 전략이 필요하다. 또한 지금의 공부는 시간과의 싸움이다. 누구에게나 똑같이 주어진 시간을 누가 좀더 효율적으로 활용하느냐가 중요해진 것이다. 그런 의미에서 학기중과 방학 기간, 진도 기간과 시험 기간을 어떻게 활용하는지가 매우 중요하다. 시기별로 국어 학습의 특징을 파악하여 나만의 체계적인 학급 계획을 세워보도록 하자.

5장

시기에 따라 국어 공부법은

따로 있다

중학교 1학년을 위한
국어 공부법

영어, 수학 중심의 학습도 중요하지만 이 시기에 국어의 기초 실력을 쌓지 않으면 중학교뿐만 아니라 고등학교에서도 국어가 힘들어질 수 있다. 중학교 1학년은 중학 국어에 익숙해지며 각 영역의 기초를 배우는 시기인 만큼 국어 학습에도 소홀하지 않아야 한다.

6년 공부의 시작

중학교 1학년이 되면 모든 것이 새롭다. 중학생의 상징인 교복을 입고 새로운 친구들과 교과목마다 바뀌는 선생님들, 초등학교와는 다른 여러 가지 학교 행사들까지….

갓 중학교에 입학한 학생들을 보면 가장 눈에 띄는 것이 2가지 있다. 하나는 산뜻하고 깨끗한 교복이다. 새 교복이니 당연히 산뜻하고 깨끗하겠지만 자신의 교복이 자랑스러운 듯 입학 후 한동안은 어딜 가나 교복을 입고 다닌다. "교복이 불편하지 않느냐"고 물어보면 "전혀 불편하지 않다"고 말하는 눈빛 때문인지 교복이 더욱 빛나 보인다.

또 하나는 공부에 대한 열의다. 초등학교 6년 동안 해온 공부지만 중학교부터는 대학 입시와 연관된 공부를 하게 된다는 말을 많이 들어서인지 약간 긴장된 듯한 모습으로 열심히 수업을 듣는다. 수업만 열심히 듣는 것이 아니라 그다지 중요한 설명이 아닌 것도 열심히 필기하고, 조금만 이해를 못하는 것이 생겨도 질문을 한다. 그리고 자신이 많이 부족한 것은 아닌지 걱정도 한다. 중학교 3년, 고등학교 3년, 이렇게 총 6년 공부의 시작을 저마다의 기대와 약간의 불안감을 가지고 맞이한다.

대부분의 중학교 1학년 학생들은 중학교 입학하기 전 겨울방학에 영어와 수학 중심의 선행학습을 한다. 정도의 차이는 있겠지만 본인의 실력에 따라 적게는 한 학기, 많게는 2년, 심지어 고등학교 내용까지 선행학습을 하는 경우도 있다. 그에 비해 국어는 선행학습이 거의 이루어져 있지 않은 상태에서 입학을 한다. 방학 동안 여러 분야의 책을 읽으며 독서 논술을 했다는 학생들이 일부 있는 정도다.

국어를 가르치는 선생님의 입장에서 선행학습이 이루어지지 않았다는 것은 오히려 반가운 일이기도 하다. 어설픈 선행학습 때문에 수업을 열심히 듣지 않거나 선행학습 정도의 차이가 심하면 수업을 진행하는 데 어려움이 생길 수 있기 때문이다.

그렇기 때문에 더욱더 국어는 중학교 1학년 시기의 공부가 중요하다. 6년 공부의 첫 시작이기 때문이다. 공부에 대한 의욕과 열의가 가장 넘치는 시기에 6년 공부의 기초가 되는 내용들을 열심히 공부한다면

새로 입은 교복만큼 산뜻하고 멋진 시작이 될 것이다. 자신이 지금 공부하는 것이 단순히 중학교 1학년에서 끝나는 내용이 아니라 앞으로 중학교 3년과 고등학교 3년의 공부를 좌우하는 중요한 공부라는 생각을 잊지 말자.

중학교 1학년, 무엇을 배우나?

중학교 국어도 초등학교와 마찬가지로 5가지 영역으로 나뉜다. 그것은 바로 듣기·말하기, 읽기, 쓰기, 문법, 문학이다. 그렇다면 초등학교 국어와 중학교 국어의 가장 큰 차이점은 무엇일까?

첫째, 초등학교 국어는 국어에 대한 흥미를 갖도록 하는 데 주된 목적이 있다. 그러나 중학교 국어는 국어 공부를 하면서 알아야 하는 중요한 개념들을 익히는 것이 중요하다. 3년 동안 각 영역에서 배워야 할 개념들이 체계적으로 구성되어 있다.

둘째, 지문의 길이가 길어진다. 초등학교 국어 교과서에 나오는 지문의 분량에 비해 중학교에 나오는 지문의 길이가 많이 길어지는데, 평소 독서를 잘하지 않는 학생들에게는 지문의 길이가 길어지는 것이 국어 공부를 힘들게 하는 요소가 되기도 한다.

셋째, 용어 자체가 어려워진다. 문법 용어와 문학 관련 용어들은 기본이고, 시험 문제에서도 모르는 용어가 나와 문제를 푸는 데 힘들어하는 학생들이 많다. 국어에는 한자어가 많아서 한자를 공부하지 않

는 학생들에게 '궁극적, 낙관적, 비관적' 등의 용어들은 굉장히 낯설고 어려운 단어일 수밖에 없는 것이다.

넷째, 평가 방식이 다양하다. 초등학교에서도 다양한 방식으로 학생들을 평가하지만 중학교는 크게 지필평가와 수행평가가 있다. 지필평가의 경우 객관식, 단답형 주관식, 서술형 등의 유형이 있고, 수행평가는 5가지 영역에 해당하는 다양한 평가가 이루어지고 있다. 예전에 비해 수행평가 점수가 많이 높아졌기 때문에 절대 소홀히 해서는 안 된다.

이렇게 초등학교와는 다른 중학교 국어의 전반적인 차이점을 먼저 이해하고, 중학교 1학년 시기에 어떤 내용들을 배우는지 살펴봐야 한다. 중학교 1학년 시기의 국어 학습 내용을 한 마디로 정리하자면 '국어 기초 학습 시기'라고 할 수 있다. 특히 문학과 문법의 경우 6년 공부의 기초가 되는 내용들을 집중적으로 배운다.

문학의 경우 시, 소설, 수필, 희곡, 이 4가지 갈래에 대한 정의, 특징, 구성요소, 표현법 등 기초 개념들을 익히게 된다. 대표적인 성취기준을 몇 가지 살펴보면 갈등의 진행과 해결 과정에 유의하며 작품을 감상한다. 비유와 상징의 표현 효과를 바탕으로 작품을 수용하고 감상한다. 소설의 가장 핵심이 되는 '갈등'과 문학작품에서 많이 나오는 '비유'와 '상징'이 주된 학습 목표가 되는 것이다. 문법도 언어의 본질이나 품사의 종류와 특성, 단어의 정확한 표기와 발음 등을 공부하게 된다.

선행학습이 전혀 이루어지지 않은 상태에서 초등학교와는 많이 달라진 국어 내용에 학기 초기에는 많이 당황하며 어려워하는 학생들이 많다. 하지만 그럴수록 더 집중력을 발휘해 단원마다 학습하는 내용을 잘 이해하려고 노력해야 한다.

중학교 1학년, 어떻게 공부해야 하나?

초등학교 때는 국어 교과서를 읽고 문제집만 풀어봐도 어느 정도 성적이 나왔을 것이다. 그래서인지 중학교 때 영어나 수학보다 오히려 국어 성적이 잘 안 나와서 걱정을 하는 학생들이 많다. 그리고 국어 공부를 하려고 해도 어떻게 해야 할지 몰라서 초등학교 때와 마찬가지로 국어 교과서를 읽거나 문제집만 반복해서 푸는 경우가 많다. 공부도 습관이기 때문에 중학교 1학년 때 국어 공부를 소홀히 하면 계속해서 국어 공부에 어려움을 느끼게 된다.

우선 수업을 잘 듣고 학교 과제를 성실히 하자. 공부에 있어서 학교 수업은 기본이다. 특히 국어는 선생님의 수업 내용이 평가의 절대적 기준이 된다. 간혹 선생님이 자습서나 학원 수업과 다른 내용의 수업을 하거나, 교과서에 없는 내용을 수업할 수 있다. 그런 내용을 기억하지 못하면 결국 평가에서 좋은 성적을 받을 수 없게 된다. 수업을 잘 듣고 필기를 잘하는 것은 기본이다. 선생님이 수업 시간에 나누어 주는 자료도 잘 모아두었다가 평가에 활용하는 것이 중요하다.

그 다음으로 우리 학교 국어 교과서에 맞는 자습서나 문제집을 선택하

자. 중학교 국어에는 여러 가지 개념들이 나오기 때문에 학교 수업만으로는 이해하기 힘든 부분이 있을 수 있다. 혼자서 이해가 안돼 힘들어하거나 대충 넘어가려 하지 말고, 도움을 받을 수 있도록 학교 교과서와 같은 출판사의 자습서나 문제집을 구입해 예습과 복습에 활용하는 것이 좋다.

마지막으로 복습을 조금씩이라도 꾸준히 하자. 학교 시험이 없다고 해서 배운 내용을 복습하지 않으면 중학교 1학년 때 배운 중요한 용어들을 이해하고 기억할 수 없다. 이 시기에 배운 내용을 이해해야 중학교 2학년 내용을 배우는 데 어려움이 없음을 알고, 한 단원이 끝날 때마다 미루지 말고 복습을 하는 것이 좋다.

복습의 방법으로는 초등학교와는 다른 중학교의 문제 유형에 익숙해지도록 여러 가지 문제들을 풀어보거나 노트 정리 등을 통해 복습을 하자. 그러면 부담스럽지 않게 꾸준히 할 수 있을 것이다.

중학교 2학년을 위한
국어 공부법

중학교 2학년은 중학교 시기 중 가장 중요한 시기다. 이렇게 귀중한 시기를 '중2병'이라는 이유로 흘려보내는 경우가 많다. 국어의 기초를 완성해야 하며, 자신만의 국어 공부법을 찾고, 자신이 어느 영역에서 강하고 약한지 판단해야 하는 중요한 시기다.

중2병으로 흘려보내기에는 황금 같은 시기

우리나라에서 '중2병'이라는 단어를 모르는 사람은 없을 것이다. 중학교 2학년이라고 하면 "아! 그 무섭다는 중2병에 걸린 학생이구나"라고 한다.

학생들도 처음 중학교 2학년이 되었을 때는 딱히 자신들이 중2병과 관련이 없다고 생각하다가도 나중에는 자신들의 행동에 대한 답을 찾기 어려울 때나 변명하기 귀찮을 때 "중2병이라서 그래요"라고 이야기해버리는 경우가 많다.

중학교 2학년 학생들을 많이 가르친 나로서는 중학교 2학년 학생들이 다른 학년들에 비해 에너지가 넘친다는 것은 잘 알고 있다. 중학교 1학년 때는 이제 막 초등학생 티를 벗어나 여러 가지 변화에 적응하느라 정신이 없고, 중학교 3학년 때는 이제 마지막 남은 1년을 어떻게 보내야 고등학교에서 잘 지낼 수 있을까에 대한 걱정 때문에 차분해진다. 그 중간에 위치한 중학교 2학년 학생들은 어느 정도 중학교 생활에 적응된 상태에서 에너지가 넘치고 호기심의 범위가 넓어지면서 알고 싶은 것, 하고 싶은 것도 많아지는데 공부라는 경쟁에서 살아남기도 해야 한다. 주변 사람들에게 이해받고 인정받고 싶어 하는데 더욱 잘하기만을 바라는 시선에 힘들어하기도 한다. 이것이 내가 바라보는 중2병의 실체인 것 같다.

그래서인지 중학교 2학년 때 성적이 안정적이지 못하고, 급격히 점수가 낮아지는 학생들도 많다. 하지만 중학교 2학년은 황금 같은 시기다. 중학교 1학년 때 배운 기초 개념을 바탕으로 본격적으로 자신의 실력을 만들어가야 하는 시기, 자신에게 맞는 학습 방법을 찾아야 하는 시기, 자신이 무엇을 잘하고 무엇을 잘 못하는지 알아가야 하는 시기인 것이다.

본인 스스로가 공부하기가 힘들거나 싫어질 때마다 *"중2병에 걸려서 그래."* 하면서 이 황금과도 같은 시기를 그냥 보내고 중학교 3학년 때 뒤늦게 후회하는 일은 없었으면 한다. 지금의 넘쳐나는 에너지와 호기심을 공부에 조금 나누어주는 것도 그 누구도 아닌 자신의 미래를 위해 좋지 않을까 한다.

중학교 2학년, 무엇을 배우나?

학생들이 국어 공부에 대해 흔하게 하는 오해 중에 하나가 국어는 학년이 달라져도 배우는 내용이 비슷하다고 생각하는 것이다. "선생님, 1학년 때도 시를 배웠는데 왜 시가 또 나오나요?'

1학년 때와 마찬가지로 2학년 때도 5가지 영역에 해당하는 단원으로 구성되어 있다. 특히 문학의 경우 시와 소설이 반복적으로 나오기 때문에 작품만 다를 뿐 같은 것을 배운다고 생각하는 것이다. 그런데 이것은 잘못된 생각이다. 소설과 관련된 다음 2가지의 성취기준을 비교해보자.

- 갈등의 진행과 해결 과정에 유의하며 작품을 감상한다.
- 작품에서 관찰자나 화자의 관점에 주목해 작품을 수용한다.

첫 번째는 중학교 1학년 과정의 성취기준이고, 두 번째는 중학교 2학년 과정의 성취기준이다. 소설을 공부하지만 중학교 1학년 때는 이야기의 핵심인 갈등을 중심으로 공부하고, 2학년 때는 관찰자를 중심으로 공부를 하게 된다. 물론 2학년 때도 갈등에 대한 내용을 공부할 수 있지만 평가의 핵심은 관찰자가 되는 것이다.

중학교 1학년 시기에 각 영역별, 특히 문학이나 문법에서 기초가 되는 내용들을 공부했다면, 중학교 2학년은 기초의 완결편이라고 보면 된다. 문학이나 문법은 중학교 시기에 고등학교 공부의 바탕이 되는 중요한 기초 개념들을 집중적으로 배우는 시기로 그 내용이 중학교 1학년 공부로 끝나는 것이 아니라 중학교 2학년까지 이어지는 것이다.

그래서 시와 소설을 또 배우더라고 무엇을 배우기 위해 작품이 나왔는가를 확인하고 공부하는 것이 중요하다. 중학교 2학년은 1학년에 이어 기본 개념들을 좀더 학습하는 시기인 만큼 어느 한 영역도 소홀히 하지 않고 골고루 학습을 하는 것도 중요하다.

중학교 2학년, 어떻게 공부해야 하나?

중학교 2학년은 본격적으로 시험을 보고 평가하는 시기다. 학습이 평가로 이어지면서 성적이 결과로 나오는 만큼 좀더 적극적인 학습이 필요하다.

우선 중학교 1학년 때와 마찬가지로 학교 수업은 필수다. 따로 국어 공부를 하기 싫거나 시간이 부족하다면 더욱 학교 수업을 잘 들어야 한다. 국어가 우리말로 된 과목이라는 생각에 언제든 마음만 먹으면 공부할 수 있다고 여기면 안 된다. 중학교 1학년 때보다는 글의 길이도 길어지고 작품도 조금 어려워지기 때문에 혼자서 공부할 때 힘들어질 수 있다. 그 다음 다양한 문제 풀이가 필요하다.

중학교 1학년 때는 지필 평가가 많지 않기 때문에 다양한 문제를 풀 기회가 적었지만 중학교 2학년부터는 지필 평가의 중요성이 커지는 만큼 좀더 많은 대비가 필요하다. 국어는 교과서 중심의 공부가 선행되어야

하지만 다양한 문제를 통해 실력을 확인하는 것도 필요하다. 같은 내용이라도 객관식으로 풀 때와 주관식으로 풀 때 결과가 달라질 수 있고, 특히 서술형 문제는 쓰는 것이 익숙하지 않은 요즘 학생들에게는 그 자체만으로도 어렵게 느껴지므로 많은 연습이 필요하다.

또한 중학교 2학년 시기에 자신만의 학습 방법을 찾아야 한다. 중학교 2학년 시기에 지필 평가를 대비하다 보면 대부분의 학생들은 나름의 학습 패턴이 형성된다. 몰아서 공부하는 학생도 있고, 한 달 전부터 준비하는 학생도 있다. 교과서를 꼼꼼하게 읽고 나서 문제를 푸는 학생도 있고, 무조건 문제만 많이 푸는 학생도 있다. 노트에 따로 정리를 하는 학생도 있고, 교과서에 모든 것을 정리하는 학생도 있다.

"공부에는 왕도가 없다"라는 말이 있다. 물론 좀더 효율적인 공부법이 있기는 하겠지만 가장 좋은 방법은 자신에게 맞는 방법이지 않을까? 중학교 2학년 시기에 여러 가지 방법으로 공부를 하면서 자신에게 맞는 공부법을 찾는 것이 중요하다. 그리고 국어 영역 중에 자신이 잘하는 영역과 잘 못하는 영역을 알아내는 것도 필요하다. 유독 시가 약한 학생들이 있고, 외우는 것이 귀찮아서 문법이 약한 학생들도 있다. 자신이 잘 못하는 영역을 알게 되면 그 영역이 시험 범위에 포함될 때 좀더 집중해서 공부하게 된다.

중학교 2학년은 1학년의 공부와 3학년의 공부를 연결하는 중간 지점이다. 이 시기를 놓치면 1학년 때 애써 공부한 것마저 놓칠 수 있고, 3학년 공부가 힘들어질 수도 있음을 꼭 기억하자.

중학교 3학년을 위한
국어 공부법

중학교 3학년은 중학교에서의 공부를 마무리하고 고등학교 공부를 준비해야 하는 시기다. 중학교 국어에서 배운 내용이 고등학교 국어로 이어진다는 점을 생각하면서 다양한 독서와 복습을 통해 중학교의 마지막 시기를 잘 보내야 한다.

중학교 3학년은 예비 고1이다

중학교 3학년이 된 학생들의 반응은 대부분 "시간 참 빠르다"이다. 중학교에 입학한 지가 엊그제 같은데 어느새 중학교 3학년이 되었다. 중2병을 심하게 앓던 모습들은 대부분 사라지고, 조금씩 공부와 고등학교 진학에 대한 고민들을 하기 시작한다.

중학교는 선택을 한다 해도 교복이 다르고 친구들이 다를 뿐 교육 과정이 거의 같지만, 고등학교부터는 자신의 선택에 의해 조금씩 차이가 나기 시작한다. 과학고나 자사고·외고 등 특목고로 진학하는 학생들도 있고, 일반고로 진학하는 학생들도 있다. 정보고나 마이스터고 등으로 진학하는 학생들도 있다.

그렇게 고등학교 진학에 대한 고민이 시작되면서 자신의 학습 상태를 살펴보게 되는데 '지난 2년간 자신이 무엇을 했나' 하는 생각에 후회를 하는 경우가 대부분이다. 주위에 친구들은 영어나 수학은 이미 고등학교 과정을 시작했거나 고등학교 2학년 과정까지 들어갔다는데 자신은 중학교 과정조차 제대로 이해하지 못하는 것 같아 초조해하기도 한다.

학원가에서는 중학교 3학년 학생들은 1학기가 끝나면 예비 고1이라고 부른다. 특히 1학기가 끝나고 여름방학이 되면 여기저기에 예비 고1특강이라는 이름으로 고등학교 과정에 대한 선행학습이 본격적으로 시작된다.

게다가 고등학교에서는 국어도 중요하다고 한다. 중학교에서도 국어가 중요하지 않은 것은 아니지만 국어에 대해 심각하게 고민하지 않던 학생들이 고등학교에서는 국어가 영어나 수학만큼이나 어렵다는 이야기를 듣고 고등학교 국어는 어떻게 준비해야 하는지를 많이 질문한다.

중학교 3학년은 국어를 포함한 모든 공부의 중학교 과정을 마무리하면서 고등학교 과정을 준비해야 하는 아주 중요한 시기다. 그렇다고 당장 고등학교 국어를 선행학습하라는 이야기는 아니다.

중학교 3학년 시기에 배우는 내용들 하나하나가 고등학교 국어로 연결된다는 마음가짐으로 좀더 진지하게 공부에 임하라는 것이다. 아직도 국

어 공부방법이 자리 잡히지 않은 학생들, 자신이 어느 영역에 강하고 어느 영역에 약한지를 모르는 학생들, 국어 관련 용어를 들어도 그 의미를 명확하게 모르는 학생들은 마지막으로 국어 기초를 다진다는 마음가짐으로 국어 공부에 집중하라는 이야기다.

초등학교에서 중학교로 진학했을 때 영어나 수학보다 국어가 더 어려워 당황스러웠던 경험이 있는 학생들은 그때와 똑같이 중학교에서 고등학교로 진학했을 때 국어 때문에 힘들 수 있다는 것을 기억하면서 미리 대비해야 할 것이다.

중학교 3학년, 무엇을 배우나?

중학교 3학년 국어 내용 자체가 많이 어려워지는 것은 아니다. 중학교 1, 2학년 때와 마찬가지로 5가지 영역에 대한 성취기준에 따라 단원이 구성되고, 그에 맞는 글과 작품과 활동 문제들이 실려 있다. 그런데 각 영역별로 고등학교 국어와 연관된 내용들이 구성되어 있다는 것이 중학교 3학년이 중요한 이유다.

누가 알려주지 않는 이상, 자신이 지금 배우고 있는 내용이 고등학교 국어와 연관이 있다는 것을 잘 모른다. 고등학교에 진학하고 나서야 '아! 그때 좀 열심히 해둘 것을…' 하고 후회한다. 대표적인 성취기준의 몇 가지 예를 들어보겠다.

듣기·말하기

- 설득 전략을 비판적으로 분석하며 듣는다.
- 토론에서 타당한 근거를 들어 반박한다.

읽기

- 글에 사용된 다양한 논증 방식을 파악하며 듣는다.
- 읽기는 글에 나타난 정보와 독자의 배경지식을 활용해 문제를 해결하는 과정임을 안다.

쓰기

- 주제, 목적, 독자, 매체 특성을 고려해 쓰기 과정을 점검하고 조정해 글을 쓴다.
- 주장하는 내용에 맞게 타당하고 풍부한 근거를 들어 글을 쓴다.

문법

- 문장 구조를 탐구해 다양한 구조의 문장을 효과적으로 사용한다.
- 담화의 종류와 특성을 이해한다.

문학

- 작품이 창작된 사회·문화적 배경을 바탕으로 작품을 이해한다.
- 근거의 차이에 따른 다양한 해석을 비교하며 작품을 감상한다.

여기에 제시된 내용들은 중학교 3학년에서 배우는 국어 성취기준들이다. 그런데 이 내용들은 고등학교 국어와도 밀접한 관련이 있어서 관련된 용어나 개념들에 대한 이해가 부족하면 고등학교에서도 힘들어질 수밖에 없는 것이다.

앞에서도 말한 바와 같이 따로 고등학교 국어를 선행할 필요까지는 없다. 중학교 3학년 국어 내용을 제대로 이해하는 것이 곧 고등학교 국어를 잘하기 위한 준비 과정이라 생각하고 공부해야 할 것이다.

중학교 3학년, 어떻게 공부해야 하나?

중학교 3학년 시기는 학습 내용보다 학습 방법에 좀더 신경을 써야 한다. 왜냐하면 중학교 때 국어를 본격적으로 공부해본 경험이 있는 학생들이 드물기 때문이다. 거의 시험 기간에만 집중적으로 공부를 하고, 그 방법도 교과서 읽기와 문제 풀이의 단순한 반복이다. 이런 학습 방법과 태도를 가지고 고등학교에 진학을 하게 되면 국어가 영어나 수학보다 더 어려운 과목이 될 수 있다.

첫째, 다양한 독서를 하자. 독서가 다른 과목보다는 국어와 밀접한 연관이 있기는 하지만 국어의 학습법이 될 것이라는 생각을 하지는 않았을 것이다. 중학교 시기에는 독서를 많이 한다고 해도 그것이 국어에 도움이 된다는 느낌을 받기가 어렵다. 물론 수행평가로 독후감을 쓰거나 토론 활동 등을 할 때는 책 읽기가 많은 도움이 되지만 국

어 시험을 치르는 데 있어서는 독서를 많이 한 학생이나 독서를 많이 하지 않은 학생의 점수 차이가 그리 크지 않다.

그러나 고등학교에서는 다르다. 모의고사와 내신 시험에서 긴 지문을 읽어야 하고 낯선 작품들을 읽어야 하는데, 이때 필요한 것이 어휘력과 독해력이고, 이것은 독서를 통해서 길러지기 때문이다. 그래서 학생들은 고등학교에 진학하면 책을 많이 읽을 것이라고 계획을 세우는데, 실제로 고등학교에 진학하면 책을 읽을 시간은 그리 많지 않다. 내신 시험과 모의고사와 수행평가 등 여러 가지 평가에 정신적으로도 여유가 없어 최소한의 필요에 의한 독서만이 이루어진다.

중학교 3학년 시기에 되도록 많은 책, 특히 어느 한 분야에 치우치지 않는 다양한 독서를 하기를 권장한다. 독서를 통해 어휘력과 독해력을 기르고, 학교 학습에서 부족한 다양한 배경지식도 기르길 바란다. 이러한 능력이 어우러질 때 국어 성적이 아닌 국어 실력이 지금보다 한 단계 더 높아지게 되는 것이다.

둘째, 고등학교 모의고사 기출 문제를 풀어보자. 영어나 수학은 고등학교 과정에 대한 선행학습의 방법을 잘 알고 있는데 국어는 고등학교 과정에 대한 선행학습을 하고 싶어도 그 방법을 몰라 질문을 하는 경우가 많다. 고등학교 내신의 경우 중학교와 같아서 학교 출판사에 해당하는 자습서와 문제집으로 공부를 하면 되는데, 학생들이 어려워하는 부분은 모의고사다. 내신 시험과는 다른 문제 유형에 긴 지문, 낯선 작품들 때문에 시간 내에 문제를 읽고 푸는 것조차 힘들어하는 학생들이 많다.

모의고사 기출 문제를 자신의 능력에 맞게 조금씩 꾸준히 풀어봄으로써 문제 유형도 익히고, 기출 문제에 나와 있는 다양한 분야의 글을 읽어 자연스럽게 독해력도 어느 정도는 기를 수 있다. 물론 문제만 무작정 풀어본다고 실력이 길러지는 것은 아니지만 꾸준히 풀어가면서 자신만의 학습 방법을 찾도록 노력해야 한다.

셋째, 중학 국어를 복습하자. 선행학습도 중요하지만 중학교 국어에 대한 이해 없이 무조건적인 선행학습을 하는 것은 모래 위에 성을 쌓는 것과 같다. 고등학교로 진학하기 전에 문학과 문법 관련 개념들을 다시 한 번 살펴보면서 자신이 아직 이해하지 못한 부분이 있는지 찾아봐야 한다.

본인은 의식하지 못하겠지만 국어를 공부하면서 힘들어했던 영역이 있을 수 있다. 같은 문학이라도 시를 힘들어 하는 학생도 있고 소설을 힘들어하는 학생도 있다. 그런 부분을 찾아내어 3학년 겨울방학 동안 그 부분을 집중적으로 공부하는 것도 좋은 방법이다.

앞에서도 말한 바와 같이 중학교 국어는 고등학교의 기초가 된다. 불안한 마음에 '남들이 하니까 나도 한다'는 생각으로 본인의 현재 실력은 생각하지도 않고 어려운 고등학교 국어 공부를 하면 오히려 국어가 힘들어지고, 심지어 국어를 싫어하게 될 수도 있음을 명심해야 할 것이다.

고등학교 1학년을 위한
국어 공부법

고등학교 1학년이라고 예외는 없다. 요즘 입시에서는 고등학교 1학년부터 실전이다. 내신 시험 하나하나가 입시와 연결되며 모의고사에 대한 준비도 틈틈이 해두어야 한다. 특히 중학교 때 국어가 부족했던 학생이라면 고등학교 1학년이 매우 중요하다.

고등학교 1학년부터 바로 실전이다

드디어 고등학생이 되었다. 새로 고등학교 교복을 입고 새로운 친구들을 만났다는 기쁨도 잠시 입학한 지 얼마 되지 않아 전국연합학력평가 시험을 본다.

우선은 중학교 때와는 비교도 되지 않는 문제의 양과 지문의 길이에 압도되고, 중학교 때는 전혀 접해보지 않은 문제 유형과 본 적 없는 글과 작품들을 보고 놀란다. 그렇게 우왕좌왕하다가 시간 내에 문제를 다 풀지도 못한 상태에서 고등학교 첫 번째 시험이 끝난다.

내신 시험도 중학교 때와는 달리 공부할 양도 많아지고, 용어나 작품의 수준도 많이 어려워짐을 느낀다. 단지 중학교에서 고등학생이 되었을 뿐인데 국어가 많이 힘들어진다. 국어 성적을 고민하게 될 줄은 중학교 땐 미처 몰랐다.

이런 고민은 중학교 때 국어 성적이 낮은 학생들만의 고민은 아니다. *국어 성적이 좋았던 학생들도 고등학교에 올라와서 영어나 수학보다 국어가 어렵다는 이야기를 많이 한다.* 영어나 수학은 이미 중학교 때 선행학습을 어느 정도 한 상태이고 어렵다는 것을 어느 정도 예상하고 있었는데, 국어는 선행학습도 많이 되어 있지 않은데다가 중학교와 크게 다르지 않아서 얼마든지 따라 잡을 수 있을 것이라는 생각을 했기 때문이다. 특히 전국연합학력평가 시험을 보고 많이들 놀라워하고 고등학생이 되었음을 실감한다.

이제는 고등학교 1학년부터 바로 실전이다. 고등학교 공부에 적응하고 연습할 시간이 따로 없다. 그리고 내신 위주의 공부만으로는 안 된다. 내신과 함께 수능 대비도 조금씩 병행해야 한다.

고등학교 1학년, 무엇을 배우나?

고등학교 1학년까지는 중학교와 마찬가지로 국어를 배운다. 듣기·말하기, 읽기, 쓰기, 문법, 문학, 이 5가지 영역으로 단원이 구성되어 중학교에서 배웠던 내용들을 바탕으로 좀더 심화 학습을 하게 된다.

가장 많은 비중을 차지하게 되는 문학의 경우, 중학교에 이어 여러 문학작품을 통해 갈래별 특징과 중요한 개념들을 이해하는 데 중점을 두고 있다. 문법의 경우 자음과 모음의 체계, 음운의 변동, 문법 요소, 한글 맞춤법의 원리 등 매우 어려운 내용들을 배우게 되는데 모의고사에 자주 출제되는 내용들이므로 수업 시간에 집중해서 듣고 그 원리를 바르게 이해하고 암기하도록 한다.

학생들이 어려워하는 고전 문학과 비문학은 국어 수업만으로는 부족한 면이 있다. 그러므로 개인적으로 고전 문학과 비문학을 어려워하는 학생들이라면 교과서에만 의존하지 말고, 따로 자신의 수준에 맞는 교재를 선택해 꾸준히 읽고 문제를 풀어보는 것이 좋다.

수능을 대비하기 위해서는 자신만의 학습 계획이 필요하다. 학원이나 인터넷 강의를 통해 기출문제 중심으로 지문과 문제에 대한 감각을 키우는 것이 좋다. 그리고 자신이 특별히 부족한 영역이 어느 부분인지를 파악하는 것도 중요하고, 국어에서 가장 기초가 되는 어휘력을 키울 수 있도록 한자성어와 속담 등 필수 어휘들을 따로 공부하는 것도 중요하다.

고등학교 1학년 시기는 빨리 고등 국어에 적응하고 자신만의 학습법을 만들어가야 하는 시기임을 잊어서는 안 되며, 학교 수업을 잘 듣는 것도 수능의 기초를 다지는 것이라 생각하고, 모르는 것을 대충 넘어가지 않도록 해야 한다. 혼자 공부하는 학생들은 필히 자습서와 평가문제집을 준비하는 것이 좋으며, 출판사가 같은 여러 학교의 기출문제도 적극적으로 활용하도록 한다.

고등학교 1학년, 어떻게 공부해야 하나?

고등학교 시험 범위는 중학교 때보다 많고, 공부할 양도 상당히 많다. 그래서 중학교 때처럼 시험 며칠 전 벼락치기를 한다면 상상하지도 못했고 받아본 적도 없는 국어 점수를 받을 수 있다. 게다가 고등학교 내신은 입시와 연결되기 때문에 시험 하나하나를 절대로 소홀히 해서는 안 된다. 말 그대로 입시의 시작인 것이다.

게다가 내신과 수능을 나누어 생각하는 학생들이 많은데, 학교에서 공부한 내용들이 수능에 그대로 출제되기 때문에 내신 대비가 곧 수능 대비라고 생각하면서 준비해야 한다. 그래서 고등학교에서도 학교 수업을 집중해서 들어야 한다.

아무리 좋은 학원을 다니고, 유명한 강사의 인터넷 강의를 들어도 시험 문제는 중학교 때와 마찬가지로 학교 선생님이 출제한다는 것을 잊어서는 안 된다. 학교 국어 수업 시간에 열심히 졸거나 아예 다른 과목인 영어나 수학을 공부하는 학생들이 있는데, 고등학교에서는 국어가 영어, 수학과 동급으로 어렵고 중요하다.

학교 시험 출제자인 선생님의 수업을 제대로 듣지 않으면 공부할 때 가장 중요하게 공부해야 할 점이 뭔지 알 수 없다. 고등학생이 되었다고 수업을 대충 들어도 되는 것이 아니라 오히려 더 열심히 들어야 한다. 시험 기간이 되면 학교 수업 내용을 토대로 한 교과서와 보충 프린트를 빠짐없이 읽고 이해해야 하며, 필요하면 암기도 해야 한다.

기출문제를 통해 교과서 내용이 어떻게 문제화되었는지 알아보는 것이 좋다. 기출문제가 그대로 시험 문제로 나오지는 않지만 고등학교 시험 문제가 아직 낯선 1학년 학생들에게는 문제 유형을 익히는 데 좋은 자료가 된다.

시험 기간이 아닌 때와 방학 기간을 이용해서는 틈틈이 수능 대비를 위해 폭넓은 국어 공부도 필요하다. 중학교 때와 마찬가지로 내신 위주의 공부만 한다면 입시에서 어떤 변수가 생길지 모르기 때문에 미리미리 준비하는 것이 좋다.

수능 국어는 화법, 작문, 문법, 문학, 독서, 이렇게 5개의 영역으로 나누어져 있는데 특히 고등학교 1학년 때는 문학과 문법 위주로 공부하는 것이 좋다. 공부할 내용도 많고, 꾸준히 공부해야 성과를 낼 수 있는 영역이기 때문이다.

문학은 막연히 공부를 하는 것보다 교재를 하나 정해놓고 중요한 작품과 문제 유형을 익히는 것이 좋다. 문학 교재의 구성은 현대 문학과 고전 문학 또는 운문 문학과 산문 문학으로 구성되어 있는 것이 일반적인데, 본인이 풀기에 적당한 교재를 선택해서 끝까지 풀어보며 다양한 작품을 익히는 것이 중요하다. 고등학교 1학년까지는 아직 작품을 읽을 시간이 있으므로 시간이 된다면 주요 단편 소설이나 시 작품들을 직접 읽어보는 것이 좋다.

문법은 기본 개념이 중요하다. 너무 두껍거나 어렵지 않은 교재를 선택해서 음운, 단어, 문장 등 모든 부분을 한 번씩 꼼꼼하게 훑어보자. 이것마저도 어렵다면 과감하게 중학교 문법 교재를 보는 것도 좋은 방법이다.

고등학교 2학년을 위한
국어 공부법

고등학교 2학년은 기출 유형과 취약 부분을 집중적으로 공략하는 시기다. 기출문제를 통해 지문과 문제 유형을 파악하고, 문제 유형에 따른 풀이 방법을 훈련해야 한다. 그리고 자신의 취약 영역을 파악해 보충해야 한다.

고등학교 2학년은 준수험생

고등학교에 입학할 때에는 나름 계획도 세우고 열심히 공부하겠다고 다짐도 해보지만, 4번의 내신 대비와 2번의 방학을 보내고 나니 어느덧 2학년이다. 요즘은 2학년만 되어도 어느 정도 자신이 가고자 하는 대학과 학과를 정해놓아야 그에 맞는 전형을 준비할 수 있다. 말 그대로 준수험생이 된 것이다.

그런데 고등학교 2학년이 되어도 내신과 수능을 별개라고 생각해 '내신 대비 따로, 수능 대비 따로', 이렇게 비효율적으로 공부하는 학생들이 많다. 내신 대비는 학교에서 정해준 시험 범위 위주의 집중적인 공부를 할 수 있지만 수능은 시험 범위가 정해져 있지 않아 폭넓은 공부를 해야 한다고 생각하기 때문이다.

그러나 그것이 옳은 생각은 아니다. 내신 공부는 수능 공부에 필요한 기초 개념을 익힐 수 있다. *중학교 2학년부터는 준수험생이라는 마음가짐으로 내신 대비와 수능 대비의 균형을 맞추는 것이 가장 중요한 학습 방법이라고 할 수 있다.*

고등학교 2학년, 무엇을 공부하는가?

고등학교 2학년은 선택 과목별로 교과서가 구성되어 보다 심화된 내용을 공부하게 된다. 선택 과목은 화법과 작문, 독서와 문법, 문학 등이다.

화법과 작문, 독서는 교과서에 있는 지문이 학교 시험에 출제되지만 문항 수가 적은 편이고, 기출 모의고사 지문을 변형해 출제함으로써 난이도를 높이기도 한다. 문법은 교과서 범위를 수업하고 평가하지만 수능을 대비하기 위해 수능형 문제가 출제되기도 한다. *문학은 교과서 지문과 교과서 외 지문을 병행해 수업하기 때문에 교과서 외 작품과 문학에 대한 기본 개념을 꾸준히 공부해야 한다.*

고등학교 2학년 내신은 주로 문학 교과서와 독서, 문법 교과서에서 출제된다. 교과서 작품과 수업 내용에 대한 명확한 이해가 기본이다.

그렇다고 해서 교과서 내용만 공부해서는 상위권의 점수를 받을 수 없다.

문법의 경우 교과서 중심의 내신형 문제와 수능형 문제를 함께 출제한다. 내신형 문제는 단순 암기를 통해서 어느 정도 해결되지만, 수능형 문제는 문법의 기본 원리를 이해하고 적용하는 문제이기 때문에 모의고사 문제를 통해 여러 유형을 연습해보는 것이 좋다.

문학은 각 갈래별 필수 개념과 용어를 숙지하고 지문을 스스로 읽고 감상·분석하는 연습을 해야 한다. 내신 시험의 선택지에 교과서 외 작품들이 출제되는 경우가 많기 때문에 중요 빈출 문학작품을 평소에 꾸준히 읽으며 익혀두는 것이 필요하다.

고등학교 2학년, 어떻게 공부해야 하는가?

여전히 고등학교 1학년 때와 마찬가지로 내신 기간에만 집중적으로 공부를 하는 학생들이 있는데, 그런 공부 습관이 자리 잡히면 결국 수능에서 좋은 성적을 얻을 수 없다. 고등학교 2학년이지만 자신도 수험생이라는 마인드를 가져야 한다. 내신 시험 기간이 아니여도 수능 시험 기간이라는 생각을 가지고, 꾸준히 공부할 수 있는 학습 계획을 세워두는 것이 좋다. 내신 시험을 한 번 치르고 나서 휴식 기간이 길어지면 다시 공부하고자 하는 의욕이 생기기까지 많은 시간을 필요로 한다.

고등학교 2학년은 최근 수능에서 어렵게 출제되고 있는 독서 영역에 대한 준비가 무엇보다 필요하다. 수능 독서는 상위권과 중위권을 변별하는 중요한 영역이 되고 있기 때문이다.

모의고사를 통해 독서 영역에 대한 성적이 좋지 않거나 자신감이 부족한 학생들은 비문학 지문 독해법을 학습하고 모의고사 기출문제를 꾸준히 풀면서 시간 내에 문제를 푸는 연습을 하는 것을 원칙으로 삼아야 한다. 독서 중에서도 대다수의 학생들이 어려워하는 경제, 과학, 기술 등의 고난도 독서 지문에 대한 적응력을 기르기 위해서는 기출 문제 외에도 다양한 글 읽기가 이루어져야 어느 정도 대비할 수 있음을 명심하자.

고등학교 1학년 때 주 단위로 학습이 이루어졌다면, 2학년 때는 내신 기간이 아닌 시기에는 매일 지문 하나 정도는 읽고 문제를 푸는 정도의 구체적이고 본격적인 학습 계획이 필요하다. 기본기가 부족한 학생들일수록 남들과 똑같이 공부해서는 성적에 변화가 생길 수 없다는 생각으로 많이 읽고 많이 풀어보는 것만이 실력을 향상시킬 수 있는 방법이다.

많은 학생이 독서량의 부족으로 어휘의 의미를 정확하게 이해하지 못해서 지문의 내용을 이해하지 못하는 경우가 많다. 그러나 다양한 과목을 공부해야 하는 현실 속에서 독서량을 늘리는 것 자체가 힘들기 때문에 조금씩이라도 매일 쉬는 시간을 이용해 영역별 핵심 어휘나 필수 어휘를 공부해야 한다. 따로 어휘 관련 교재를 구입하는 것도 좋지만, 자신이 풀고 있는 교재나 읽고 있는 책에서 모르는 어휘가 나

오면 그때 그때 의미를 파악해서 정리해두어야 한다.

문학도 학교에서 본격적으로 문학 학습이 이루어지는 시기이기 때문에 학교에서 수업하는 문학작품과 관련된 개념들을 꼼꼼하게 학습하는 것이 중요하다. 문학작품을 완전하게 해석하고 이해할 필요는 없다. 단지 고전 문학을 중심으로 다양한 작품들을 접함으로써 낯선 작품이 출제되었을 때 위축되지 않는 것이 필요하다.

그러기 위해서는 많은 작품을 읽어보는 것이 가장 좋은 방법이다. 하지만 시간이 충분치 않으므로 출제율이 높은 장면이나 작품에 대한 자세한 해설이 나와 있는 자료들이라도 읽어두는 것이 좋다.

고등학교 3학년을 위한
국어 공부법

고등학교 3학년은 기출 문제와 EBS 완전 분석이 학습의 최대 목표다. 기출과 평가원 문항을 중심으로 문제 포인트와 질문 의도를 파악해 지문을 분석하는 훈련을 하고, EBS 연계 교재를 풀며 복습을 해야 한다.

고등학교 3학년이라도 아직 늦지 않았다

고등학교 3학년은 시험 기간으로 치면 시험 전날에 해당한다고 할 수 있다. 시험 전날에 얼마 남지 않았다는 생각에 공부하기를 포기하는 학생도 있고, 아직 시간이 있으니 포기하지 말고 중요한 부분 위주로 공부를 하는 학생도 있다. 생각하기에 따라 얼마 되지 않는 시간이 되기도 하고, 아직 충분한 시간이 되기도 한다. 고등학교 3학년이 그러한 시기다.

정신을 차려보니 어느덧 3학년, 내신도 모의고사 등급도 전혀 변화가 없는 상태에서 '지금부터 공부해도 되는 것일까? 공부하기에는 늦은 것이 아닐까?' 하는 고민을 하는 학생들이 많다.

물론 고등학교 3학년은 누구나 공부를 열심히 하는 시기다. 그래서 고등학교 3학년 때 등급을 올리겠다는 것이 어리석어 보인다는 말도 들을 것이다. 그렇다고 공부 자체를 포기하기에는 아직 늦지 않았다. 모두에게 똑같이 주어진 시간이고, 누구나 열심히 마지막 마무리를 하는 시기이지만 자신의 부족한 부분을 알고 그 부족한 부분을 최선을 다해 채워간다면 얼마든지 결과는 달라질 수 있다.

일주일 단위로 학습계획을 세우던 것을 하루 단위로 시간을 촘촘하게 나누어 계획을 세우고, 밤이나 새벽시간에 주로 공부하던 학생들은 수능 시간에 맞추어 일찍 일어나 공부하는 습관을 갖도록 노력하자. *특히 국어는 1교시에 수능 시험을 보기 때문에 고등학교 3학년 1년간은 되도록 아침 시간에 국어 공부를 하거나 적어도 책이라도 읽으면서 뇌가 깨어 있는 상태를 만들어두는 것이 필요하다.*

고등학교 3학년, 무엇을 공부하는가?

고등학교 3학년 시기는 무엇을 배우는지가 그리 중요하지 않다. 대부분의 학교에서 여전히 EBS 수능 연계 출제 문항의 비중이 높기 때문에 대부분의 학교에서 수능특강이나 수능완성으로 공부를 한다.

수능특강은 한국교육평가원에서 감수하고 EBS에서 발행하는 수능 대비 교재다. 수능을 대비하는 수험생들에게는 꼭 봐야 하는 필독서라고 할 수 있다. 여기에 실린 문학 지문이 출제될 가능성이 높기 때문에 교재에 나오는 문학 관련 작품들을 분석하고 익히는 공부가 필요하다.

수능에서는 실린 작품의 다른 부분이 지문으로 출제되는 경우도 있으므로 수록된 작품들의 줄거리와 인물관계도 등을 알아놓으면 좋다. 문제에서는 새롭게 바뀐 유형의 문제들을 반드시 주의 깊게 풀어보도록 한다.

독서 영역은 전 지문이 그대로 연계되는 경우는 거의 없고, 연계되더라도 비슷한 주제로 주제 및 분야만 연계되는 경우가 많기 때문에 연계 체감률이 낮다. 그러나 해마다 어렵게 출제되고 있는 영역이기 때문에 과학이나 철학 관련 지문들을 꼼꼼히 읽으며 지문분석을 통해 단락별 핵심어, 주제 찾기 등 시간 안에 지문을 해석하는 능력을 키워야 한다.

이렇게 수능특강으로 수능에 필요한 기본기를 익히고, 수능완성으로 문제 유형을 파악하며, 다양한 응용문제를 풀면서 실전 감각을 키우는 것이 필요하다.

화법, 작문, 문법의 경우 EBS 연계 교재를 푼 뒤 헷갈리는 선택지 및 개념을 위주로 공부해야 한다. 특히 문법의 경우 불확실하게 알고 있는 부분을 그냥 넘어가지 말고, 다른 문법책을 참고해 바로바로 확실하게 이해하고 정리해야 한다.

고등학교 3학년, 어떻게 공부해야 하는가?

수능에서 국어는 1교시에 시험을 본다. 1교시 국어 시험을 잘 보는 것이 단지 국어에만 좋은 것이 아니라 그 다음 영어나 수학 시험을 치르는 데도 매우 중요한 역할을 한다. 긴장한 상태에서 80분간 긴 지문을 읽고 문제를 해결한다는 것이 쉬운 일이 아니다. 그래도 혼자 문제를 풀고 정리하는 시간을 꾸준히 가져야 한다.

첫째, 기출문제를 포함해 주 1회 이상 모의고사를 풀어야 한다. 시간 이 된다면 그 이상 풀어보는 것도 좋다. 그런데 기출문제를 그냥 풀 기만 하는 것이 아니라 오답노트를 만들어서 자신이 자주 틀리는 문 제나 어려워하는 문제들을 적어놓고 이해하기 어려운 부분은 개념 부터 다시 보면서 공부하도록 한다. 문제가 좋지 않다며 꺼리는 사설 모의고사도 풀어보는 것이 좋다. 실제 수능에서 어떤 난도와 어떤 유 형의 문제가 나올지 예상할 수 없기 때문에 가능한 다양한 문제를 풀 어보도록 한다.

둘째, 시간 활용이 중요하다. 학생들 대부분이 하루는 비문학을 공 부하고 그 다음 날은 문학을 공부하는 식으로 몰아서 공부를 하는데, 하루에 적정한 시간을 배치해 문학과 비문학 모두를 공부하는 것이 좋다. 문학보다는 비문학에 좀더 시간 비중을 두어 꾸준히 공부하는 것이 중요하다.

셋째, 문학 공부는 문학 구성 요소인 배경, 작가의 의도 주제, 소재 등 을 꼼꼼하게 분석하는 것이 좋다. 그냥 많은 작품을 읽기만 하는 것이

아니라 작품을 읽고 해석하는 방법을 익혀야 하며, 내용의 흐름과 화자의 심정 이해도 중요하다.

넷째, 비문학은 지문을 읽기가 부담스러운 학생들은 지문을 읽기 전에 문제를 먼저 읽어보고 문단마다 핵심 단어를 표시해 분석하는 것이 중요하다. 문단 간의 관계를 파악하는 것도 중요하다. 수능 국어가 요구하는 능력은 '지문을 정확하게 읽고 분석하는 능력'이다.

진도 기간, 시험 기간, 방학 기간의
국어 공부법

학생들의 1년은 크게 진도 기간과 시험 기간, 방학 기간으로 나뉜다. 각각의 시기에 맞게 어떻게 학습하느냐도 매우 중요하다. 국어를 주로 시험 기간에만 공부하는 학생들은 다른 기간에도 꾸준히 국어 공부를 할 수 있도록 자신만의 학습 방법을 찾자.

진도 기간의 국어 공부법

진도 기간은 1년 중 가장 많은 비중을 차지하는 기간이다. 그런데 아이러니하게도 학생들은 진도가 진행되는 기간 동안 국어 공부를 가장 적게 한다. 진도가 진행되는 중이기 때문에 무엇을 어떻게 공부해야 할지 모르겠다는 것이다.

게다가 단원에 따라 수행평가나 여러 가지 활동으로 수업이 진행되는 경우에는 공부를 하려고 해도 공부할 내용이 없다. 영어나 수학은 진도 기간중 학교 진도와 상관없이 학원이나 인터넷 강의 등을 통해 자신의 수준에 맞추어 선행학습을 하는데, 국어는 선행학습을 해야 한다는 필요성을 느끼지 못하기도 한다.

그래도 수업이 진행되는 동안 전혀 공부를 하지 않는다는 것은 본인에게 손해일 뿐이다. 공부를 전혀 하지 않다가 시험 기간에 몰아서 집중적으로 하는 것이 잠시 성적을 올리는 데는 효과가 있는 것 같지만 궁극적으로 국어 실력을 키우는 데는 도움이 되지 않는다. 그래서 진도가 진행되는 기간 동안 국어 학습법으로 추천하는 것이 바로 노트 정리다.

국어 과목을 노트 정리하라고 하면 학생들은 대부분 의아해한다. 무엇을 정리해야 할지 막막해서다. 본문이 있는 단원은 그 많은 본문을 다 써야 하는 것인지, 본문이 없는 단원은 무엇을 정리해야 하는지 방법을 몰라서다.

가장 좋은 노트 정리 방법은 자신이 알아보기 쉽게 정리하는 것이다. 하지만 그 방법을 찾을 때까지는 일주일 단위로 학습 일기를 쓰면 된다. *국어 수업이 있을 때마다 노트 정리를 하기에는 부담스럽고 시간도 부족하니 일주일에 한 번 그 주에 배운 내용을 정리하는 것이다.* 일주일을 넘기게 되면 배운 내용을 기억하지 못 할 수도 있기 때문에 일주일에 한 번이 적당하다.

지문이 있는 단원은 배운 내용을 읽어 나가면서 선생님이 강조했던 본문의 핵심 문장만 적고 그에 대한 설명을 기록하거나, 지문이 없는 단원은 선생님이 설명했던 내용을 내가 이해한 만큼 기록해둔다. 노트를 기록하는 동안 자연스럽게 교과서를 한 번 훑어보게 되고, 필기를 하면서 중요한 내용을 정리하게 된다. 필기를 하면서 부족한 부분이나 궁금한 내용은 자습서에서 찾거나 선생님에게 물어 보충해놓도록 한다.

이렇게 하면 시험 기간에 공부할 자신만의 자습서를 만들게 되는 것이다. 노트에 따로 정리하는 것이 부담스러운 학생들은 국어 교과서에 포스트잇이나 메모지를 이용해 중요한 내용 위주로 정리해서 붙여두는 것도 좋은 방법이다.

시험 기간의 국어 공부법

시험 기간에는 누구나 공부를 한다. 하기 싫어도 한다. 국어의 경우 2~3개 단원 정도가 시험 범위가 되는데 시험 1주일 정도를 남겨두고 국어 공부를 하는 경우가 많다. 이때 학생들의 공부 방법은 '국어 교과서 2번 정도 읽고 문제 풀이'가 대부분이다.

그런데 국어는 문제 유형이 딱 정해진 것이 아니어서 수업 시간에 다루어지지 않은 내용들이 출제될 수도 있다. 가장 대표적인 것이 단어의 의미를 물어보는 문제다. 수업 시간에 선생님이 단어의 의미를 다 가르쳐주지 않아도 본문에 나와 있는 단어의 의미는 얼마든지 물어볼 수 있다.

그래서 교과서 구석구석을 제대로 읽어야 한다. 본문에 나와 있는 여러 가지 시각 자료부터 활동 문제에 나와 있는 보충 자료들까지 읽

자. 이렇게 읽기 위해서는 2번 정도 읽는 것 가지고는 부족하다.

시험 범위가 발표되지 않아도 현재 수업중이거나 전에 치른 시험 범위 다음 단원부터가 시험 범위라고 생각하고, 적어도 시험 3주 전부터 교과서 읽기가 시작되어야 한다. 최소 5번 정도는 읽어야 하는데, 한 번에 5번을 읽는 것보다 문제 풀이를 하기 전과 문제 풀이를 끝내고 나서 교과서를 한 번씩 읽어보면 문제에 나왔던 내용들이 떠올라서 이해하는 데 많은 도움이 된다.

문제 풀이의 경우 무조건 많은 문제를 푸는 것보다 한 문제를 완벽하게 이해할 때까지 분석하며 풀어보는 것이 좋다. 자신이 맞은 문제라도 보기 중에 자신이 몰랐던 내용들은 없는지 확인해야 한다. 특히 그냥 요행으로 찍어서 맞은 문제는 틀린 문제처럼 생각하고 다시 한 번 꼭 풀어보도록 해야 한다.

시험 전날이 되면 불안한 마음에 새로운 문제를 풀려고 하는 학생들이 있는데 이것은 별로 도움이 되지 않는다. 그동안 풀었던 문제들 중 틀렸던 문제들 위주로 다시 한 번 풀어보고, 시험 범위에 해당하는 본문을 차분한 마음으로 읽어보는 것이 좋다.

문법은 교과서에 나오는 예문들을 모두 적어보고 활동 문제를 꼭 풀어봐야 한다. 선생님들이 나눠준 보충 자료들도 잘 모아두었다가 시험 전에 반드시 살펴보도록 한다.

방학 기간의 국어 공부법

방학 기간 동안은 부족한 부분을 채우는 데 가장 좋은 시기다. 물론 방학 기간을 이용해 다음 학기에 대한 예습을 하는 것도 좋지만, 지난 학기에 공부한 내용 중에 성적이 좋지 않았거나 공부하면서 힘들었던 부분을 찾아내 그 부분을 집중적으로 복습하는 것이 더 좋은 방법이다.

국어는 학기마다 교과서가 바뀌는데 문학과 문법은 빠지지 않고 나온다. 그래서 지난 학기에 배운 내용 중에 이해가 되지 않았던 부분이 있으면, 다음 학기 또는 다음 학년에서 공부할 때 더 힘들어질 수 있다. 특히 여름방학은 기간이 그리 길지 않기 때문에 무리한 예습보다는 안정적인 복습이 국어 실력을 키우는 데 더 좋다.

방학 기간 동안 가장 추천하는 학습 방법은 독서다. 방학 기간 동안에도 여러 가지 학원 수업이나 여행 등으로 시간이 부족할 수도 있겠지만 많은 책을 읽기보다 읽고 싶었던 책이나 자신의 진로와 관련된 책, 학기중에 각 과목 선생님들이 추천한 책들 중 2~3권 정도 목록을 작성해 읽길 바란다.

특히 겨울방학은 여름방학에 비해 기간이 길기 때문에 좀더 독서를 하기에 시간이 충분하다. 독서는 단순히 국어를 위해서만이 아니라 다른 과목들과 관련된 배경지식이나 상식을 쌓고, 생활기록부 독서 활동에 기록하고, 자기소개서의 중요한 소재가 될 수도 있는 등 다양하게 활용될 수 있기 때문에 더욱 필요하다. 학교에서 방학숙제로 책을 지정해주는 경우도 있는데, 숙제라는 생각을 하지 말고 독서 활동의 하나라는 마음가짐으로 꼭 해가길 바란다.

책 읽는 것이 힘든 학생들은 자신의 학년에 해당하는 필독도서보다 아래 학년에 해당하는 책이나 자신이 관심 있는 분야의 책을 선택하자. 그렇게 하면서 우선 책에 대한 흥미를 갖는 것에 목표를 두는 것도 좋다.

■ 이 책의 부록 자료를 무료로 받으실 수 있습니다

메이트북스 홈페이지(www.matebooks.co.kr)를 방문하셔서 '도서 부록 다운로드' 게시판을 클릭하시면, 본문에서 소개한 '가계부 엑셀파일'을 무료로 다운로드하실 수 있습니다.

■ 독자 여러분의 소중한 원고를 기다립니다

메이트북스는 독자 여러분의 소중한 원고를 기다리고 있습니다. 집필을 끝냈거나 집필중인 원고가 있으신 분은 khg0109@hanmail.net으로 원고의 간단한 기획의도와 개요, 연락처 등과 함께 보내주시면 최대한 빨리 검토한 후에 연락드리겠습니다. 머뭇거리지 마시고 언제라도 메이트북스의 문을 두드리시면 반갑게 맞이하겠습니다.

■ 메이트북스 SNS는 보물창고입니다

메이트북스 홈페이지 www.matebooks.co.kr

책에 대한 칼럼 및 신간정보, 베스트셀러 및 스테디셀러 정보뿐만 아니라 저자의 인터뷰 및 책 소개 동영상을 보실 수 있습니다.

메이트북스 유튜브 bit.ly/2qXrcUb

활발하게 업로드되는 저자의 인터뷰, 책 소개 동영상을 통해 책에서는 접할 수 없었던 입체적인 정보들을 경험하실 수 있습니다.

메이트북스 블로그 blog.naver.com/1n1media

1분 전문가 칼럼, 화제의 책, 화제의 동영상 등 독자 여러분을 위해 다양한 콘텐츠를 매일 올리고 있습니다.

메이트북스 네이버 포스트 post.naver.com/1n1media

도서 내용을 재구성해 만든 블로그형, 카드뉴스형 포스트를 통해 유익하고 통찰력 있는 정보들을 경험하실 수 있습니다.

메이트북스 인스타그램 instagram.com/matebooks2

신간정보와 책 내용을 재구성한 카드뉴스, 동영상이 가득합니다.
각종 도서 이벤트들을 진행하니 많은 참여 바랍니다.

STEP 1. 네이버 검색창 옆의 카메라 모양 아이콘을 누르세요. STEP 2. 스마트렌즈를 통해 각 QR코드를 스캔하시면 됩니다.
STEP 3. 팝업창을 누르시면 메이트북스의 SNS가 나옵니다.